KB069706

경험표집과 일기연구법 가이드

일상을 연구하기

**Researching Daily Life: A Guide to Experience Sampling
and Daily Diary Methods
by Paul J. Silvia and Katherine N. Cotter**

경험표집과 일기연구법 가이드

일상을 연구하기

RESEARCHING DAILY LIFE
A GUIDE TO EXPERIENCE SAMPLING AND DAILY DIARY METHODS

Paul J. Silvia · Katherine N. Cotter 공저 | 황매향 · 임은미 · 김혜랑 공역

학지사

역자 서문

    일상을 연구한다는 것은 사회과학 연구의 주류에 해당하지는 않지만 나름의 의의를 갖는다. 이 책은 일상을 연구하는 구체적인 연구법을 소개하고 있다. 일상연구법에 대한 관심을 불러일으킨 것은 1999년에 번역본으로 출간된 Csikszentmihalyi의 『몰입의 즐거움(Flow: The Psychology of Optimal Experience)』이 아닐까 한다. 창의성과 긍정심리 영역의 필독 도서라고 읽혔지만, 이 책에서 다루고 있는 연구방법 역시 흥미로웠다. 이 책에서의 연구가 처음으로 수행된 일상연구법은 아니지만 많은 사람에게 일상연구법을 알린 계기가 되었을 것이다. Csikszentmihalyi는 사람들에게 반복적으로 신호를 보내고 그때 무엇을 하고 있는지 그리고 그때의 기분, 만족감, 몰입도 등을 질문하는 방식으로 자료를 수집해 '몰입(flow)'이라는 새로운 개념을 제안했다. 한창 여러 변인의 구조적 관계를 밝히는 고급통계가 연구방법 영역에서 꽃을 피우고 있을 무렵이어서 상당히 새롭고 신선한 연구방법이었다.

새로운 연구방법은 매력적이기는 하지만 바로 채택해 자신의 연구에 적용하기는 쉽지 않다. 그래서 아직도 일상연구법을 적용한 연구물은 상대적으로 적은 편이다. 일상연구가 추구하는 목적과 자료에는 끌리지만, 연구의 절차와 방법에 대해 잘 모르기 때문에 자신의 연구에 활용할 수 있을지 판단이 잘 서지 않는다. 미국심리학회(APA)에서 출간된 『일상을 연구하기: 경험표집과 일기연구법 가이드(Researching Daily Life: A Guide to Experience Sampling and Daily Diary Methods)』는 이런 어려움에 답을 제시해 주는 책이 아닐까 한다. 이 책의 저자들도 일상연구법이 아주 쉽게 적용해 볼 수 있는 연구법은 아니라고 서문에서 소개하고 있다. 저자들은 서문에서 "이 책은 일상연구법을 어떻게 하는 것인지 독자들에게 가르쳐 주는 것을 목적으로 한다."라고 밝히고 있으므로 이 책을 통해 독자들이 일상연구법에 도전해 보기를 기대한다.

이 책은 연구를 수행하는 순서에 따라 일상연구법을 설명하고 있다는 점에서 새로운 연구법을 익히기에 좋다. 제1장에서는 일상연구법이 무엇인지 그리고 일상연구법에 적절한 연구문제 찾기를 소개한다. 그리고 제2장에서는 자료 수집을 위한 다양한 표집 방법을 알려 주고 있고, 제3장과 제4장에서는 보다 구체적으로 자료 수집 설계를 안내한다. 제5장에서는 실제 자료 수집 실무에 필요한 여러 정보를 제공하고, 제6장에서는 수집된 자료를 분석이 가능한 자료로 정제하고 처리하는 과정을, 제7장에서는 자료 분석의 과정을 구체적 절차와 함께 안내하고 있다. 마지막 제8장에서는 분석 결과를 가지고 어떻게 연구물을 작성해야 하는지와 학회나 학회지에 발표할 때 고려할 사항들을 꼼꼼히 설명해 주고 있다. 연구문제를 설정할 때부터 논문이라는 결과물이 나올 때까지 전체 과정을 다루고 있다는 점에서 친절한 책이다.

역자들도 아직 일상연구법을 적용해 연구를 수행해 본 경험이 없다.

이 책을 번역하면서 일상연구법을 적용한 연구를 시작해 보고 싶다는 동기가 생기고 우리도 할 수 있겠다는 효능감도 높아졌다. 무엇보다 스마트폰 보급은 일상연구법을 위한 자료 수집을 용이하게 해 줄 것이라는 점에서 '일상연구법을 적용해 볼 만하다.'라는 생각이 들게 한다. 최근에는 거의 모든 잠재적 연구참여자가 매 순간 스마트폰을 몸에 지니고 생활할 만큼 스마트폰 사용이 보편화되었다. 스마트폰은 초고속 인터넷을 통해 연구자와 연구참여자 간의 동시적 상호작용을 가능하게 해 주며 반응시간까지 정확하게 기록해 준다. 따라서 경험을 표집하기 위한 신호체계와 수집체계에 스마트폰을 적용해 보다 정확하고 효율적으로 자료를 수집할 수 있을 것이다. 채팅앱을 사용해 신호를 보내고 채팅앱에서 답하게 하거나 온라인 설문조사 툴(예: 네이버폼, 구글폼)을 활용해 응답 내용을 수집할 수 있다. 필요에 따라서는 연구설계에 맞는 스마트폰 애플리케이션 개발을 의뢰하여 사용할 수도 있을 것이다. 이 책을 읽는 독자들도 역자들처럼 일상연구법 적용에 대한 동기와 효능감이 높아질 것으로 기대한다.

이 책이 나올 때까지 많은 분의 도움을 받았다. 그중에서도 학지사에 고마운 마음을 꼭 전하고 싶다. 번역서의 저작권을 확보하고 계약을 체결하는 단계에서부터 어려움이 많은데 이 일부터 학지사가 대신해 주었다. 그뿐만 아니라 이 책이 나오기까지 학지사의 많은 분이 도움을 주셨다. 이에 깊이 감사드린다.

2023년 봄을 열며
역자 일동

저자 서문

모든 연구방법은 보기보다 어려운데, 아주 간단한 방법이어도 세부사항까지 알아야 하고 피할 수 없는 함정들이 있다. 또 어떤 방법론은 다른 방법론에 비해 진입장벽이 높아서 시작만 하려고 해도 익혀야 할 지식과 기술이 많아 상당한 훈련이 필요하다. 그래서 학부생들에게는 비교적 진입 장벽이 낮은 방법이라고 할 수 있는 온라인 조사나 성인을 대상으로 한 실험과 같은 방법론을 가르치고, 지역 수준 학회의 학생 포스터 발표에 보내게 된다. 한편, 기능성 신경영상법, 임상실험, 메타분석, 수치 모델링 등과 같이 진입장벽이 높은 방법론의 경우는 대학원을 거쳐 박사후과정까지 가서 익히게 된다.

이 책에서 다루는 일상연구법은 중간 정도에 있는 연구법이다. 하루 단위로 자료를 수집해 연구하고 발표하고 강의하는 일을 수년간 해 오면서 새로 공부를 시작하는 사람들이 필요 이상으로 겁을 먹거나 반대로 지나치게 자신감에 찬 모습을 보였다. 어떤 연구자들은 이 방법을 보다 복잡하고 세밀한 것으로 오해하기도 해서 선뜻 시도해 보려고 하지 않는다. 매일 연구를 하는 것이 온라인 조사를 한 번에 하는 것에 비해 복잡하기는 하지만, 그렇게까지 어려운 일은 아니다. 이보다 더 심각한 문제는 너무 자신감에 찬 경우이다. 학회에서 유능한 경험표집 연구자의 발표를 본 뒤 자신도 한번 적용해 보겠다고 마음을 먹고 '얼마나 힘들겠어. 조사는 해 봤던 거고, 그걸 조금 더 하면 되는 거지.'라고 생각하는 연구자도 있다. 더구나 스마트폰 애플리케이션과 온라인 플랫폼이 다양하게 출시되면서 '그 앱으로 한번 해 보면 되겠네.'라고 생각하기 쉬운데, 이렇게 시작하면 골치만 아파지고 결과물도 좋지 않다.

이 책은 일상연구법을 어떻게 하는 것인지 독자들에게 가르쳐 주는 것을 목적으로 한다. 연구방법에 대해 무엇을 생각해야 하고, 연구설계를 구상하고, 평가도구를 개발하고, 데이터를 수집하고, 연구결과를 발표하는 모든 과정을 포함한다. 독자들이 연구에 대한 배경 지식이 있다고 가정하지만 아주 많이 알고 있다고 기대하지는 않는다. 연구보조원으로 활동하는 학부생, 자신의 연구를 막 시작한 대학원생, 일상연구팀에 합류한 박사후연구원, 연구역량을 갖춘 연구자들이 자신의 연구역량에 한 가지 기능을 더 추가할 수 있도록 도울 것이다.

이 책을 통해 연구자들이 일상연구법을 적용한 연구를 기획하고 수행하는 과정을 함께 동행해 볼 수 있었으면 한다. 이 책은 전통적이고 전형적인 연구에 초점을 맞추고 있는데, 적어도 하루에 한 번 이상 자기보고 자료를 수집하는 것이다. 연구설계 측면에서 일기와 일상 속 경험표집이 중요한데, 가장 흔한 설계이고 보다 복잡한 연구의 기초이기 때문이다. 측정 측면에서는 일상생활을 조사할 자기보고 문항으로 연구참여자들이 매일 자신에 대해 응답을 채워 넣게 된다. 자기보고 조사는 가장 많이 사용되는 일상생활 평가 방법이고, 처음 연구를 시작하는 사람들에게 가장 알맞은 출발점이다.

이 책에서 강조하고 싶은 것이 있다면, 첫 연구는 반드시 기본에 충실하게 원칙을 따르라는 것이다. 일상연구법은 새로운 연구방법으로 그 가능성이 무궁무진해서 최신의 웨어러블 장비나 보행 센서 등을 활용한 보다 복잡한 연구를 하고 싶을 수 있다. 그러나 달리기를 하기 전에 걷기부터 해야 하는 것처럼, 수족 가속 측정기, 모바일 시선추적기, (흉부 전극을 통해 전기신호를 보내는) 임피던스 심장기록기 등을 연구참여자들에게 장착하기 전에 기본적인 자기보고 연구를 먼저 수행하는 것이 좋다. 일상연구법에 익숙해지면 보다 수준 높은 연구설계와 하이테크 평가도구를 사용하는 쪽으로 자연스럽게 확장할 수 있다. 처음에는 간단한 연구부터 하고, 어려움을 해결하면서 거기에서 한 단계 더 나아가기 바란다.

다른 연구방법론과 마찬가지로 일상연구법도 자료 수집으로 넘어가기 이전에 알아야 할 연구설계, 표집, 평가의 기본 원리가 있다. 이 책에서는 너무 당연하고 필요 이상의 세밀해 보이는 것까지 다루고 있는데, 일상연구법에서 '알려지지 않은 미지의 세계'에 해당하는 내용을 보여 주고 싶기 때문이다. 이 책을 끝까지 읽은 독자들이 '내가 이런 함정에 빠질 뻔했구나.'라는 생각을 한 번쯤은 하기를 바란다.

각 장은 연구의 구상부터 출판까지 일상연구법의 전체 수행과정을 차례로 따라갈 수 있도록 배치하고 있다. 제1장은 자연스러운 환경에서 사람들의 생활 모습 그대로를 실시간으로 반복 평가하는 일상연구법의 생생한 특성을 소개한다. 제2장은 언제, 얼마나 자주 데이터를 수집할 것인가에 대한 표집설계 방법을 다룬다. 일상연구법에서는 서로 다른 여러 연구문제에 맞는 핵심적 표집설계를 개발해 오고 있다. 연구설계가 되면 평가할 방법을 개발해야 한다. 순간의 사건과 경험을 수차례 수집하는 연구에서 일회적 조사에서 사용하는 문항들을 그대로 사용하는 것은 거의 불가능하다. 제3장에서는 실제 상황에서 밀도 있게 적용할 수 있는 좋은 문항을 개발하는 방법을 기술한다.

실제 연구를 수행하기 위해 연구참여자들에게 신호를 보내고 자료를 수집하는 시스템이 필요하다. 제4장은 연구, 연구참여자, 자원에 관한 열 가지 질문 목록을 통해 어떻게 시스템을 잘 선택할 수 있는지 안내한다. 제5장은 응답 비율을 높이고 정리된 데이터를 얻을 수 있는 효과적인 방법론 실제에 초점을 두어 자료 수집의 기본을 다룬다. 자료 수집이 끝나면 일상에서 얻은 자료 원자료가 갖는 야생미를 경험하게 될 것이다. 제6장은 자료분석을 위한 데이터 정제와 처리 과정을 설명하고, 제7장은 통계적 분석에서 유념해야 할 분석 관련 이슈를 다룬다. 이미 많은 독자가 일상 자료 분석 모델에 대한 방법과 기술을 가지고 있겠지만 통계 처리를 위해 전문가의 도움을 받아야 하는 경우도 적지 않을 것이다. 마지막으로 정리가 되면 연구결과를 세상에 알릴 때가 된다. 제8장은 일상연구법을 적용한 연구를 포스터 발표나 구두발표 그리고 나아가 학술지 논문으로 발전시키기 위해 필요한 사항을 살펴보면서 이 책을 마무리한다.

차례

제1장

일상연구법이란

지금 뭘 하고 있는가? 아마 책을 읽고 있을 텐데, 이것을 예상을 하기 위해 독심술을 가진 심리학자일 필요는 없을 것이다. 어디에서 책을 읽고 있는가? 누군가 같이 있다면 누구인가? 무슨 생각을 하고 있는가? 지금 기분은 어떤가? 오늘은 어떤 일이 있었는가? 무슨 일이 있을 것 같은가? (이 책을 끝까지 읽겠다는 답을 하길 바란다.)

사람들이 평소 일상생활 속에서 무엇을 하는지에 대해 열정적이고 호기심 어린 관심을 가진 연구자들이 있다. 어떤 연구자들은 거의 모든 삶을 채우는 일상적이고 평범한 사건 그 자체에 관심을 갖는다. 어떤 연구자들은 통증, 니코틴 탐닉, 과음, 나쁜 수면, 갈망, 타인을 해치려는 생각, 파트너와의 논쟁 등이 있는 실생활 경험에서 임상적 증상과 문제를 찾으려고 한다. 그뿐만 아니라 실생활은 희망을 느끼고, 상상력을 동원하고, 목표를 달성하고, 아웃도어 활동을 즐기고, 새로운 것을 창작하고, 좋아하는 사람들과 교류하는 긍정적 측면을 찾게 되는 곳이기도 하다.

심리학의 한 구석에서 출발한 일상연구법은 하나의 연구방법의 주류로 자리 잡았고, 임상심리학, 건강심리학, 행동의학 등 적용 가능한 영역들에 변화를 일으켰다(Conner et al., 2009; Robbins & Kubiak, 2014; Trull & Ebner-Priemer, 2013; Wheeler & Reis, 1991). 이 장에서는 개념적 특성, 핵심 가정, 전형적 적용 영역 등 일상연구법의 기초를 소개할 것이다. 그리고 실험연구, 조사연구, 종단연구 등 보다 익숙한 연구법들과 비교해 일상연구법의 고유한 장점과 단점에 대한 이해를 돕고자 한다.

일상연구법의 세 가지 개념적 특성

일상연구법은 여러 이름으로 명명되고 있는데, **경험표집법**과 **생태순간평가**가 대표적이다. 드물게 **호출기 표집**(beeper sampling), **실시간 자료포착**(real-time data capture)과 같은 용어도 있다. 〈제시자료 1.1〉에 관련 연구법과 용어를 정리했는데, 대부분 유사해 보일 것이다. 어떤 용어는 실재에서 자료가 수집되는 것을 강조하기도 하고, 어떤 용어는 반복적으로 평가하는 종단적 특성을 강조하기도 하고, 또 어떤 용어는 실시간 자료 수집을 강조하기도 한다. 어떤 용어는 연구가 처음 시작될 때 유행했던 무선호출기와 팜파일럿 같은 기기 이름을 반영하고 있기도 하다.

어떤 용어도 지금까지 사용되었던 모든 방법을 아우르는 것은 없어 보인다. 이 책에서는 Mehl과 Conner(2012)가 이 거대한 영역을 아우르기 위해 사용한 **일상연구법**(daily life methods)을 채택하고 있다. 이 용어가 심리학의 방대한 연구방법들 사이에 자리 잡게 하기에 적합하다고 생각한다. 가장 최근에 등장해 가장 흥미롭고 가끔은 위협적이기도 한 이 연구법은 사람들이 살아가고 있는 현장에서 일어난다는 것이 특징이다. 일상연구법을 배우기 위해서는 모든 것이 통제되고 정확하고 표준화된 실험실이라는 안전지대에서 벗어나 연구참여자들의 다양하고 복잡하고 때로는 소란한 일상 환경으로 나와야 한다. 이 방법에 처음 들어온 입문자에게 연구참여자들이 살아가고 있는 환경으로부터 자료를 수집하는 것을 배우는 일은 이 연구방법의 가장 중요한 특성이면서 시작을 가로 막는 가장 큰 장벽이다.

무엇이라고 명명하든 이 영역의 연구법들은 다음의 세 가지 특징을 갖는다(Stone et al., 2007).

① 사람들이 생활하고 있는 **자연스러운 환경**에서 평가를 실시한다. 일상연구법은 잘 정돈된 연구실이나 클리닉이 아닌 지저분한 실제 세계에서 사람을 평가한다.
② 연구자들은 사건과 경험을 가능한 한 그것이 일어난 시간에 가깝게 수집해 **실시간 평가**를 하려고 한다.
③ 일회적으로 조사를 실시하는 것이 아니라 하루에 열 번씩 여러 날에 걸쳐 반복적이고 **집약적으로 평가**를 실시한다. 각 연구참여자들은 짧은 시간에도 자신의 생각, 행동, 감정에 대한 많은 데이터를 제공한다.

〈제시자료 1.1〉 일상연구법에 대한 명칭

• 생태순간평가(ecological momentary assessment): EMA로 알려져 있고 가장 많이 사용되는 용어일 것이다. EMA는 특히 임상, 의료, 건강

관련 연구에서 독보적이고, 실생활(생태적) 및 실시간(순간적) 자료 수집의 목표를 강조한다.

- **경험표집법**(experience sampling method): ESM으로 주로 불리고, 개인의 감정과 활동을 일주일간 몇 시간 단위로 무작위로 반복적으로 자료를 수집하는 것을 강조하는 전통에서 붙여진 명명이다. Mihaly Csikszentmihalyi(1975) 연구팀이 새롭게 시도했던 연구에 기원을 두고 있다.

- **일기연구법**(diary research): 하루에 한 번 자료를 수집하는 연구방법 중 가장 흔한 방법으로 일일 일기연구(daily diary studies)로도 불린다. 일반적으로 특정 사건이 일어날 때마다 조사를 실시하고 자료를 수집한다(자세한 내용은 제2장 참조).

- **보행평가**(ambulatory assessment): 이 연구법은 전문 학술단체인 보행평가학회(Society for Ambulatory Assessment, https://ambulatory-assessment.org)에서 명명한 것이다. 특히 유럽에서 유명한 용어로, 개인이 생활하는 공간에서 자연스럽게 움직일 때 나타나는 자료의 수집을 강조한다. 혈압과 심박변이도에 대한 보행평가와 같이 주로 신체 기능을 측정하는 휴대용 장치를 사용하는 연구에 적합한 용어라고 할 수 있다.

- **집중종단연구법**(intensive longitudinal methods): 이 연구법은 일상생활의 질을 연구하는 독특한 방법이다. 일반 종단연구에서처럼 일정 시간에 걸쳐 자료를 수집하는데, '매년 2회씩 4년 동안'처럼이 아니라 '30일 동안 매일'처럼 집중적으로 자료를 수집한다.

- **실시간 자료 포착**(real-time data capture): 환경 특성(예: 주변 소음, 온도), 생리적 요인(예: 심박수), 행동적 요인(활동량, 시선 추적, GPS

추적) 등 수동적이고 지속적인 감지와 관련된 연구에서 가장 흔히 사용하는 방법이다.

- **호출기 연구법**(beeper research): 초기 경험표집에서는 호출기를 사용했고, 현재 사용되는 레트로 감성을 담은 디지털 시계에서는 1980년대 호출기 소리를 사용해 조사에 참여하라는 신호를 보낸다. 용어가 상당히 구식이지만 현대 연구자들은 신호를 보내는 간편한 방법으로 호출기를 사용한다(예: 연구참여자들은 하루에 네 번 조사에 참여하라는 호출을 받는다).
- **팜파일럿 연구법**(palm pilot research): 전화를 걸 수도, 문자를 보낼 수도, 사진을 찍을 수도, 인터넷에 연결할 수도 없었던 흑백의 휴대 기기인 팜파일럿을 기억하는 연구자들이 있을 것이다. 특별한 목적의 소프트웨어(Le et al., 2006)를 탑재하면 팜파일럿이 연구참여자들에게 신호를 보내 조사에 참여시킬 수 있었다. 신호도 보내고 자료도 수집하는 두 가지 기능을 가져 널리 보급되었고, 지금까지도 경험표집법을 사용하는 사람들 사이에서 편리하게 사용되는 용어가 되었다.

자연스러운 환경

왜 일상연구법은 사람들이 생활하고 있는 환경에서 연구를 수행하는가? 이렇게 번거로운 만큼 가치가 있는가? 거꾸로 질문을 해 보면서 실생활 속에서 사람들을 연구하는 일의 장점과 단점을 파악할 수 있을 것이다. 왜 실험실에서 연구하는가? 왜 연구참여자들에게 자료를 제공하러 실험실이나 클리닉으로 오라고 하는가? 실험실 연구의 가장 큰 장점은 편리함이다. 연구자들은 실험실에서 일하고 있고, 그래서 실험 보조원, 장비, 커피잔까지 구비되어 있는 곳으로 연구참여자들을 오라고 하는 것이 수월하다. 편리함을 차치하고도 우리가 사용하는 과학적 도구라는 것이 너무 불안정하고 크고 위험해서 현장으로 가지고 갈 수 없을 수도 있다. 자기공명영상기 중에 바퀴가 달려 끌 수 있는 것은 거의 없다.

무엇보다 중요한 실험실 연구의 장점은 통제 가능성이다. 실험실은 일반적으로 규모가 크지 않지만 자료 수집에 있어 예측 가능하고 안정적이고 표준화된 환경을 제공해 준다. 소음, 시각적 방해물, 지나가는 사람 등의 환경적 방해가 최소화되고, 실험에 참여하는 사람이나 조건이 달라져도 환경은 일정하게 유지된다. 작은 효과를 확인하기 위해 오류의 원천을 가능한 한 줄여야 하지만 잘 통제된 실험실 환경 만한 것은 없다.

실험실 환경이 그 역할을 다하기 위해서는 사람들이 일상적으로 시간을 보내는 곳과는 달라야 한다. 실험실은 조용하고 무해하고 제한되어 있어야 하고, 연구참여자들은 스마트폰을 안 보이는 곳에 두고 지시에 집중하면서 절차를 신중하게 따르는 등의 규칙을 지켜야 한다. 연구참여자들의 입장에서 보면 실험실 환경은 형식적이고 이상한 곳이다. 마치 현미경 아래에 놓은 것처럼, 낯선 과제를 수행하면서 주어진 시간 동안 딴짓을 거의 할 수 없다. 연구설계에 따라 실험실 환경은 연구참여자에게 행동의 자유를 제한한다. Reis(2012)는 "실험실 내에서 연구참여자들은 연구자가 준 과제를 가능한 한 빨리 완성하는 것 외에 할 수 있는 것이 거의 없다."(p. 13)라고 지적했다.

요약하면, 전형적인 실험실은 자연스러운 환경이 아니다. 물리적 환경은 확실히 다를 수 있다. 어떤 연구자들은 넓은 곳을 사용하기도 하지만 어떤 사람들은 콘크리트 블록과 깜박이는 형광등이 있는 좁은 공간을 사용하기도 한다. 그러나 실험실이 만들어 내는 사회-행동적 환경은 연구참여자들에게 동일하다. 일상연구법 연구자들에게 실험실은 연구참여자들이 그날 들렀던 많은 장소 중 하나에 지나지 않는다. 한번 떠나면 다시는 돌아오지 않을 곳에서 벗어난 연구참여자들은 스스로 장식해 둔 침실, 지역의 박물관, 자신의 자동차, 스트레스를 풀기 위한 레스토랑 등 무궁무진한 환경으로 들어간다.

모든 연구방법에는 포기할 것이 있다. 실험실 연구에서는 통제를 위해 실재를 포기한다. 실재가 필요하지 않고 통제된 상황이 필요하다면 이렇게 하는 것이 맞다. 일상연구법에서는 다른 방향으로 타협한 것이다. 일상연구법 연구자들은 통제를 포기하고 실재를 선택해 사람들의 일상생활에서의 풍성함과 다양함을 조명할 수 있다. 일상연구법은 인간의 생태계가 어떻게 살아 숨 쉬는지에 대한 호기심으로 활력을 불어넣는다. 사람들은 자신들이 하고 싶은 것을 할 수 있을 때 무엇을 할까? 어떻게 시간을 보내고 있을까? 그들의 내면세계와 사회생활은 어떤 모습일까?

일상연구법을 처음 수행해 본 연구자들은 일상연구법에서 발견한 내용들이 실험실에서 발견했던 내용과 달라 초조할 수 있음을 봐 왔다. 그러나 걱정하지 말기 바란다. 같은 걸 발견하는 것이 오히려 더 이상한 것으로, 결과가 달라질 것을 예상해야 할 것이다. 예컨대, 상상력, 환상, 생생한 내적 경험과 관련된 성격적 특성인 '경험에 대한 개방성'(Christensen, 2020)을 생각해 보자. 인지심리학자들이 프로그램화된 인지적 과제를 하는 동안 과제와 관련 없는 생각을 얼마나 자주 하는가와 같은 딴생각에 대해 실험실에서 연구를 할 때는 경험에 대한 개방성은 딴생각과는 유의한 관련성이 없었다(Kane et al., 2017). 그러나 경험 표집법을 적용해 딴생각을 실생활에서 연구했을 때는 경험에 대한 개방성이 높은 사람들이 딴생각을 더 많이 했다(Kane et al., 2017).

어떤 연구결과도 '틀린 것'은 아니다. 각각은 경험에 대한 개방성이 높은 사람들이 서로 다른 환경에서 어떻게 행동하는지를 보여 주고 있다. 조용하고 낯선 실험실에서 인지적 과제에만 집중하면서 키보드로 반응만 할 때는 과제를 처리하는 데 노력을 기울인다. 그러나 변화를 예측하기 힘든 일상생활 속에 놓여 있을 때는 보다 의미 있는 목표와 경험에 마음껏 집중할 수 있고 생생한 상상의 나래를 펼 수 있다 (Oleynick et al., 2017). 일상연구법의 중요한 가정은 실험실은 여러 맥락 중 하나이지 다른 연구와 비교해 볼 때 실험실 연구가 당연하거나, 기본이거나, 이상적이거나, 본보기는 아니라는 점이다. 실험실을 떠나 사람들이 생활하고 있는 곳에서 연구를 수행할 때 연구결과가 방향성, 구조, 복잡성에서 다양해질 수 있다는 희망 또는 의심을 갖는 것이 실험실 밖 연구 수행의 관점이다.

실시간 자료 수집

일상연구법에서는 어떤 사건이 일어나는 시점에서 바로 측정하는 **실시간 자료 수집**을 강조한다(Schwartz, 2012). 실제 연구를 수행할 때는, 실시간 반응이란 거의 가깝게는 가능하지만 실제 가능하지는 않은 희망 사항이다. 어떤 연구에서는 글자 그대로 실시간으로 측정을 할 수 있다. 심박수, 기온, 소음 등 생리적 요소나 환경적 요소는 연구참여자들의 참여 없이도 매초 단위로 여러 번 측정이 가능하다(〈제시자료 1.2〉 참조). 그러나 자기보고식 도구를 사용할 경우 일상연구법은 **실시간에 가까운 자료 수집**(near-term data collection)이라고 하는 것이 더 정확한 표현일 것이다. 연구참여자들의 경험을 그 경험이 일어난 것과 가까운 시간에 측정하는 것이다. 사건과 반응 사이의 차이는 보고서를 작성하는 것과 같은 어떤 활동을 하고 있을 때 자료를 수집할 경우 1분 내외겠지

〈제시자료 1.2〉 자기보고 이상의 지표

자기보고는 일상연구법 데이터의 가장 보편적 원천과는 거리가 멀다. 급속한 발전을 이루고 있는 이 분야는 해마다 새로운 도구를 추가하고 있다. 앞으로 학습하게 될 자기보고 이상의 지표의 몇 가지 예시를 살펴보면 다음과 같다.

환경적 변인
- 기온
- 조명
- 소리 및 소음 노출
- GPS 위치

생체행동적 변인
- 자율신경계 지표: 심박수, 혈압, 호흡, 심박변이, 심장수축기 간격, 피부전도도
- 호르몬 지표: 포도당, 코르티솔, 알파-아밀라제, 옥시토신
- 시선 추적
- 자세
- 발화 빈도와 속도
- 운동 및 활동 수준
- 수면 기간

만 그것을 마치면서 그날 있었던 일을 보고하는 일기연구법의 경우 거의 하루에 가깝다(제2장 참조).

회고적 자기보고는 실시간 측정과는 다른 중요한 차이가 있다. 전형적

인 질문지에서는 응답자에게 자신과 자신의 과거에 대해 생각해 보라고 하고 그것을 나타내는 번호로 답하라고 한다. 번호는 빈도와 관련된 정보(예: 지난 1개월간 운동, 음주, 생선 섭취, 직장에서 안 좋은 일이 얼마나 자주 있었는지 응답) 또는 경험의 질[예: 관절통, 전반적 삶의 만족, 평균적 수면의 질, 파트너에 대한 정서적 친밀감 등에 대해 리커트(Likert) 척도로 응답]을 나타낸다. 사람들은 질문을 받고 번호로 답을 하긴 하지만, 자신이 경험하지 않았거나 주의를 거의 기울이지 않았거나 어쩌면 생각하지 않으려고 했을지도 모를 사건이나 행동에 대해 번호를 어떻게 고르는지 의문을 가질 수 있다. 사람들이 바쁘게 여러 일을 하면서 전화를 받고 있어도 상관이 없다. 지난주에 배우자와 가졌던 긍정적 상호작용을 한 횟수, 먹은 너즈의 양, 전화 통화를 한 시간 등을 응답할 수만 있으면 상관하지 않는다.

자신의 과거 행동과 경험에 관한 질문에 답하는 방식은 그 자체로 연구문제가 된다(Stone et al., 1999; Tourangeau et al., 2000). 자기보고에 대한 분명한 논지는 연구자들이 연구참여자들에게 오랜 시간에 걸친 복잡하고 다양한 경험을 끄집어내어 하나의 숫자로 표시하라고 해서는 안 된다는 것이다. 사람들은 어떤 질문과 경험에 대해서는 보다 정확할 수 있지만, 일반적으로 과거를 회상해 내린 답은 최근이거나 중요하거나 강력한 사건, 세계와 자신을 설명하는 이론에 관한 정신적 모델, 자신에게 봉사하고 자신을 증진시키려는 경향성 등에 영향을 받게 된다(Schwartz, 2012; Tourangeau et al., 2000).

회고적 자기보고는 고유한 가치를 갖지만, 어떤 일이 얼마나 자주 일어나고 어떤 상황에서 그 일이 일어나고 그것을 어떻게 경험하는지 등 일상의 경험이 어떤지를 알고 싶다면 가능한 한 그 일이 일어난 시기와 가깝게 평가해야 한다. 일상연구법은 제2장에서 설명하고 있듯이 몇 가지 핵심 표집 방법을 활용하는데, 각각 사람들의 생활 속에서 일어난 일을 포착하는 서로 다른 방법들이다. 어떤 표집에서는 하루 중 어느 순간에 다가가 현재의 경험에 대해 질문하고, 어떤 표집에서는 하루에 네 번 또는 매일 저녁과 같은 방식으로 일정 시간 간격으로 자기보고 자료를 수집하는가 하면, 어떤 표집에서는 어떤 사건이 발생할 때마다 자료를 수집한다. 이러한 차이가 있지만 모든 표집 방법은 자신의 경험을 기억해 내고 찾아가면서 발생하는 오류를 최소화하고자 한다.

회상 오류의 최소화만이 실시간 자료 수집의 장점은 아니다. 연구하고자 하는 것들 중 많은 부분은 순간적이고 미묘해서 그 경험을 알아차리거나 떠올리거나 명명하기 어려울 수 있다. 시간이 지난 후에 자기보고를 하려고 할 경우 제대로 알아차리지 못하고 지나간 경험을 기술해야 할 수 있다. 의식하는 것에 대해 의식하는 메타의식(Schooler, 2002)의 문제는 실시간 평가의 주요 출발점이 되었다. 예를 들어, 사람들은 강력한 사고와 경험(예: 자해나 비정상적 섭식에 대한 충동)을 생각하거나 명명하지(예: "이게 바로 어제 상담사랑 이야기를 나눴던 생각이지.") 못한 채 가지고 있을 수 있다. 일반적으로 사람들은 '나는 지금 굉장히 기분이 좋아.'라는 생각을 하지 않은 채 어떤 날을 기분 좋게 보낸다. 의도적인 상상부터 음악이 계속 떠오르는 것까지 많은 정신적 이미지는 의식적으로 경험되지만 메타의식적으로 경험되지는("왜 'Don't Stop Believin'이 자꾸 맴돌지?") 않는다. 순간적이고 빨리 지나가 버리는 경험을 평가하는 가장 좋은 방법은 그것이 일어날 때 포착하는 것이다.

집중적 반복 평가

반복 평가는 일상연구법의 세 번째 중요한 속성이다. 발달에 대한 종단연구를 비롯해 많은 연구방법에서 반복 측정을 사용하는데, 일상연구는 최대한 할 수 있는 것 이상을 해내려고 한다. 연간 한두 번 평가하는 것이 아니라, 일상연구에서는 적어도 하루에 한 번 이상 또는 한 시간에 한 번 이상 평가한다. 이런 반복 평가는 '밀도 높은(dense)' 또는 '집중적(intensive)'이라고 명명되기도 한다(Bolger & Laurenceau, 2013). 이렇게 해서 짧은 시간 동안 많은 표본을 수집하게 된다.

집중적이고 반복적인 표집의 몇 가지 이점은 분명하다. 예컨대, 어떤 변화를 연구한다면 종단연구의 본질인 반복 표집은 성장과 변화의 패턴을 검토할 수 있게 해 준다. 한 주, 하루, 한 시간 등 짧은 시간 동안의 변화에 관심을 갖기 때문에 일상연구는 신속하게 움직이는 목표물 포착에 성공하기 위해 집중적으로 표집해야 한다. 예를 들면, 여러 임상적 구인과 건강 관련 구인은 하루에도 급하게 변화한다. 하루를 지내며 통증, 경직, 활력, 경각심, 감정이 변하는 것은 흔한 일이다(Bellamy et al., 2004; Palmer, 2002; Watson, 2000). 먹고, 움직이고, 다투고, 스트레스를 받는 등 하루 동안의 여러 활동이 그 활동과 가까운 시간에 어떤 결과(예: 고립, 갈망, 자해 사고 등)를 초래하기 때문에 집중적 평가를 통해서만 포착이 가능하다.

그러나 모든 일상연구가 순간적 변화에 관심을 갖는 것은 아니다. 많은 경우 개인의 생각, 활동, 경험에 대한 대규모 자료를 생성하기 위해 밀도 높은 반복 측정을 사용한다. 10점 척도가 3점 척도보다 조금은 더 신뢰로운 점수를 만드는 것처럼 한 주에 걸쳐 60회의 표집을 하면 여섯 번 하는 것보다 정확한 예측을 할 수 있을 것이다. 물론 두 가지 모두 회상을 해 한 번 답하게 하는 것보다는 낫다. 집중적 평가는 개인 내 표집수를 빅데이터화하는데, 이를 통해 연구자는 일상 경험의 **빈도** 와 **질**에 대해 더 잘 예측할 수 있다. 빈도 정보와 관련해 반복 측정은 연구기간 동안 어떤 일이 얼마나 자주 일어나는지 잘 예측할 수 있게 해 준다. 사람들이 흡연, 공부, 직장 스트레스, 과음, 상담에서 배운 기술의 실생활 적용 등을 얼마나 자주 하는지 파악할 경우 집중 평가는 그 빈도 예측을 잘해 줄 수 있다. 질적 정보가 필요하다면 어젯밤에 얼마나 잘 잤는지부터 담배를 얼마나 강하게 갈망하는지까지 반복 측정을 통해 관심을 갖는 구인의 평균적 수준을 파악할 수 있다.

일단 어떤 특정인의 경험에 대한 큰 분포를 확보하면 집중경향성을 추정하는 것 이상을 할 수 있다. 즉, 다음 단계는 개인 내 변량을 탐색하는 것이다. 자신의 평균으로부터 얼마나 변화가 있는지, 그 이유는 무엇인지를 알아 가는 것이다. 일상연구자들은 주어진 개인의 경험의 변량에 감탄하게 된다. 많은 심리적 구인은 한 개인의 하루 동안에도 크게 변한다는 것을 알게 된다. 예컨대, 기분과 정서에 대한 일상연구는 개인의 정서 상태가 하루 동안 크게 변화하고(Eaton & Funder, 2001), 정서의 변화 주기가 있고(Watson, 2000), 갑작스러운 정서 변화가 많은 기분장애에서 특징적으로 나타난다는 것(Ebner-Priemer et al., 2009)을 밝혔다. 다른 심리적 구인에 대해서도 이런 개인 내 변화가 있지 않을까 관심을 가질 수 있는데, 집중 표집을 통해서만 그것을 발견할 수 있을 것이다. 예를 들어, 매일 단위 일기 연구를 수 주에 걸쳐 실시한 결과 정서, 활동, 목표에서 7일로 구성된 흥미로운 주기가 나타났고(Larsen & Kasimatis, 1990), 또 어떤 심리적 구인에서는 일상연구로 진행된 프로젝트에서 처음으로 개인 내 유의미한 변량이 확인되었다(예: 성격 특질의 표현; Fleeson, 2004).

개인 경험의 평균과 변량을 추정하기 위해 관찰을 충분히 했다면 자연스럽게 그 경험의 개인 내 변화를 설명하는 단계로 넘어갈 것이다. 긍정적 정서가 하루가 지나는 동안에도 그렇게 많이 변하는 이유는 무엇인가? 하루 동안 변화하는 어떤 예언 변인이 긍정적 정서의 개인 내 변량을 설명하는가? 몇 가지 예를 보면, 하루 동안의 기분 변화는 생체 행동 변인(예: 기상 후 얼마나 시간이 지났는가, 최근에 먹거나 마신 것이 무엇인가), 사회적 변인(예: 혼자 있을 때와 다른 사람들과 시간을 보낼 때), 동기과정(예: 의미 있는 목표에서의 진전) 등의 하루 동안의 변화와 관련된다. 많은 일상연구가 하나의 경험(예: 하루를 시작할 때의 긍정 정서 또는 부정 정서) 여부가 이후 시간에서 나타나는지(예: 그날 밤의 과음; Wray et al., 2014)를 밝히는 것처럼 개인 내에서의 시간 구조를 설명하는 단계로 나아가고 있다. 요약하면, 한 개인의 경험에 대해 대량의 표집을 하면 그 개인에 대해 많은 것을 알 수 있다는 것이다.

일상연구법과 다른 연구법의 비교

일상연구법은 사회과학 및 행동과학에서 많이 사용되고 있는 연구법과 비교해 볼 때 어떤 점에서 다를까? 일상연구법이 실험연구, 조사연구, 종단연구와 어떤 면에서 같고 어떤 면에서 다른지 살펴보면 다음과 같다.

실험연구

실험연구에서는 변인을 조작해 그 효과를 관찰한다. 실험이 반드시 실험실에서만 수행되는 것은 아니지만, 많은 요인을 일정하게 유지하려면 현장으로 나가기 힘들기 때문에 실험연구 설계에서 실험실은 당연한 장소로 간주된다. 일상연구는 실험실 밖에서 수행되지만 실험연구법을 적용할 수 있다. 많은 일상연구는 개인 간 변인을 조작하고 연구참여자를 서로 다른 조건에 무선으로 배치한다. 예를 들면, 방법론에 대한 연구는 조사 기간(Eisele et al., 2020)을 조작하거나 연구참여자가 사용하는 도구의 종류(Burgin et al., 2012)를 조작한다.

그 상황에서 개입을 검증하는 실험연구법인 **생태순간평가**는 실험연구와 생태연구를 통합한 좋은 사례이다(Carter et al., 2007; McDevitt-Murphy et al., 2018). 그러나 전형적인 일상연구는 상관연구라고 할 수 있는데, 관심 있는 요인의 자연적 공변인에 초점을 두고 있기 때문이다. 개인 간 상관(표집된 대상들 사이에서 사람들의 어떤 특성이 함께 변화하는지)과 개인 내 상관(표집된 상황에서 경험의 어떤 특성이 함께 변화하는지)에 관심을 갖는다.

조사연구

조사연구의 원형은 횡단적이라고 할 수 있다. 그것은 어떤 특정한 시점에서 많은 사람에 대해 파악하고자 한다. 중대한 결정을 이끌 질적 조사연구는 보다 많은 사람에 대한 의미 있는 주장을 할 수 있도록 표집설계와 모집 방법을 정교화한다(Henry, 1990). 그러나 사회 및 행동 과학 분야의 조사연구는 대부분 군집표집이나 편의표집과 같이 되는 대로 표집을 하는 횡단적 연구이다(Silvia, 2020). 조사연구는 표집이 가능하고 쉬우면 새로운 아이디어를 탐색하는 데 나쁜 출발이 아니다.

일상연구법을 조사연구의 새로운 형태로 이해할 수도 있을 것이다. 전형적인 일상연구는 연구참여자들을 대상으로 무엇을 하면서 어떤 생각을 하고 있는지에 대한 자기보고식 조사를 실시한다. 중요한 차이점은 연구설계이다. 보통 조사연구에서는 한번 조사를 해 많은 **사람이** 어떤지 파악하므로 광범위하고 회고적인 자기보고를 받는다. 한편, 일상연구에서는 연구기간 동안 일어나는 사건이나 경험에 해당하는 많은 **상황에** 대해 알아보려고 한다. 일상연구의 연구설계는 다단계 표집에 가까운데, 처음 사람들을 표집하고 그다음에 실시간 사건에 대한 집중적이고 반복적인 조사의 방법으로 그 사람들의 정서, 사고, 활동을 표집한다.

종단연구

종단연구는 변화, 성장, 발달에 관심을 갖는 영역의 주축이다. 전형적인 종단연구는 한 집단의 사람들을 보통 수년간의 오랜 시간에 걸쳐 추적한다. 그러나 어떤 연구이든 반복되면서 시간 구조화된 평가치를 얻는 연구는 종단적이다. 일상연구는 사람들의 행동을 반복적으로 측정한다는 면에서 볼 때 종단연구에 부합한다. 일상연구는 주말 밤에 술을 얼마나 마시는가(Kuntsche & Cooper, 2010), 여러 약물을 사용하는 사람들은 약물에 대한 갈망을 어떻게 경험하고 불법 물질을 어떻게 사용하는가(Hopper et al., 2006), 우울한 사람들은 상담 회기 사이에 상담 목표를 이루기 위해 어떤 노력을 기울이는가(Hoet et al., 2018) 등과 같이 짧은 기간 동안 세밀한 어떤 것을 탐색하는 것이라고 할 수 있다. 반면, 전형적인 종단연구는 수개월 또는 수년의 간격을 두고 반복된 자료를 수집해 보다 긴 시간 동안 넓게 본다고 할 수 있다. **집중종단연구법**(앞의 〈제시자료 1.1〉 참조)이라는 명명은 일상연구법에서의 평가가 매우 높은 밀도를 갖는다는 것에 초점을 둔 것이다.

일상연구가 전형적인 종단연구와 또 다른 차이점은 시간의 중요성이다. 종단연구는 심리적 체제가 어떻게 성장하고 진화하고 변화하는지를 이해하면서 활력을 얻는다. 종단연구에서는 시간이 주인공으로 시간 자체가 예언 변인이다. 그러나 일상연구에서는 시간 그 자체가 중요하지는 않다. 시간의 흐름에 따라 집중적으로 자료를 수집하고, 그 결과 수없이 많은 반복 측정치를 확보하지만 시간 자체는 연구문제에서 지엽적이다. 많은 일상연구는 짧은 시간 동안 어떤 과정이 어떻게 펼쳐지는지에 관심을 갖지만, 많은 연구에서 시간은 부수적이다. 어떤 일이 얼마나 자주 일어나는가 또는 개인 내 변인이 얼마나 함께 변화하는가를 이해하는 것에 초점을 둘 때는 데이터의 시간적 순서는 방해가

되거나 무시해야 할 것으로 간주된다(제6장 참조). 모든 일상연구는 종단적 측정을 하지만 시간에 따른 성장이나 변화에 관한 종단적 가설을 반드시 설정하지는 않는다.

일상연구법 적용에 적절한 연구문제

모든 연구법은 장점과 단점을 동시에 갖기 때문에 어떤 연구문제에도 통하는 최고의 연구법은 존재하지 않는다. 지금까지 일상연구법의 기본적인 특성을 알아보고 다른 연구법과의 차이점도 살펴보았다. 일상연구법을 적용하기에 적합한 연구문제는 무엇일까? 어떤 종류의 문제가 일상연구법에 맞을까? 다음은 일상연구법을 적용한 연구물에서 가장 흔하게 등장하는 연구문제들이다.

- 어떤 일이 얼마나 자주 일어나는가? 사람들의 일상생활에서 일어나는 활동이나 경험이 얼마나 만연한지에 초점을 둔 연구문제가 일상연구법에 가장 잘 맞는다. 어떤 일이 얼마나 자주 일어나는지 알고 싶다면, 사람들에게 "전형적인 한 주 동안 얼마나 자주 ……?"라고 질문하는 것보다 일정 시간 간격으로 실시간 추적을 하는 것이 더 많은 것을 밝힐 수 있다.
- 어떤 변인이 어떻게 경험되는가? 결과로 제시되는 어떤 '양'은 변화에 대해 아주 조금 알려 줄 뿐이다. 일상연구법은 집중적이고 반복적인 측정을 통해 개인의 경험과 활동의 변량, 분포, 다양성 등을 파악하는 데 적합하다.
- 어떤 변인이 일시적 경향이나 패턴을 갖는가? 반복 측정을 통해 해당 변인의 시간적 구조를 조명할 수 있다. 짧은 기간 동안의 경향과

패턴에 대한 질문은 일상연구법에 잘 맞는다. 감정의 주간 변화와 주간 사이클(Larson & Kasimatis, 1990; Watson, 2000)과 같은 여러 사례를 이미 살펴보았다.

- **두 변인이 개인 내에서 관련되는가?** 개인의 차원에서 변인들이 어떻게 관련되는가?(Hamaker, 2012) 예컨대, 기분이 변화할 때 그 변화와 함께 달라지는 것은 무엇인가? 집중적 반복 평가를 통해 동시에 일어나거나 시간차를 두고 일어나는 개인 내 관계를 밝힐 수 있다.

- **어떤 것이 일어나는 빈도에서 개인차가 있는가?** 많은 반응을 수집하면 집단별, 임상적 상태, 성격 특질 등과 같은 개인차가 어떤 사건의 빈도를 어떻게 예측하는지 파악할 수 있다.

- **경험의 수준이나 분량에서 개인차가 있는가?** 성격적 특질이 긍정적 정서, 외로움, 활동 수준과 같은 수준을 예측하는지 여부처럼 개인차가 어떤 변인에 미치는 주효과와 관련된 질문이다.

- **변화 정도에서 개인차가 있는가?** 흔하지는 않지만 일상연구법에 완벽하게 맞는 연구문제는 개인차 변인이 변화에서의 차이를 예측하는가이다. 평균보다는 변화에 더 관심을 갖는 경우도 흔하다. 많은 반응 속에서 어떤 임상적 특성이 정서, 수면, 사회적 활동에서의 과장되거나 약화된 변화를 예측하는가와 같은 분포와 변량의 예측 요인을 살펴볼 수 있다.

- **경향이나 관계와 같은 개인 내 효과에서 개인차가 나타나는가?** 대부분의 연구는 개인 내와 개인 간 연구문제를 함께 가지고 있어서 그들 간의 상호작용에 관한 연구문제를 탐색하는 것은 당연하다. **수준 간 상호작용**(cross-level interaction)이라고 알려진 이런 효과는 개인 내 효과에서 개인차가 있는가를 보는 것이다. 예를 들면, 긍정적 기분에서의 사회적 상호작용의 개인 내 효과가 어떤 사람들에게는 강하

게 나타나고 어떤 사람에게는 약하게 나타날 수 있다는 것이다. 마찬가지로 긍정적 정서, 민첩성, 통제 수준 등의 하루 동안의 변화와 같은 경향성이 어떤 집단에서는 강하지만 어떤 집단에서는 약할 수 있다.

지금까지 제시한 것이 전부는 아니지만 이러한 전통적이고 전형적인 질문은 일상연구법을 자신의 연구 영역에 어떻게 적용할 것인지에 대한 아이디어를 줄 것이다.

결론

하나의 틈새 도구로서의 일상연구법은 심리, 임상, 건강 분야 학문에서 두루 사용되는 연구법의 하나로 발전을 이루었다. 이 장에서는 일상연구법의 핵심적 특징인 사람들이 생활하고 있는 환경에서의 실시간 반복 측정과 일상연구법에 적합한 연구문제에 대해 살펴보았다. 일상연구법을 수행해 볼 준비가 되었다면, 제2장에서 연구를 설계하는 첫 단계인 표집설계를 선택하는 것에 대해 알아보기 바란다.

제2장

표집설계의 선택

표집에 대해 고려할 때 대개는 관심이 있는 집단의 사람들을 표집하는 것에 대해 생각한다. 일상연구에는 표집의 2개 층이 존재한다. 연구에 참여할 사람들을 모집해 사람들을 표집한 다음, 그들의 일상 경험 중 어떤 것을 또 표집하는 단계로 나아간다. 표집의 더 깊은 층은 연구참여자들이 그들의 생활환경에서 무엇을 하고 어떤 생각을 하고 어떻게 느끼는지를 어떤 방법으로 포착할 것인가로서 이 장의 핵심 주제이다. 이 장에서는 일상연구법에서 가장 많이 사용하는 표집설계에 대해 알아보고 각각의 장점과 단점을 평가하고 어디에 가장 알맞을 것인가에 대해 설명할 것이다.

일상생활로부터의 표집

심리학 연구에서 표집은 연구의 목적에서 출발해 실제 가능성에 따라 제한된다. 처음부터 사람들을 '표집'하는 이유는 모집단이 너무 크고 흩어져 있고 접근이 불가능한 경우도 있어서 전체를 모두 측정할 수 없기 때문이다(Silvia, 2020). 대신 연구자들은 모집단의 한 부분인 일부 사람을 표집하는데, 이 과정은 정보를 제공하면서 유용하고 현실적인 방법이어야 한다.

일상연구법에서 전집은 한 집단의 사람이 아니라 하루 동안 살아가면서 발생하는 보다 복잡하고 불가피한 일련의 사건, 경험, 사고, 감정의 집단이다. 연구자들이 아무리 원한다 해도 어떤 사람의 하루를 모두 평가하는 것은 불가능하기 때문에 연구목적에 따라 하루의 어떤 순간을 측정할 것인가에 해당하는 표집 전략이 필요하다.

어떤 연구에서는 일상의 보다 좁은 조각으로 깊숙이 들어가는 것을 필요로 한다. 종종 조사연구가 지금 막 감옥에서 출소한 사람, 이중언어를 사용하는 자녀의 부모, 심리학 전공자 등 좁은 범위의 사람들만을 대상으로 찾는 것과 마찬가지이다. 하루 전체에 대해 알아보는 것이 아니라 아이를 훈육하거나, 운동을 하거나, 술을 마시거나, 창의적인 어떤 것을 하는 등 하루의 어느 한 때와 같이 **초점 사건**을 따로 보고 싶을 수 있다. 예를 들면, 흡연에 초점을 둔 연구는 하루 중 담배를 피울 때마다 자료를 수집하려고 할 것이고, 이때 연구자들은 사람들이 담배를 피우기 전, 피우는 동안, 피운 후 무엇을 하고 어떤 생각을 하고 어떤 느낌인지 물어볼 수 있다. 이렇게 하는 것이 흡연 경험과 실제 세계에서 어떤 모습인지를 이해할 수 있는 좋은 방법일 것이다.

또 어떤 연구에서는 하루에 대해 보다 큰 그물을 던져 보다 광범위한 것을 알아보려고 한다. 조사연구에서 규모가 크고 다양한 사람에 대해 대표 표집을 하는 것처럼 일상연구에서도 사람들의 다양하고 변화 무쌍한 하루의 대표적 모습을 포착하고자 한다. 이런 연구에서는 여러 날, 여러 주에 걸쳐 반복적으로 측정하고, 하루 동안 사람들이 무엇을 하고 어떤 생각을 하고 어떻게 느끼는지에 대한 전반적 특성을 도출한다.

요약하면, 표집을 좁게 하는 것이 좋을지 혹은 넓게 하는 것이 좋을지는 연구의 목적이 무엇인가에 따라 달라진다. 좁은 표집은 하루의 특정한 조각들인 사건 하나하나를 목표로 한다. 이런 접근은 개인 경험의 작은 부분의 세밀한 사항을 드러내기 때문에 하루 중 나머지 부분에 대해서는 덜 세밀하다. 한편, 넓은 표집에서는 하루의 보다 넓은 범위에 대해 조금은 덜 세밀한 정보를 제공한다. 좁은 표집이든 넓은 표집이든 각각 연구자가 감당해야 하는 것이 있다. 작은 것에 대해 많이 아는 것(좁은 표집)과 많은 것에 대해 조금 아는 것(넓은 표집)의 차이이다. 두 가지 자료 수집 중 어느 것이 좋은지는 연구문제가 무엇인가에 달려 있다.

이 두 가지 수준의 상세함은 어떤 사람의 하루를 표집할 때의 두 가지 대표적 전략이 된다. ① **사건 기반 표집**으로 알려진 **무엇**에 초점을 둔 표집과 ② **시간 기반 표집**으로 알려진 **언제**에 초점을 둔 표집이다(Shiffman, 2007). 사건 기반 표집은 어떤 일이 일어났는가에 기초해 데이터를 수집한다. 흡연, 운동, 배우자와의 다툼, 역기능적 섭식 행동, 음악 공연 리허설 등의 직후와 같이 특정 사건이 일어났을 때 데이터를 받는다. 연구참여자들은 특정 사건이 일어났을 때만 설문지를 채우면 되는데, 사람들의 일상 중 좁은 하나의 조각을 따로 분리해 탐색하고자 할 때 사용된다.

시간 기반 표집은 시간의 흐름을 기준으로 자료를 수집하는 것이다. 연구참여자들은 정해진 시간 일정(예: 1시간마다, 4시간마다, 하루에 한 번

취침 전)에 맞추거나 무선 일정(예: 오전 8시부터 오후 10시 사이 무작위로 열 번 조사)에 따라 데이터를 제공한다. 연구참여자들은 어떤 일이 일어난 여부와 상관없이 조사에 응하는데, 사람들이 일상 속에서 무엇을 하고 어떤 생각을 하고 어떻게 느끼는지에 대한 범위와 복잡성을 포착하는 데 사용된다.

최근에 와서는 **사건 기반 표집, 고정 간격 표집, 무선 간격 표집**의 세 가지 표집 방법으로 분류하고 있다. 조금은 다르게 명명하기도 하지만 이 세 가지 설계가 일상연구법의 가장 기초 단위라고 할 수 있다. 각각의 내용을 살펴보고, 각 설계가 갖는 고유성을 최대화하기 위한 보다 복잡한 설계에 대해서도 알아볼 것이다.

사건 기반 표집

사건 기반 표집(event-based sampling)에서는 어떤 사건이 일어났을 때 사람들에게 데이터를 제공해 달라고 요청한다. 그 사건이 어땠는지, 언제 어디에서 일어났는지, 그 전에 어떤 일이 있었는지 등 그 사건에 대해 상세히 물어보면서 그 사람의 일상에서 얼마나 자주 일어나는 일인지 파악하고 어떤 경험이었는지 포착한다. 이 접근은 건강 관련 연구에서 널리 사용되는데, 건강 관련 행동은 술을 많이 마시거나 그렇지 않거나 한 분명한 사건으로 나타나기도 하고 건강하거나 건강하지 않은 행동에 대한 회고적 보고는 신뢰하기 어렵기 때문이기도 하다(제1장 참조). 실제 사건 기반 표집에 적용되는 사례를 살펴보면 다음과 같다.

- 거식증이나 폭식증의 기준치에 해당하는 여성들에게 4주 동안 섭식장애 행동을 한 직후에 짧은 조사에 응하게 했다(Stein & Corte,

2003). 연구참여자들은 분류된 행동(예: 구토, 설사제 복용, 폭식)별로 그에 대해 응답했다. 연구결과, 절차를 잘 따랐고 섭식장애 행동 사건의 빈도는 5~101로 매우 넓게 나타났다.

- Wheeler와 Nezlek(1977)은 대학생들을 대상으로 사회적 상호작용 모두에 대해 조사했는데, '10분 동안 또는 그 이상의 시간 동안 다른 사람과 만나서 서로 맞춰 나가기 위해 어떻게 반응했는지'(p. 743)에 대해 14일 동안 조사했다. 상호작용은 주로 동성끼리 이루어졌고, 여성이 남성에 비해 더 자주 더 오랫동안 다른 성과 상호작용했다.

- 15일 동안 부부 각각이 부부 갈등이 있을 때마다 조사에 응했다(Papp et al., 2009). 정서를 평정하고 여러 측면에서 갈등에 대해 주로 주제 중심(예: 금전, 관계, 집안일에 대한 갈등 등)으로 응답했다. 흥미로운 연구결과 중 하나는 금전 문제는 갈등의 가장 큰 원인으로 5위밖에 오르지 못했다는 점이다. 가사 분담과 동반된 육아 문제가 가장 높게 나타났다.

특정 사건을 놓치고 싶지 않은 연구자들은 사건 기반 표집을 사용한다. 담배를 피울 때마다 모든 사건의 자료를 수집하는 것이 목표(예: Shiffman, 2009)라면 사건 기반 표집이 가장 좋은 연구설계이다. '○○이 얼마나 자주 일어나는가?' 또는 '사람들이 ○○를 얼마나 자주 하는가?'가 연구문제 중 하나라면 사건 기반 표집을 고려해 보는 것이 좋다. 예컨대, 연구참여자들에게 담배를 피울 때마다 설문지에 응답을 하게 하면 연구참여자들이 하루에 담배를 몇 번이나 피우는지 정확하게 예측할 수 있을 것이다. 연구참여자들이 빠뜨리기도 해서 예측이 완벽하지 않을 수 있지만, 사건 기반 표집은 일상연구법을 통해 얻을 수 있는 만큼 정확할 것이다(Himmelstein et al., 2019).

어떤 사건이 발생하는 모든 순간을 보는 것은 그 사건이 얼마나 자주 일어나는지를 밝힐 뿐 아니라 그것의 복잡성과 이질성을 드러낸다. 연구자들은 사건이 다양하고 변화를 보인다고 예상될 경우 모든 경우에 대한 조사자료를 수집한다. 예를 들면, 사회적 상호작용은 상당히 광범위하다. 파트너와 낯선 사람, 상사와 동료, 친구와 친구인 척하는 적, 부모와 자녀 등에서 흥분하고 지루해하고 좌절하고 방해하는 여러 감정이 오고 간다. 최근의 가장 기억에 남는 사회적 상호작용을 표집하게 되면, 흔한 사례를 포착할 수는 있겠지만 드문 사례는 못 볼 수 있다. 마찬가지로 흡연에 흔한 한두 가지 요인이 아니라 여러 가지 상황적·심리적 촉발요인이 있다고 예상된다면 빈도가 낮게 나타나는 촉발요인까지 포착하기 위해 담배를 피울 때마다 평가해야 한다.

사건 기반 표집은 **구분이 되고, 두드러지고, 비교적 자주 일어나는** 사건에 적합하다. 구분이 되는 사건이란 그 사건이 일어날 때와 일어나지 않을 때, 즉 시작과 끝이 분명한 것을 말한다. 흡연, 음주, 낮잠에서 깨기, 10분 이상 누군가와 이야기 나누기는 구분이 되는 사건으로, 조사에 응하는 출발점이 된다. 한편, 하루 동안 계속 오르락내리락해서 '뒤죽박죽인' 사건도 있다. 무언가를 먹는 것은 구분이 되지만 허기는 오르락내리락한다. 기상은 분명하지만 주관적으로 느끼는 활력이나 피로감은 연속적이다. 파트너와 싸움에 들어가는 것은 구분이 되지만 파트너에 대한 짜증은 구분이 안 된다. 분명한 경계가 있어 구분이 되는 사건은 연구참여자들에게 설문에 응하라는 신호가 되지만, 지속적이고 뒤죽박죽인 사건은 그 사건이 일어났는지 여부에 대한 연구참여자의 판단에서 오류가 발생할 수 있다.

두드러진 사건이란 연구참여자가 쉽게 알아차릴 수 있어야 한다는 것으로 의식적인 수준에서 잘 알아차리지 못하고 빠져나가는 사건은 사건 중심 표집에 적절하지 않다. 경험에 대해 잘 성찰해 알아차리지 않아도 사건을 경험할 수 있다. **메타의식**(metaconsciousness; Schooler, 2002)으로 알려진 의식적 경험에 대한 메타적 인식은 조사를 시작하는 사건에서 필수적이다. 어떤 사건의 흐름 속에 갇혀 있으면 조사를 시작할 수 있는 표적 사건으로 알아차리지 못하게 되기 때문에, 사건 중심 표집을 할 경우 여러 사건을 놓쳐 버리게 되고 강력하고 중요한 사건만 포착하게 되는 경향이 있다. 모호한 경험에는 나중에 살펴볼 무선 간격 표집으로 무작위로 자료를 수집하는 방법이 더 일반적으로 적용된다.

마지막으로, 비교적 자주 일어나는 사건이란 너무 드물지도 않고 너무 많이 일어나지도 않는 적절한 빈도로 일어나는 사건을 말한다. 사건이 너무 드물게 일어날 경우 사건 기반 표집은 적절하지 않다. 연구참여자들은 사건이 일어날 때만 조사에 응하기 때문에 그 사건이 일어나지 않으면 아무런 자료도 수집할 수 없다. 예컨대, 1주일 동안 연인과 싸울 때마다 응답을 한다고 가정해 보자. 많은 연구참여자는 한 번도 다투지 않아 아무런 반응을 하지 않을 것이고 행복한 커플에서는 일상 자료를 하나도 수집하지 못하게 된다. 여기에서 알 수 있듯이 대부분의 연구참여자에게 연구기간 중 하루 동안 응답할 만큼 나타나는 사건이어야 하고, 연구기간 동안에 적어도 몇 번은 나타나는 사건이어야 할 것이다. 한편, 사건이 너무 흔히 나타날 경우도 생각해 볼 수 있다. 연구참여자들에게 식사, 간식, 껌, 물 등 먹고 마시는 모든 것을 기록하라고 한다고 가정해 보자. 많은 반응을 수집할 수 있겠지만, 연구참여자들은 쉴 새 없는 요구에 짜증이 날 수도 있다. 조사에 대한 부담이 커지면 많은 연구참여자는 조사에 참여하기 싫어서 그만두거나, 빠뜨리거나, 행동을 바꾸게(예: 간식을 먹지 않기로 함) 된다.

연구를 시작하면서 연구자는 서로 정확하게 이해하기 위해 목표 사건을 잘 정의하고 기술해야 한다(Moskowitz & Sadikaj, 2012). 비교적 분명해 보이는 사건이라도 사람들을 서로 다르게 정의하고 해석하고 판단한다는 것을 알게 될 것이다. 예를 들면, 흡연은 상당히 분명해 보이는데, 한 모금은 해당되지 않거나, (담배를 피우는 사람과 매우 가까이 있는) 간접흡연은 해당되지 않거나, 씹는 담배나 니코틴 껌은 해당되지 않는다고 생각하는 연구참여자는 몇 명에 지나지 않는다. 어떤 것이 해당되는지 정의해서 모든 사람이 그 정의를 공유하도록 하는 것은 연구자의 몫이다(제5장 참조).

고정 간격 표집

고정 간격 표집(fixed-interval sampling)은 시간을 중심으로 표집하는 접근으로 언제에 기초해 조사에 임하라는 신호를 보낸다. 고정 간격 표집에서 연구자는 연구기간 동안 정해진 시간 간격으로 여러 번 조사에 참여하라고 요청한다. 사례를 살펴보면 다음과 같다.

- 2주 동안 정해진 간격으로 하루에 다섯 번(오전 10시, 오후 1시, 4시, 7시, 10시) 자신의 부정적 정서와 경계선 성격장애(BPD) 증상(예: 공허감, 유기 회피)에 대해 보고한다. 전체에서 높은 부정적 정서는 BPD 증상을 동시에 예측했지만 부정적 정서와 BPD 증상의 관련성은 BPD 진단을 받은 사람에서 더 높았다(Law et al., 2016).
- 음식과 행복에 관한 연구에서 405명의 대학생 연령 성인에게 13일 동안 매일 하루를 마치면서 조사에 응하게 했다(Conner et al., 2015). 그날의 정서적 경험과 함께 무엇을 먹었는지 물었다. 과일과 야채를 많이 먹은 날에는 상대적으로 긍정적 정서 경험, 호기심, 쾌락적 행복감이 높았다. (궁금할 수 있겠지만, 감자튀김과 감자칩은 야채로 간주하지 않았다.)

- 2주 동안 대학생들은 하루를 마감하면서 하루의 행복감 및 일상 활동과 경험에 대해 조사에 응했다(Reis et al., 2000). 자기결정성 이론과 일관되게 '좋은 하루'를 보낸 날은 자율성, 유능감, 관계성의 욕구를 충족시켜 주는 일상 경험과 밀접히 관련되었다.

고정 간격 표집은 **간격 수반 표집**(interval-contingent sampling)으로도 알려져 있는데, '시작점에서 2시간이 경과하고'처럼 정해진 시간 간격에 달려 있기 때문이다. 실제 연구자들은 1개 또는 2개의 간격으로 설계하고, **일일 내 설계**(within-day design)에서는 하루에 여러 번 신호를 보내고, **일기 설계**(daily diary design)에서는 하루에 한 번 신호를 보낸다.

일일 내 고정 간격

일일 내 고정 간격 설계(within-day interval designs)는 하루 동안 어떤 행동을 하고 어떤 생각을 하는지 알아보는 데 적합하다. 전형적인 설계는 문자, 전화, 스마트폰 알림 등을 통해 3시간에 한 번씩 신호를 보내고 조사에 응답하게 하는 것이다. 어떤 연구는 하루 전체에 대한 자료를 수집하기 위해 사람들이 깨어 있는 거의 모든 시간(예: 하루 종일 4시간마다 한 번씩 신호를 보냄)에 조사에 응하게 한다. 어떤 연구에서는 일하는 시간(예: 오전 9시부터 오후 5시 사이 2시간에 한 번씩)에만 자료를 수집하는 등 하루 중 일정한 시기에만 집중하기도 한다.

제3장에서 살펴보겠지만 일상연구법의 질문은 현재(신호를 받았을 때 일어나고 있던 일) 또는 미래(이후 일어날 일에 대한 기대)에 대한 것이다. 그 순간에 사람들이 무엇을 하고 있는지를 물어보는 것은 거의 언제나 의의가 있지만, 일일 내 고정 간격 설계의 경우 시간이 정해져 있고 예측이 가능해 그렇지 않을 수 있다. 예컨대, 이미 고정되고 예측 가

능한 일정을 가진 사람(예: 오전 11시에는 항상 사무를 보고 있음)은 그때 무엇을 하고 있는가에 대한 응답에서 동일한 답만 하게 될 것이다. 그래서 연구자들은 지난 응답 이후 지금까지 담배를 피웠는지, 운동을 했는지, 친구와 시간을 보냈는지 등을 물어보게 된다.

3~4시간마다 그 사이에 무슨 일이 있었는지 사람들에게 물어보는 것은 하루 동안 어떤 일이 일어나는지 보여 주는 데 유용하다. 사건들이 기억을 잘 할 수 있을 만큼 근접해야 하는데, 하루에 조사하는 빈도가 너무 높으면 짜증이 날 수 있고 결국 참여하지 않게 되기도 한다. 한편, 간격이 너무 길어지면 기억에 오류가 발생할 가능성이 높아진다. 예컨대, 지난 시간 동안 자신이 무엇을 먹고 마셨는지 빠짐없이 쉽게 기억해 내야 하는데 시간 간격이 3~4시간에서 6시간으로 늘어날수록 기억이 흐려질 것이다.

신호를 보내는 시간 간격이 고정되어 있어 예상 가능하다는 점은 이 연구설계의 장점도 되고 단점도 된다. 2주 동안 매일 오전 9시 55분과 오후 1시 55분에 신호가 와서 간단한 조사에 참여하게 된다는 것을 알면, 동료와 이야기를 하고 있다가도 그 무렵이 되면 보다 조용한 장소로 가 응답을 준비할 수 있다. 조사를 방해받는다고 생각하지 않는다고 느끼고 응답률도 높고 데이터 손실도 적다는 점에서 장점이다. 그러나 사람들이 자료 수집에 맞추기 위해 자신의 활동을 재배치하기 시작한다는 점은 단점이다. 하루 일과 중 조사가 예상 가능한 부분이 되면, 이 시간에는 어떤 종류의 일정을 잡지 않게 될 것이다. 조사를 하는 기간 동안 변동이 적어지면서 결국 조사가 일상의 특징을 변화시키게 된다. 이런 오류는 '회상하는' 문항(예: 지난 4시간 동안 무엇을 했는지를 묻는 질문)에는 덜 일어나지만 '현재를 묻는' 문항(예: 신호를 받았을 때 무엇을 하고 있었나를 묻는 질문)에는 심각한 문제가 될 수도 있다.

일일 내 고정 간격 연구는 예전보다는 조금 덜 사용되고 있는 것처럼 보인다. 과거에는 당시 가능한 조사 도구 중 그래도 쓸 만한 것이어서 많은 연구자가 선택했는데, 조사 기술의 발달로 여러 시간대에 무선으로 신호를 보내는 것이 쉬워졌다. 개인 내 데이터(예: 변량의 반복 측정 분석)에 필요한 통계 방법은 동일한 시간 간격을 필요로 하지만 고급 통계가 발달하면서 집중적 반복 측정치의 분석이 가능해져 신호를 보내는 시간에서 보다 유연성이 생겼다(제7장 참조). 그러나 일일 내 고정 간격 설계는 여전히 하루 동안 일어난 일을 밝혀내는 유용한 방법으로 사용되고 있다.

일기

일기연구법(daily diary method)은 고정 간격 표집에서 가장 많이 사용되는 방법으로 일상연구법의 주요 방법 중 하나이다(Gunthert & Wenze, 2012). 일기연구법에서 연구참여자들은 하루에 한 번 조사에 응한다. 순간의 생각과 감정을 묻는 것이 아니라 그날 있었던 사건에 대해 묻는다. 그래서 한 시점에서의 순간 포착이 아니라 그날의 일기가 되는 것이다. 거의 대부분의 일기연구법에서 밤에 자료를 수집하기 때문에 하루의 끝 설계(end-of-day design)로 불리기도 한다. 연구참여자들은 보통 잠자리에 들기 전 하루가 모두 끝났을 때 한 번 조사에 참여하라는 요청을 받는다. 일기연구법의 질문은 대부분 그날 무엇을 하고 생각하고 느꼈는지를 묻는다. 많은 경우 연구참여자들에게 완수하고자 했던 중요한 목표나 가장 스트레스가 많았던 상황과 같이 그날 있었던 사건 중 하나를 선택한 다음 그것에 대한 질문에 답하게 한다. 어떤 조사에서는 다음날에 대한 연구참여자들의 기대나 신념을 묻는 질문을 하기도 한다.

하루의 끝에서 일기를 수집하는 것이 우위를 차지하고 있지만 일기

조사는 언제든 실시할 수 있다. 어떤 연구문제는 일기연구법을 적용해 아침에 일어날 때 작성하게 하기도 한다. 예컨대, 수면 연구를 할 경우 아침에 일어났을 때 수면 유지 시간, 수면에 들어간 시간, 수면의 질, 꿈 경험 등에 대해 질문한다(예: Bertz et al., 2019; Soffer-Dudek & Shahar, 2011). 어떤 연구는 지난밤에 했던 행동에 대해 아침에 일기를 수집하는데, 보통은 일관되고 신뢰로운 하루 끝 조사를 방해하는 행동에 관심을 갖는 연구일 경우이다(예: 과음이나 성적 문란; Muraven, Collins, Morsheimer, et al., 2005; Wray et al., 2016). 일일 1회 조사는 하루에 한 번 일어나는 사건이 가장 상징적이다. 예를 들면, 신규교사에게 방과 직후에, 사무직원에게 퇴근 시간에, 수술 환자에게 그날의 재활치료가 끝났을 때 매일 한 번 조사를 실시할 수 있다.

일기연구법은 충분히 인기가 있을 만하다. 주행성 유기체인 인간은 하루의 리듬에 따라 일어나고 잠자리에 들기 때문에 하루는 인간에게 가장 쉽고 자연스러운 시간의 단위이다(Landes, 2000; Palmer, 2002). 하루하루가 자연스러운 심리학적 단위라서 그 자체로 흥미롭다. 예를 들면, 많은 연구가 일주일 동안 개인의 기분과 동기가 어떻게 변화하는지 (예: 주말과 주중의 차이; Larsen & Kasimatis, 1990; Liu & West, 2016), 날씨가 기분과 활력에 어떤 영향을 주는지(Denissen et al., 2008), '좋은 날'을 좋게 만드는 것이 무엇인지(Sheldon et al., 1996) 등을 알아보기 위해 일기연구법을 사용한다.

또한 일기연구법은 연구참여자들의 부담이 최적인 지점을 찾아 그 복잡성을 연구할 수 있어 긴 연구기간 동안 대상을 연구하기에도 적절하다. 하루가 끝나 갈 때 5분 정도만 조사를 요구하면 몇 주도 연구에 참여하게 할 수 있다. 전형적으로 일기연구법은 적어도 10일 이상, 보통 14~30일, 때로는 90일 이상(예: Lipton et al., 2014)에 걸쳐 연구를 수행한다. 몇 달 동안 하루하루가 어땠는지에 대해 기술하게 하면 개인의 삶에 대해 많은 것을 알 수 있다. 예술가들이 장시간에 걸친 복잡한 창작 활동을 어떻게 해 나가는지와 같이 많은 날에 걸쳐 일어나는 일을 살펴볼 때 일기연구법이 많이 적용된다(Benedek et al., 2017).

일기연구법이 인기를 끄는 마지막 장점은 짐작할 수 있듯이 간단하다는 점이다. 점점 더 값비싸고 특수화된 소프트웨어와 하드웨어를 사용하는 현대 경험적 표집들과 비교할 때 일기연구법은 비용이 적게 들고 기술도 많이 필요하지 않다. 예컨대, 가장 흔한 방법은 온라인 조사를 하나 만들어 두고 연구참여자들에게 매일 밤 연결된 기기에서 응답을 하게 하고 이메일로 알림을 하는 것이다. 만일 오프라인 조사를 할 경우 그에 상당하는 일기연구법을 따르면 된다. 일상연구법을 사용하고 싶은 연구자라면 보다 복잡한 연구를 위한 구조를 가진 연구법보다는 일기연구법을 고려해 보는 것이 좋다.

일기연구법은 빈번하게 일어나는 행동과 드물게 일어나는 행동에 모두 적용된다. 사건 기반 표집에서 보았듯이 어떤 사건은 너무 자주 일어나서 사건이 일어날 때마다 조사에 참여하라고 하는 것이 현실적으로 어렵다. 그래서 이럴 경우 찾은 타협점은 얼마나 자주 흡연을 했는지, 어떤 술을 마셨는지, 사회적 상호작용이 어땠는지와 같이 하루가 끝나는 시점에서 하루에 한 번 그 사건을 모아서 물어보는 것이다. 어떤 경우는 하루 동안 가장 스트레스가 컸던 일이나 가장 만족스러웠던 사회적 상호작용 하나와 같이 예가 될 수 있는 하나의 사건을 골라 상세히 기술해 보라고도 한다. 이런 접근은 사건 기반 표집설계에 비해 결이 고운 세부사항을 제공하지는 못하지만 여러 주에 걸쳐 자료를 수집할 수 있는 방법이 된다.

반대로 자주 일어나지 않는 행동은 매일이 아니라 며칠에 한 번 일어난다. 연구자들은 전형적인 연구참여자들에게 일어나는 행동보다 더 많이 표집해야 한다(제3장 참조). 즉, 일기연구법은 주요 결과가 여러 날에 걸쳐 다양하게 나타날 때가 최상의 조건이고, 대부분의 연구참여자는 며칠 동안 적어도 한 번 이상은 결과에 대해 응답할 수 있어야한다. 예를 들어, 폭음에 대해 2주에 걸쳐 연구를 한다고 가정해 보자. 연구참여자들이 폭음을 하는 날도 있고 하지 않는 날도 있을 것이라고예상된다면 일기연구법이 적합할 것이다. 그래야 개인 내 통계 방법을적용해 술을 마시는 날과 마시지 않는 날을 비교할 수 있을 것이다. 많은 연구참여자가 하루도 폭음을 하지 않거나 매일 폭음을 해 매일 쓰는일기의 내용에 변화가 없다면 일기연구법 설계는 적절하지 않을 것이다.

어떤 일이 일주일에 한 번 이하로 일어나면 충분한 사건 수집을 위해 연구기간이 긴 일기연구 설계를 사용한다. 천식환자의 위급 흡입제사용, 음주 후 기억상실, 공황발작 등 건강 관련 행동은 해당 행동의 고위험군에서도 2주간 연구에서 그렇게 많이 일어나지 않는다. 편두통연구(Lipton et al., 2014)에서, 두통관리센터에서 성인을 모집해 스트레스, 수면, 두통에 대해 12주간에 걸쳐 조사한 예가 있다. 3개월은 일기연구법에 참여하기에 상당히 긴 기간으로 보이지만 연구참여자들이보고한 두통 발현 횟수의 중앙값이 5회였다. 이와 같이 드물게 나타나는 사건을 포착하기 위해서는 긴 연구참여 기간이 필요하고, 짧게 쓰는일기라야 긴 연구기간을 견뎌 낼 수 있다.

일기연구법 설계의 중요한 단점은 회상과정에서 알게 모르게 오류가 발생할 수 있다는 점이다. 전형적으로 사람들은 저녁 시간에 하루에대해 회상을 하면서 조사에 응하게 된다. 그렇게 먼 과거는 아니지만바쁜 날의 경우 12시간도 긴 시간일 수 있다. 어떤 일은 쉽게 기억되어일과를 마칠 때 기술할 수 있지만 또 어떤 작고 평범한 일은 이미 잊었을 수 있다. 사건을 회상해서 기술하라고 했을 때 일과 끝에서의 판단은 보다 최근에 일어나고 강력하고 분명한 사건들에 휘둘리게 된다

(Schwartz, 2012). 신체적 및 정신적 맥락 역시 왜곡의 원천으로 작용한다. 하루하루는 다르지만 사람들은 비슷한 장소에서 비슷한 마음가짐으로 그날그날을 기술한다. 같은 장소(보통은 집)에서 동일한 마음의 상태(차분하거나, 지치거나, 기진맥진한 저녁 기분)로 하루를 마감하는 일기를 쓰는 것이 전형적인 모습이다. 맥락과 기분이 기억에 미치는 영향은 복잡한데, 일기연구법 연구자들은 자신의 하루에 대한 연구참여자들의 판단이 저녁 시간 환경과 기분에서 형성되는 것이라고 의심한다(Gunthert & Wenze, 2012). 이런 단점은 일기연구법이 감당해야 할 부분이다. 회상에서 오는 오류 가능성이 사건 기반 설계보다 크지만 일기연구법은 앞으로도 계속 사용될 것이다.

무선 간격 표집

무선 간격 표집(random-interval sampling)은 고정 간격 표집처럼 표집에 대한 시간 기반 접근으로 **언제**에 기초해 연구참여자들에게 조사에 임하라는 신호를 보낸다. 단, 무선 간격 표집에서는 연구자들이 조사와 조사 사이의 간격을 무선으로 선택해 매일 다른 시간으로 바뀌는 시각에 조사에 참여할 것을 요청한다는 점이 다르다. 시간의 변동성은 하루 안에서도 나타나서 며칠간의 연구기간 동안 매일 1~3시간의 불규칙한 간격으로 신호를 보내는데, 그 간격이 더 길거나 더 짧을 수도 있다(〈제시자료 2.1〉 참조). 이것은 개인의 일상의 변화성을 연구하는 데 매우 적합한 방법이다. 다음은 무선 간격 표집이 현장에 적용된 사례이다.

• 대마를 피우는 대학생 연령의 성인에게 하루에 세 번씩 2주일 동

〈제시자료 2.1〉 무선 간격의 여러 형태

무선 간격 연구법은 일일 내 경험표집이 전형적이다. 연구참여자들은 하루 동안 보통 2시간에 한 번 정도의 유사 무선 간격에 따라 신호를 받고 그 순간에 일어난 일에 대한 짧은 조사에 응한다. 그러나 무선 간격 연구에서의 간격은 더 길거나 더 짧을 수 있다.

예컨대, 어떤 일기연구법은 시간 간격이 긴 무선 간격을 사용한다. 연구참여자들에게 매일 하루가 끝날 때 조사에 참여하라고 하는 것이 아니라 조사할 날을 무선으로 선택한다. 많이 사용되지는 않지만 이런 설계는 수개월에 걸쳐 오랜 기간 진행되는 연구에서 참여자들의 부담을 덜어 준다. 예를 들면, 심리치료를 받는 임상적으로 우울을 보이는 성인에게 1주일에 이틀 무선으로 선택된 날에 일기를 쓰게 했다(Hoe et al., 2018). 심리치료는 적어도 4개월이 걸렸기 때문에 일주일에 두 번만 표집하는 것이 연구참여자들을 너무 귀찮게 하지 않을 수 있었고, 수개월에 걸친 자료 수집을 가능하게 했다. 일일 내 표집에서와 마찬가지로 무선 간격 표집에서도 이틀이 연속되지는 않아야 한다거나 이틀 중 하루는 주말이어야 한다는 것과 같이 어느 정도 제약을 두는 것이 일반적이다.

한편, 하루의 한 부분에서 여러 번 표집을 하는 형태의 무선 간격 연구법도 있다. 이런 설계는 며칠이 아니라 분이나 시간 단위의 지속시간을 재는 연구에 사용된다. 표집되는 전체 경험이 짧지만(예: 박물관에서 보낸 몇 시간; Smith, 2014), 무선 간격 표집의 논리는 동일하다. 연구참여자들은 예측하기 어려운 조사에 맞춰 자신의 행동을 바꾸기 쉽지 않다. 그래서 연구참여자들에게 끼어드는 방식은 순간적이고 미묘한 경험을 밝히기에 유리하다.

안 문자를 보내 대마 흡입, 사회적 상호작용, 학습동기, 갈망에 대해 물었다(Phillips et al., 2014). 문자는 아침(오전 8~12시 사이), 오후(오후 12:30~4:30 사이), 저녁(오후 5~10시) 시간대에 보냈는데, 수업 중 문자가 가는 것을 막기 위해 연구참여자들의 수업 시간을 고려했다.

- 6일 동안 상호작용형 응답(IVR, 제4장 참조) 시스템을 사용해 하루에 다섯 번씩 유사 무선 시간 표집에 따라 성인들에게 신호를 보내 조사에 참여하게 했다. 당시 정서적 상태와 사회적 활동에 대해 물어보고 창의적인 프로젝트에 참여하고 있는지 여부도 물었다(Karwowski et al., 2017). 창의적인 일을 하는 것은 높은 긍정적 정서와 관련되었다.

- 하루 중 성인들이 근무하는 시간 동안 계속 1시간에 세 번씩 자신의 순간 정서와 사회적 행동에 대한 짧은 조사에 응했는데, 1시간 내에서의 간격은 무선이었다(Smart Richman et al., 2010). 차별 경험, 일상 기분과 스트레스 요인, 심혈관 활동과의 관계를 확인하기 위해 조사 결과를 당시 혈압과 관련지었다.

연구자들은 무선 간격 표집을 사람들이 하루 동안 무엇을 하고 생각하고 느끼는지 기술하고 싶을 때 사용한다. 여러 연구설계 중 무선 간격 표집은 무선으로 신호를 보내 연구참여자의 대표적인 일상 경험을 표집한다는 점에서 모집단으로부터 무선으로 표집하는 것에 가장 가깝다. **신호 수반 표집**(signal-contingent sampling)이라고도 불리는데, 조사가 어떤 사건이 일어났을 때(사건 기반)나 어느 정도 시간이 흐른 후(고정 간격)가 아니라 신호를 받았을 당시에 이루어지기 때문이다. 가장 많이 사용되는 용어는 **경험표집**(experience sampling)인데, 사람들의 순간적 생각과 정서를 연구했던 이 연구설계의 출발점을 반영한 용어이다(Hektner et al., 2007).

　무선 간격 표집이라고 해서 완전히 무선으로 표집되는 것은 아니다. 삶의 여러 장면에서와 같이 무작위로 표집을 할 경우 너무 변동이 많아 실제로 연구하기 어렵다. 예를 들면, 연구자들은 동전을 던져 실험 조건에 배치하는 방식으로 무선표집을 하지 않는데, 확률 이론에 따르면 경우에 따라 모든 사람이 하나의 조건으로 수렴하기 때문이다. 마찬가지로 하루에 열 번을 무선으로 정해 연구참여자들에게 신호를 보내는 경험표집 프로그램을 운영할 경우, 어떤 연구참여자들은 1시간 내에 열 번의 신호를 모두 받을 수도 있다. 이 경우 그날에 대해 잘 알아내지 못할 것이고 연구참여자들은 부적절한 단어만 말하고 있을 수 있다.

　대신 무선 간격 표집에서는 하루를 시간대로 나눈다. 예컨대, 오전 8시부터 자정 사이에 표집을 하고자 한다면 16시간 전체를 2시간씩 8개 블록으로 나눌 수 있다. 연구참여자들에게 신호를 보내는 소프트웨어를 한 블록 내에서 무선으로 한 번 신호를 보내도록 세팅해 둘 수 있다. 이렇게 해야 하루가 골고루 표집되면서 동시에 연구참여자들이 신호를 기다리며 준비하는 걸 막을 수 있는 변동성이 확보된다. 그러나 블록을 사용할 경우 한 블록의 마지막(예: 오후 1시 58분)에 신호가 울리고, 그다음 처음(예: 오후 2시 4분)에 울리는 경우도 생길 수 있다. 이 경우 연구참여자들이 힘들어지고, 하루 일과도 골고루 표집하지 못하게 된다. 이를 방지하기 위해 대부분의 소프트웨어는 신호와 신호 사이에 최소한의 간격(예: 신호와 신호 사이에 적어도 20분의 간격이 있을 것)을 설정할 수 있게 되어 있다. 이 책에서 '무선표집'에 대해 논의할 때는 항상 이와 같은 어느 정도 제한이 있는 유사 무선표집의 구조를 의미한다.

　고정 간격과 무선 간격에 따른 표집의 차이는 작을 수 있지만, 두 설계는 다른 목적에 적용되고 서로 다른 강점을 가진다. 예를 들면, 하루에 다섯 번 정해진 시간(예: 오전 10시, 오후 1시, 오후 4시, 이후 7시, 오후

10시)인 5시간마다 신호를 보내는 10일간의 고정 간격 설계와 하루에 다섯 번 신호를 보내지만 다섯 번 내에서 ±45분으로 무작위 신호를 보내는 무선 간격 설계를 비교할 수 있다. 고정 간격 연구에서 연구참여자들은 조사를 예상할 수 있게 되고, 활동 시간을 바꿔서 조사에 참여하는 시간에는 방해가 되는 것을 피할 수 있다. 무선 간격 연구의 연구참여자들은 언제라도 신호가 올 수 있다고 생각하기 때문에 자신의 일상을 그대로 유지할 것이다. 전자의 경우 조사는 앞으로 해야 할 과제로 느껴지고, 후자의 경우 예상치 못하게 방해해 들어온다고 느낄 수 있다. 고정 간격 표집에 비해 무선 간격 표집은 일상생활을 조금 더 방해한다고 느껴지지만 연구참여자들이 자신의 행동을 조절할 가능성은 적다.

둘째, 고정된 시간 간격의 규칙성은 연구참여자의 일상 루틴의 규칙성과 병행될 수 있다. 직장, 학교, 습관 때문에 성인의 주중은 하루하루가 거의 비슷하다. 예를 들어, 오전 10시와 오후 4시 정해진 시간으로 신호를 정하면, 매일 오전 10시와 오후 4시에 할 가능성이 있는 일들을 수집하게 될 것이다. 어떤 방향으로든 20분 정도 조사 시간을 이동하면 다른 활동이 확인될 수 있을 것이다. 고정 간격 표집은 개인의 경험에서 일어나는 그날그날의 변화를 과소평가할 수 있고, 무선 간격 표집이 그것을 보다 더 잘 나타낼 수 있다.

셋째, 질문이 달라질 수 있다. 고정 간격 조사에서는 신호가 오기 전 1시간처럼 가장 최근에 일어났던 일에 대해 질문하는 경우가 많다. 한편, 무선 간격 조사에는 신호가 갔을 때 무엇을 하고 있고, 무슨 생각을 하고 있고, 어떤 느낌인지를 물어 현재에 초점을 둔다. 조사 횟수가 정해져 있고 간격이 일정할 때는 지난 신호를 기준으로 삼게 되는데, 조사 사이의 간격이 일정하지 않으면 지난번 신호를 기준으로 여길 가능성이 낮다. 예컨대, "지난 조사 이후 담배를 피웠나요?"라는 질문에 대한 대답은 무선 간격 연구에서는 정확하게 비교치를 보여 줄 수 없다. 조사 사이의 시간이 신호 설계에 따라 30분에서 2시간까지 중 어디든 될 수 있기 때문이다. 그래서 무선 간격 설계에서는 당장의 경험과 가까운 과거를 강조한다(예: '지난 10분'과 같은 말로 문항을 구성; 제3장 참조).

무선 간격 설계는 여러 가지 장점을 갖는다. 하루를 무작위로 나누기 때문에 개인의 하루가 어떤지를 보여 주는 좋은 방법이다. 그 순간에 무엇을 하고 있는지(어디에서 누구와 어떤 생각을 하고 어떤 경험을 하는지)를 보여 주는 이상적인 방법이다. 정서 관련 연구자들과 건강 관련 연구자들에게 특히 인기가 높은 이유는 감정, 피로, 통증, 임상적 증상, 기타 주관적 경험이 하루 동안 오르내리는 내적 상태를 포착하는 데 유리하기 때문일 것이다.

무선 신호는 사람들이 잘 알아차리지 못하는 일시적인 사건에 가장 적합하다. 사건 기반 표집의 경우, 일부 사건이 메타의식에 들어가지 않는 방식에 대해 논의했다. 예를 들어, 사람들이 공상을 하고 있을 때는 자신이 공상을 하고 있다는 사실을 메타인지적으로 인지하지 못해 자신이 그렇게 한다는 것을 스스로 포착하지 못한다. 이러한 포착이 어려운 경험에 관심이 있을 경우, 무선으로 연구참여자들에게 신호를 보내 그때 그들이 생각하고 느꼈던 것이 무엇인지 묻는 것이 좋다. 이때 연구참여자는 더 이상 초점 사건에 대한 자신의 경험을 점검하거나 사건이 언제 발생했는지 기억해 두었다가 조사에 응답할 필요가 없다.

무선 간격 표집은 개인의 하루 중 상징적인 순간을 담아내기 때문에 연구참여자들이 스스로 알아차리지 못하는 심리적 패턴과 대인관계를 파악할 수 있다. 예컨대, 사람들의 순간적 정서 상태와 사회적 행동을 평상시 1주일에 걸쳐 여러 번 측정한다면, 정서 상태와 사회적 관계의 관계에 대해 일반적인 영향력(예: 사회적 상호작용은 긍정 정서와 관련된다; Watson, 2000)부터 보다 미묘하고 특징적인 영향력(예: 사회적 접촉과 긍정 정서에서의 사회적 무쾌감증의 매개 효과; Kwapil et al., 2009)까지 광범위하게 파악할 수 있을 것이다. 마찬가지로 사람들은 하루를 지내는 흐름을 잘 파악하지 못하는데(Palmer, 2002), 하루 동안 표집을 할 경우 이러한 흐름을 파악할 수 있다(예: Peeters et al., 2006; Watson, 2000).

다른 연구설계와 마찬가지로 무선 간격 표집도 단점을 가지고 있다. 첫째, 무선 간격 표집 방법은 기술적으로 복잡하기 때문에 사람들에게 신호를 보내는 데 비용이 가장 많이 든다. 연구자들은 여러 가지 기술적 선택지를 갖는데(제4장 참조), 무선적으로 신호를 보내는 시스템은 일기법이나 사건 기반 조사에 비해 상대적으로 비용이 많이 든다. 시스템을 구매하거나 사용하는 데 드는 비용뿐 아니라 연구자들은 연구원 훈련, 시스템 오류 점검, 피할 수 없는 기술적 문제의 해결 등에서도 더 많은 시간과 비용을 써야 할 것이다.

둘째, 무선 간격 설계는 참여자들에게도 부담이 크다. 연구참여자들은 신호가 언제 올지 모르기 때문에 하루 종일 응답을 하느라 일을 방해받을 수 있다. 이후 장들에서 이런 경험표집 연구의 어려움을 줄이고 균형을 맞추는 방법을 알아볼 것이다. 이런 어려움들은 무선 설계의 장점을 위해 치러야 할 대가라고 할 수 있다. 어떤 문제는 사람들을 아무 때나 방해하면서 연구를 해야 답을 얻을 수 있지만, 조사가 너무 길고 너무 빈번하면 연구참여자들을 짜증 나게 만들 수 있다.

셋째, 무선 간격 표집에서는 중심적 사건을 놓치는 경우가 많다. 무선 간격 표집이 하루 중의 상당히 대표적인 순간을 포착하기는 하지만, 신호와 신호 사이에도 여러 가지 사건이 발생한다. 흡연 빈도나 자해 빈도와 같이 어떤 일이 얼마나 자주 일어나는지를 정확하게 알고 싶다면, 사건 기반 접근이 보다 많은 사건을 수집할 수 있게 해 주고 더 정확한 빈도 측정을 가능하게 해 줄 것이다.

넷째, 연구자들은 갑작스럽게 끼어들어서는 그 속성을 알 수 없는 어떤 것에 관심을 가질 수도 있다. 연구참여자들이 항상 하던 일을 멈추고 응답하기를 바라지만 어떤 일은 멈추고 싶지 않을 수 있다. 예컨대, 음악가의 생각이나 경험을 리허설 하는 동안은 잘 표집할 수 있겠지만, 뛰어난 음악가는 조사를 완료하기 위해 깊고 집중적인 연습을 중단하는 것을 꺼릴 것이다. 수업을 하고 있거나 클래식 음악 공연을 하는 등 많은 경우 하던 일을 멈추고 조사에 참여하는 것 자체가 사회적으로 부적절하다. 비행기, 기차, 자동차를 운전하고 있는 동안에는 조사에 응하는 것이 안전하지 않고 불법일 수도 있다. 이런 경우라면 이전을 회상해서 답하는 사건 기반 설계나 일기법이 더 적절할 수 있다.

마지막으로, 비교적 사소한 것이기는 하지만 신호와 신호 사이 간격이 균일하지 않다는 점이다. 일시적 경향(예: 하루 동안 변화하는 양상을 추정하기)이나 변동성과 휘발성(Jahng et al., 2008)을 추정하는 데 관심이 있다면 일정한 간격으로 평가를 하는 것이 통계적 추정에 더 유리할 것이다(제7장 참조).

모든 것을 하나로: 표집설계의 통합

앞서 살펴본 사건 기반, 고정 간격, 무선 간격 표집의 세 가지 설계는 원형에 해당하는 전통적 설계이다(〈제시자료 2.2〉 참조). 대부분의 연구는 하나의 표집 방법을 사용하지만 여러 설계를 다층적으로 사용하는 경우도 적지 않다. 일상연구법들은 그 장점을 잘 살려 서로 함께 사용할 수 있다.

여러 설계를 함께 사용할 경우는 일기연구법과 경험표집법을 함께 쓰는 경우가 대표적이다. 경험표집에서 연구참여자들은 하루 동안 일정하지 않은 시각에 신호를 받고 그 당시의 경험을 보고한다. 일기연구

〈제시자료 2.2〉 적극적 및 소극적 설계 전략 개요

자료 수집이 능동적인가 또는 수동적인가(Conner & Lehman, 2012) 라는 점은 지금까지 살펴보지 못한 표집의 측면이다. 능동적 표집은 연구참여자가 연구에 참여하겠다는 의도를 가지고 자료를 제공해 주는 경우이다. 자기보고식 문항에 답하는 것이 가장 대표적이고, 이 책에서도 초점을 두고 있는 방법이다. 또한 타액을 모으거나 자신이 있는 장소를 사진으로 찍는 것 등도 능동적 표집의 방법들이다.

한편, 수동적 표집은 연구참여자들의 참여가 필수적이지 않다. 연구 참여자들이 데이터를 입력하지 않아도 때로는 하루 중 어느 순간에 자료가 수집되고 있다는 것을 알아차리지 못한 가운데 자료 수집이 이루어진다. 수동적 표집은 주로 환경적 특성(예: 동반된 소음, GPS를 통한 위치 추적)이나 생리적 특성(예: 호흡, 심박수, 피부온도)에 초점을 둔다. 수동적 표집도 동일한 표집 전략을 따른다.

- **사건 기반**: 기기의 센서가 수동적 자료 수집을 시작한다(Miller, 2012). 예컨대, 활동 수준 변화나 GPS 위치에 기초해 기기가 사진을 찍고, 심전도를 수집하고, 당시의 조도와 소리를 측정할 수 있다.
- **고정 간격**: 18분마다 30초씩 소리를 녹음하는 것(Bollich et al., 2016) 처럼 일정한 간격에 따라 정해진 자료를 수집하도록 디지털 기기를 설정해 둘 수 있다.
- **무선 간격**: 회차별 시간 간격에 상관없이 1시간에 3회씩 기동 혈압 모니터를 작동해 심혈관 자료를 수집하는 것(Smart Richman et al., 2010)처럼 유사 무선 시간에 자료를 수집하도록 기기를 설정해 둘 수 있다.

수동적 표집은 새로운 네 번째 표집설계로 연속 표집 방법이다. 이 설계를 통해 생리적 모니터링(예: 하루 종일 초 단위로 기동 심전도 모니터의 500헤르츠에서 심박수)이나 환경 센서(예: 소음 노출도)와 같은 자료를 수집할 수 있다.

법에서 일어나자마자 수면의 질에 대한 아침 일기를 쓰라는 것을 추가할 수 있다(예: Bouwmans et al., 2017). 무선표집을 보완하기 위해 하루를 전반적으로 어떻게 보냈는지를 묻는 하루 끝 일기를 추가하는 경우(예: Muraven, Collins, Shiffman, & Paty, 2005)가 더 빈번하다. 어떤 연구에서는 경험표집설계에 추가해 아침과 저녁에 모두 일기를 쓰라고 한다(예: Hamilton et al., 2008).

또 다른 조합은 사건 기반 조사와 경험표집법을 함께 사용하는 것이다. 앞서 살펴본 바와 같이 무선 간격 설계는 많은 사건을 놓친다는 한계가 있다. 사람들의 경험에 대한 광범위한 표집과 특정 사건의 정확한 빈도 파악을 함께 원한다면 무선적으로 연구참여자에게 신호를 보내는 것과 특정 사건이 일어날 때 조사를 시작해 달라고 하는 것을 모두 사용하는 경험표집법을 설계할 수 있을 것이다. 비자살적 자해를 연구했던 한 연구에서는 하루 동안 무선적으로 신호를 보내 자해 일화에 대해 질문하고 자해를 하고 난 다음에도 조사에 참여해 달라고 요청했다(예: Armey et al., 2011). 하루 끝 일기법과 사건 기반 표집을 함께 구성하면 하루에 사건들이 일어난 빈도로 하루 전체의 특성을 예측할 수 있고 하루 동안 보고하지 않았던 표적 사건도 놓치지 않을 수 있다(예: Shiffman, 2009).

마지막으로, 서로 다른 시간 간격으로 유사 시간 기반 설계를 사용할 수 있다. 예를 들면, 우울에 대한 두 가지 심리치료를 비교하기 위한 무선할당 실험에서 사람들의 증상이 치료 기간 동안 어떻게 변화되는지 평가하기 위해 세 가지 표집설계를 사용했다. ① 매주 증상 조사를 통해 우울 증상에 대한 고정 간격 표집(Eddington et al., 2015), ② 치료에서 배운 기술을 얼마나 사용하고 있는지를 질문하는 무선 간격(1주일 중 이틀을 무작위로 선택) 하루 끝 조사(Hoet et al., 2018), ③ 순간 사고와 정서의 변화를 평가하기 위한 치료 1주일 전 및 1주일 후 무선 간격 경험표집법(7일 동안 매일 여덟 번씩 신호 보내기; Eddington et al., 2017). 표집설계를 혼합해 사용하면 연구문제에 대해 시간대와 세밀함의 수준에서 서로 다른 답을 얻을 수 있다.

결론

이 장에서는 일상연구법의 표집 방법의 양대 산맥인 사건 기반 표집과 시간 기반 표집에 대해 알아보았다. 이 두 가지 표집 방법은 일상의 복잡성을 포착하는 다양한 방법을 창의적으로 고안할 수 있게 해 준다. 모든 연구법과 마찬가지로 이 장에서 소개한 표집설계는 장점도 있고 단점도 있으므로 이런 장단점을 잘 고려하는 것이 자신의 연구에 맞는 연구설계를 선택하는 열쇠이다. 일상연구법의 표집 방법을 선택했다면 언제 표집을 할 것인가를 질문해야 한다. 일상연구법은 어떤 모습일 것인가? 다음 장에서는 일상연구법을 위한 자기보고 질문 구성 방법에 대해 알아볼 것이다.

제3장

자기보고식 조사의 설계

자기보고식 일상연구법에는 실제 환경에서 생활하고 있는 사람들에게 신호를 보내는 것과 그들에게 조사를 요청하는 것의 두 가지가 기본적으로 포함된다. 제2장에서 연구참여자들에게 신호를 보낼 시기를 결정하기 위한 틀에 해당하는 **표집설계**를 살펴보았다. 이 장에서는 두 번째 부분인 일상생활에 대한 조사를 어떻게 설계하고 제공할 것인가에 대해 알아볼 것이다. 일상연구법에서도 실험연구나 조사연구에서 다루는 정서, 인지, 행동의 구인을 거의 유사하게 탐색하지만, 횡단연구에서 사용해 오던 자기보고식 척도를 일상연구법에 그대로 적용하기는 어렵다.

성격 검사, 스트레스 사건 체크리스트, 태도 척도와 같은 전통적인 자기보고식 척도와 비교할 때 일상연구법의 조사는 네 가지 차이점을 갖는다.

① **반복**: 연구참여자들은 동일한 문항에 여러 번 응답하는데, 열두 번 또는 백 번 이상도 반복해 응답한다.

② **압축**: 설문지와 그 구성 문항은 시간을 절약하고 작은 화면에서도 잘 보일 수 있도록 최대한 짧고 초점화되어 있다.

③ **시간 기준**: 특정한 경험을 질문하는 것이 아니라 연구참여자가 지금 당장의, 지난 조사 이후의, 오늘 하루 동안의 경험 등 특정 시간이 문항에 포함된다.

④ **맥락 포함**: 문항의 의미가 일반적 상황에서가 아니라 연구참여자가 처해 있는 특정한 맥락이나 선택한 맥락(eclectic contexts)에서 의미가 통해야 한다.

이런 요소들을 중심에 두고 일상생활 평가의 빈도와 길이에 해당하는 평가 설계를 어떻게 하고 일상생활 맥락에 잘 맞는 자기보고식 문항을 어떻게 개발할 것인가를 설명할 것이다.

문항, 신호, 날짜에서 고려해야 하는 것

가장 먼저 결정해야 하는 것은 평가 설계로 일상생활 평가에 대한 전반적 구조이다. 그리고 다음으로 **날짜, 신호, 문항**에 대한 세부적 설계를 하게 될 것이다.

• **날짜**와 관련해 며칠 동안 평가를 할 것인가? 연구참여자들은 며칠 동안 참여할 것인가? 집중적으로 하루에 모든 조사를 끝내는 연구인가(예: Sperry et al., 2018)? 7일 동안의 경험을 표집하는가 (Granholm et al., 2020)? 매일 한 번 조사를 실시하는 연구가 1, 2,

3개월 동안 진행될 수도 있는가(Lipton et al., 2014)?

- **신호**와 관련해 하루에 얼마나 자주 신호를 보낼 것인가? 전형적인 일기연구법처럼 하루에 한 번? 기상 직후와 취침 직전에 조사를 실시하는 것처럼 하루에 두 번(예: Lipton et al., 2014)? 6, 4, 2시간마다 한 번? 15분마다 한 번?
- **문항**과 관련해 신호가 갈 때마다 몇 문항을 질문할 것인가? 하루가 끝날 때 50문항? 하루 중 30, 20, 10문항? 하나의 문항만(Intille et al., 2016)?

날짜, 신호, 문항을 적절하고 균형 있게 잘 선택하는 것이 일상연구법의 성공에서 가장 중요하다(Eisele et al., 2020). 일상연구법의 초보자들은 하루에 여덟 번, 40문항씩, 2개월 동안처럼 가능한 한 많은 것을 수집하고 싶을 것이다. 이론적으로 이렇게 설계하면 대규모의 풍성한 데이터를 얻을 수 있다. 그러나 실제로는 모집에 시간이 많이 걸리고 연구참여자들의 참여도가 떨어지고 중도탈락이 많아 어려움에 처하게 될 것이다. 연구참여자들에게 많은 보상을 하지 않으면, 조사의 부담이 높아질수록 연구참여자들의 참여는 제대로 이루어지지 않는다.

일상연구법의 자료 밀도와 연구참여자 부담 사이의 최적의 균형을 맞춘 평가 설계를 하는 것이 일상연구법 평가의 기술이다. 날짜, 신호, 문항은 서로 연결되어 있기 때문에 연구자들은 장단점들을 철저히 비교하고 검토해야 한다(Cotter & Silvia, 2019; Eisele et al., 2020; Silvia et al., 2014).

첫 번째 검토할 사항은 **날짜 대 신호**이다. 사람들은 하루에 신호를 덜 받으면 조금 더 오랜 기간 연구에 참여할 것이다. 조사의 길이가 같다고 가정한다면 이틀 동안 하루에 15회의 신호를 보내는 것처럼 날짜를 최소화하고 신호를 늘릴 수 있고, 60일 동안 하루에 두 번 신호를 보내는 것처럼 하루에 보내는 신호를 최소화하고 날짜를 늘릴 수 있다. 그러나 하루에 신호도 많이 보내고 날짜도 길게 할 수는 없다.

두 번째 검토할 사항은 **신호 대 문항**이다. 하루에 여러 번 조사를 요청한다면 조사가 짧아야 하지만, 하루에 한 번만 조사한다면 조사가 길어질 수 있다. 조사 시간을 줄이는 방안에 대해서는 나중에 살펴보겠지만, 문항의 수는 중요한 요인이다. 45분에 한 번씩 자신의 생각과 감정을 묻는 60문항에 응답하고 싶어 하지 않지만, 매일 저녁에 한 번이라면 긴 것도 가능하다. 마찬가지로 한 번 조사에 포함된 문항이 적으면 하루에 열두 번도 응할 수 있다.

일상연구법을 위한 평가 계획을 설계하는 것은 전통적으로 적절성의 문제이다. 연구자들은 원하는 데이터의 양과 시간, 돈, 사람과 같은 한계와 연구참여자들의 인내심과 복지와 같은 한계 사이에서 균형을 찾아야 한다. 일상연구법의 초보자라면 '무리를 따르기'나 '인기 아동을 흉내 내기'에 대한 학자들의 완곡한 표현인 '최고의 실제를 택하기'라는 오랫동안 적용되어 온 원리를 따르기를 권한다. 여러분이 생각하는 연구대상자로 연구한 연구물을 검색하고 그 연구의 평가 설계와 응답률(완성된 조사 비율; 제5장 참조)을 파악한다. 이전 연구는 여러분의 연구에서 선택할 날짜, 신호, 문항의 범위에 대한 가장 우수한 안내문이 될 것이다.

연구참여자들이 조사에 압도당하기를 원하는 연구자는 없지만, 연구참여자들을 실망시켜서도 안 된다. 그 이유에 대해서는 제6장에서 살펴보겠지만, 한 사람에 대해 하루에 적어도 다섯 번 이상의 조사는 실시되어야 일상연구를 하는 의미가 있고(Bolger & Laurenceau, 2013), 5회는 개인의 일상생활을 기술하고 개인 내 통계적 관련성을 추정하는 최소한의 빈도이다. 날짜, 신호, 응답률를 곱해 연구참여자별로 완성된 조사 횟수를 예측할 수 있다.

연구참여자별 기대 조사 횟수=연구 수행 날짜×일일 신호수×기대 응답률

'응답률(compliance rate)'이라는 용어는 연구결과에 대해 결측치를 설명해 준다. 연구참여자들은 모든 조사에 응하지 않을 수 있어서 단순히 날짜에 신호를 곱하면 연구설계를 통해 얻을 수 있는 응답을 과대평가할 수 있다. 응답률이라는 것은 복잡한데, 예컨대 65% 응답률이라고 하면 경험표집과 일상연구법에서 현실적인 수치이다.

만약 하루의 끝 설계 일기연구법을 7일 동안 하면 다소 부족한데(연구참여자별 7×1×.65≈4.5회 조사), 10일은 되어야 겨우 맞출 수 있고(연구참여자별 10×1×.65≈6.5회 조사), 14일이 적절하고(9.1회 조사), 적어도 21일 정도는 되어야 이상적이다. 전형적인 일기연구법이 적어도 2주 이상인 것이 우연한 일은 아니다. 마찬가지로 무선 간격 경험표집법에서 하루에 다섯 번 조사를 원한다면 하루로는 부족하다(연구참여자별 1×6×.65≈3.9회 조사). 3일은 해야 하고(연구참여자별 3×6×.65≈11.7회 조사), 7일은 주로 논문으로 나온 연구에서 사용하는 데 최선이다 (27.3회).

이 간단한 식은 두 가지 측면에서 자료 수집을 늘려 준다. 첫째, 연구의 전반적 설계와 관련해 보다 많은 날짜와 조사를 포함시켜 준다. 둘째, 절차 및 실제와 관련해 보상, 알림, 연결 등 연구 실제에 더 많은 투자를 하게 해 응답 비율을 높여 줄 것이다(제5장 참조).

문항 개발

일상연구법의 초보자는 연구하고자 하는 구체적 구인을 가지고 있는데, 실험연구나 조사연구에서 사용했던 구인을 가지고 그것을 실제

세계에서 탐색해 보려는 열의에 차 있는 경우가 많다. 대부분의 초보자는 횡단연구에서 사용해 온 잘 알려진 척도를 조금 바꿔서 일상연구법에 사용하면 두 문헌을 연결할 수 있을 것이라고 생각한다. 그러나 조사연구에 사용되는 대부분의 척도는 아주 좋은 척도라고 해도 일상연구법에 잘 맞지 않는 경우가 많다. 기존의 척도를 통해 영감과 아이디어를 얻고 때로는 문항을 가져올 수도 있지만 일상연구법을 위한 문항을 처음부터 새로 개발하는 것이 좋다.

전통적인 조사연구가 통하지 않는 이유는 무엇일까? 두 가지 이유를 들 수 있는데, 너무 길다는 것과 문항의 내용이 너무 추상적이어서 일상적 경험에 맞지 않는다는 것이다.

길이

조사연구에 사용되어 온 전통적인 자기보고식 척도는 너무 길어서 일상연구법에 적합하지 않을 때가 많다. 횡단연구를 위해 설계되었기 때문에 개발자들은 문항수를 늘려 내적 일치도를 높였다(DeVellis, 2017). 외향성을 생각해 보면, 사교성(누구에게나 잘 다가가고 대담한)과 긍정적 정서성(활기와 열정을 느끼는)과 같은 특성으로 구성된 복잡한 구인이다(Wilt & Revelle, 2009). 성격심리학자들은 외향성을 측정할 수 있는 여러 가지 자기보고식 척도를 사용하는데 모두 길다. NEO 성격검사-3(NEO Personality Inventory-3; McCrae et al., 2005)의 경우 48문항, 성격 5요인 척도(Big Five Aspects Scale; DeYoung et al., 2007)는 20문항, HEXACO-100 검사(Lee & Ashton, 2018)는 16문항이다.

문항들이 일상생활과 관련이 된다고 가정한다 해도 이 척도들은 일상연구법에서 실용성이 떨어진다. 예컨대, 집중적 하루 내 경험표집 연구에서는 30문항으로 연구참여자들에게 기대했던 것을 20문항으로도 파악할 수 있을 것이다.

일상연구 조사의 길이는 **문항의 수**(예: 신호마다 20문항)와 응답에 소요되는 **시간**(예: 응답에 평균적으로 100초 소요)의 두 가지 측면에서 보아야 한다. 두 가지는 밀접히 관련되어 있다. 문항수는 소요 시간을 결정하는 유일한 요소이지만 조사를 다듬을 때는 서로 다른 측면으로 보아야 한다. 조사의 길이를 줄이기 위해 각 측면에서 고려할 전략은 다음과 같다.

문항수 줄이기

흡연 갈망, 긍정 정서, 부정 정서, 지난 시간 동안의 흡연량, 인지적 명료성, 사회적 상호작용 등의 구인을 측정하는 경험표집법 연구를 한다고 상상해 보자. 신호가 갈 때마다 20개 문항에 답하게 하는 계획을 세웠지만 처음 개발했을 때 24문항이었다. 이제 메스를 사용할 때인데 어떤 문항을 버릴 것인가?

조사를 손질할 때는 **문항**을 삭제하는 것과 **구인**을 삭제하는 것을 구분해야 한다. 앞의 예에서 '인지적 명료성'을 4개 문항으로 측정한다고 가정해 볼 수 있다. 연구자는 인지적 명료성의 구인을 빼고 다른 문항을 남길 수 있다. 아니면 모든 구인을 그대로 두고 4개 구인에서 한 문항씩을 줄일 수도 있다. 관점과 측정의 질 사이의 갈등으로 더 적은 문항으로 더 많은 구인을 측정할 것인지 또는 보다 많은 문항으로 더 적은 구인을 측정할 것인지의 문제이다. 이에 대한 쉬운 답은 없지만 관점이라는 측면에 기대면 할 이야기가 있다. 더 많은 구인을 측정하면 탐색할 가설의 수를 늘릴 수 있고, 같은 연구비로 더 많은 학문적 발견을 얻을 수 있다(〈제시자료 3.1〉 참조).

때로는 한 문항밖에 안 되는 짧은 척도에 익숙해져야 문항을 줄이는 것에 조금 더 수월해진다. 처음에는 어려운 일일 수 있다. 많은 연구자

〈제시자료 3.1〉 논문에서 고려하기

일상생활 연구는 사회심리학과 인지심리학의 실험실 연구보다는 발달심리학의 종단연구에 가깝다. 종단연구는 하나의 표본을 사용해 많은 질문을 사용하지만, 실험연구에서는 하나의 표본에 대해 하나의 아이디어를 검증하는 것이 일반적이다. 결과적으로 종단연구는 하나의 표본에서 여러 개의 논문이 나오고, 실험연구에서는 하나의 논문을 위해 많은 표본이 필요하다.

일상연구법은 한 사람의 연구참여자로부터 대단히 많은 양의 자료를 수집하는 것을 가능하게 해 준다. 어떤 예측에 따르면 하나 이상의 논문이 나오도록 설계가 가능하고 시간과 노력을 기울인 데 비해 더 많은 학문적 지식을 생산하는 것도 가능하다. 조사연구를 계획할 때는 구인별 문항수를 늘리기보다는 구인의 수를 늘리는 것을 고려해야 한다. 관심이 가는 구인을 추가하고 그 구인을 한 문항으로라도 측정하면 연구의 과학적 관점을 확장해 줄 것이다.

'논문이 가능한 최소한의 단위'라는 접근을 권장하는 것은 아니라는 점에 유의하기 바란다[이와 같은 오해에 대한 비판은 Silvia(2015) 참조]. 대신 모든 사람은 연구에 사용할 수 있는 시간과 자원이 부족하며 제한적이고, 특히 일상연구법에서는 더 그렇기 때문에, 연구기관과 연구비를 지원하는 곳에서 제공하는 연구 자원을 잘 활용하는 간사가 되어야 한다. 가장 소중한 자원은 연구참여자의 시간, 동기, 호의일 것이다. 연구윤리에 따르면, 학문적 지식에 대한 기여와 이 과정에서 연구참여자들이 경험하게 되는 어려움과 위험 간의 균형을 맞추라고 한다. 조사로 성가셨던 연구참여자들이 짜증 나는 순간들로부터 가능한 한 많은 것을 배워야 의미가 있다.

는 그동안 짧은 척도에 대해 의심하고 내적 합치도 계수(Cronbach's α)와 신뢰도를 혼동해 왔기 때문이다(Henson, 2001; McNeish, 2018). 문항의 수는 평가 설계에서 심리측정학의 한 측면일 뿐이다(Brennan, 2001; Linacre, 1994). 일상연구법은 보다 적은 문항으로 보다 많은 상황을 연구한다. 다른 조건이 같다면, 사람들에게 피로 관련 2개 문항에 오십 번 답하라고 하는 것이 10문항에 한 번 응답하라고 할 때보다 더 신뢰로운 점수를 얻을 수 있다. 외향성 예시로 돌아가 보면, 경험표집법에서는 외향성을 몇 개 안 되는 문항(예: '말이 많은' '모험적인' '활력 있는' '주장적인')으로 측정한다(Fleeson, 2001). 4개 문항은 많아 보이지 않지만, Fleeson(2001)의 연구에서는 4개 문항을 13일 동안 하루에 다섯 번씩 실시하는 전체 평가 설계를 통해 많은 점수를 얻어 신뢰도가 확보되었다.

일상생활의 많은 측면은 1개 또는 2개의 문항으로 정기적으로 측정된다. 어떤 변인은 하나 이상의 문항을 사용하는 것이 이상하기도 한데, 지난 시간 동안 흡연을 했냐고 묻거나 지금 음악을 듣고 있는 중이었냐고 묻는 것이 여기에 해당한다. 그러나 보다 복잡한 구인의 경우 구인의 핵심적 특성에 초점을 맞추고 사람들의 다양한 일상적 환경을 파악할 수 있는 1개 또는 2개의 문항을 사용할 수 있다. 예컨대, 이상적으로는 경험표집법에서 정서 상태에 대한 잘 만들어진 평가 도구를 사용할 수 있지만, 행복에 대해 질문하는 하나의 문항만으로도 많은 것을 알아낼 수 있다(Schimmack, 2003).

조사의 속도 내기

문항수는 조사 기간을 좌우하는 가장 큰 요인이지만, 문항수를 줄이지 않고도 조사의 속도를 높일 수 있는 방법이 있다. 〈제시자료 3.2〉는 조사 기간을 좌우하는 요소들의 목록을 보다 빨리 조사를 실시할 수 있

〈제시자료 3.2〉 조사의 속도

문항수가 조사 기간을 좌우하는 가장 중요한 요인이지만, 연구자들은 자신의 조사를 설계할 때 다른 요인들도 통제할 수 있다.

- **문항의 길이**: 문항은 가능한 한 짧고 간명해야 한다. 길고 단어가 많은 문항은 좋을 수 없다. "필요 없는 말은 빼라."(Strunk & White, 2000, p. 23)가 가장 좋은 명언일 뿐 아니라, 문항이 짧아야 좁은 스마트폰 화면에 더 잘 제시될 수 있다.

- **문항의 복잡성**: 어떤 문항은 보다 복잡한 판단을 내려야 하기 때문에 답하기 더 어렵거나(예: "혼자인가요?"와 "15m 반경 내에 사람이 몇 명 있나요?"), 더 많은 정보를 회상해야 하기 때문에 어려울 수 있다 (예: "오늘 낮잠을 잤나요?"와 "오늘 몇 분이나 낮잠을 잤나요?").

- **문항 제시 방법**: 연구참여자들은 문항을 읽거나 들을 것이다. 문해력을 가진 경우라면 듣는 것보다는 읽는 것이 더 빠르다. 상호작용형 응답(IVR; 제4장) 시스템과 같이 문항을 소리 내어 읽어 주는 시스템을 사용할 경우, 연구자는 연구참여자들에게 문항이 나가는 동안 응답을 하라고 하는 것이 문항을 모두 듣고 난 다음 응답하라고 하는 것보다 빠를 수 있다. 후자가 응답해야 할 문항의 내용을 확실히 이해하는 데는 유리하다.

- **응답 수집**: 대부분의 경우 스크린을 터치하거나, 키보드로 입력하거나, 큰 소리로 대답하거나, 종이에 쓰는 방법으로 연구참여자들의 응답 내용을 수집한다. 긴 개방형 응답의 경우 말로 하는 것이 입력하는 것보다 빠른데, 입력 기기의 크기가 작을 경우 더욱 그렇다.

- **되돌아가기**: 어떤 시스템에서는 연구참여자들이 이전 문항으로 돌아

가 자신의 응답을 바꿀 수 있다. 대부분 그렇게 하지는 않지만 우유부단하고 완벽주의 성향이 있는 연구참여자들의 경우 속도가 떨어지는 이유가 된다.

- **응답 확인**: 어떤 시스템에서는 연구참여자들에게 자신이 응답한 내용을 확인하게 한다(연구자에게 이 기능을 쓸 것인지 결정하게도 함). 예를 들면, 문항을 보고 '매우 그렇다'에 응답한 다음 연구참여자들은 다음 문항을 보기 위해 '확인' 또는 '다음' 버튼을 눌러야 한다. 이는 입력을 두 배로 하게 되기 때문에 응답 속도를 떨어뜨릴 수 있고 약간 짜증이 날 수도 있다. 한편, 작은 화면에서 큰 손으로 응답하는 과정에서 부주의를 막아 준다는 점도 있다. 연구참여자가 실수를 수정하기 위해 돌아갈 수 있는 확인 절차는 조사 시간을 늘리더라도 데이터의 질을 높이는 데 기여할 것이다.

- **화면에 제시되는 문항수**: 어떤 시스템은 행렬표처럼 한 번에 여러 문항을 제시해 준다. 예컨대, 정서를 묻는 문항은 "지금 나는 ……하게 느낀다."와 같은 하나의 열에 '행복' '슬픔' '흥분' '짜증' 등과 같은 정서 목록을 행으로 제시할 수 있다. 다른 시스템에서는 한 번에 한 문항만 제시할 수도 있다. 관련이 있는 문항들의 경우 행렬표가 한 문항씩 제시하는 것보다 훨씬 빠르다.

- **무선화**: 신호가 울릴 때마다 10개의 정서 문항의 순서를 무작위로 바꿔 제시하는 것처럼 문항의 순서를 무선으로 제시하면 연구참여자들이 아무 생각 없이 순서대로 응답하는 것을 방지할 수 있다. 문항의 순서를 바꾸는 것은 읽는 데 더 집중을 해야 하기 때문에 응답 속도를 떨어뜨릴 수 있지만 데이터의 질을 높여 준다.

- **나누기**: 연구에서는 대부분 조사 문항을 모든 자료 수집 상황에 동일

하게 제공한다. 그러나 결측치 이론(Silvia et al., 2014)에 따라 보다 효율적인 설계 원리를 적용해 문항 중 일부만 제시할 수 있다. 5개 문항의 정서 척도가 있을 경우 2~3개를 무선으로 선택해 제시할 수 있다. 전체 문항을 줄이지 않으면서 한 번 조사할 때의 문항수를 줄이는 발전된 방법이다. 단, 연구자가 충분한 계획을 세우지 않은 채 바로 사용하는 것은 삼가야 한다.

는 방법과 함께 제시하고 있다. 이 목록은 모든 도구에 사용할 권장 사항이 아니라 생각의 재료로 제공된 것이다. 조사의 속도를 높이는 방법은 가능할 때 적용할 가치가 있다. 예를 들면, 선명하게 쓰는 것과 짧은 문항은 항상 중요하고, 문항을 행렬표로 제시하면 속도와 연구참여자들의 이해를 모두 높일 수 있다.

그러나 조사 속도를 높이는 일부 방법은 데이터의 질을 떨어뜨릴 수도 있어 속도를 높이는 것이 항상 좋은 것만은 아니다. 10개 정서 문항을 신호가 갈 때마다 다른 순서로 제시하는 것처럼 목록 내에서 순서를 달리하는 것은 조사에서 좋은 사례이다. 연구참여자들은 조사를 반복해 보게 되면서 문항의 순서를 예측하는 데 익숙해지고, 그에 따라 습관적으로 응답할 수 있다. 문항을 한 목록 안에서 섞는 것은 조사의 자동화 처리를 방해하게 되어 연구참여자들의 속도를 늦출 수 있다. 그러나 데이터의 질을 위해 시간을 투자하는 것은 그만큼의 가치가 있는 일이다.

시간과 장소

전통적으로 사용해 오던 자기보고식 척도가 일상연구법에 맞지 않는 두 번째 이유는 일상연구법의 연구자들이 원하는 맥락과 시간 틀에 맞게 설계되지 않았기 때문이다. 사람들의 생활환경은 폭넓고 특이하고 고유하기도 해서 대부분의 자기보고식 척도를 일상연구 조사에 맞게 수정했을 때 연구참여자들이 혼란스럽고 이상하게 느끼게 된다.

구체적인 맥락이 아니라 추상적인 것을 측정하는 문항을 살펴보면 그 이유를 알 수 있다. 예컨대, 호기심이라고 하면 안정적이고 일관된 인간의 특성을 연구하는 성격심리학자들(Silvia & Kashdan, 2017)과 하루 동안 또는 며칠을 거치면서 어떻게 달라지는가를 탐구하는 일상연구법 연구자들(예: Conner et al., 2015; Kashdan & Steger, 2007)이 모두 관심을 갖는 주제이다. 성격연구에서 주로 사용되는 특질 호기심 척도는 '나는 일상의 모호함을 정말 즐기는 유형의 사람이다.'(Kashdan et al., 2009)와 같이 전반적인 자기신념에 대해 질문한다. 이런 문항은 너무 많은 상황에 적용될 수 있어 특정한 시간이나 장소에서 모호성을 얼마나 즐기는가에 관한 연구에는 유용하지 않다. 또 다른 호기심 문항은 '나는 여가 시간에 재미있는 활동을 하면서 보낸다.'(Naylor, 1981)와 같이 전반적인 삶의 질을 묻는 문항도 지난 시간 또는 지난날의 구체적 삶의 질을 질문하지 않는다. '새로운 옷감을 보면 만지고 싶고 느끼고 싶다.'(Collins et al., 2004)라는 문항과 같이 전형적인 행동을 질문하는 구체적이고 특이한 문항도 있다. 연구참여자가 다른 사람에 비해 옷감을 좋아할 수도 있지만, 매력적인 샴브레[1]를 볼 일이 별로 없는 상황에서 이 문항은 적절하지 않을 수 있다. 마지막으로, 많은 문항이 '목적지나 시간에 대한 계획을 세우지 않고 여행을 떠나는 것을 좋아한다.'(Hoyle et al., 2002)와 같이 사람들의 개인 이론을 확인하고자 가설

---

1 역주: 흰 씨실과 색 있는 날실로 희끗희끗하게 짠 직물로 저자가 옷감의 예시로 사용한 용어이다.

적 상황에 대해 묻는 경우가 많다. 가설적 문항은 사람들이 실제 상황에서 무엇을 하고 있는지를 파악하기에는 맞지 않는 문항이다.

요약하면, 특질에 대한 척도는 특정 시간과 장소와 상관없이 나타나는 어떤 것을 포착하기 위한 것인 반면 일상연구는 이런 시간과 장소를 포착하기를 원한다. 결과적으로 일상연구 문항의 가장 핵심적 특성은 **시간이 기준이 된다**는 점이다. 시간 준거 문항은 연구참여자에게 과거, 현재, 미래의 어떤 특정 시간에 따라 응답을 하라고 요청한다. 일상연구 문항은 모든 연구참여자가 문항을 유사하게 이해할 수 있도록 구인의 의미를 시간으로 받쳐 주어야 한다.

과거

대부분의 연구는 붙잡기 힘든 실체인 과거에 대해 질문한다. 과거의 사건을 기준으로 할 경우 **시계의 시간**이나 **사건의 시간**을 기준점으로 잡아 사용할 것이다. 시계 시간은 정량적 기준을 사용한다.

- 지난 4시간 동안 운동을 했나요?
- 지난 1시간 동안 담배를 얼마나 피웠나요?
- 정오 이후부터 카페인 음료를 얼마나 마셨나요?

사건 시간은 행동이나 환경의 이정표를 기준으로 삼는다.

- 오늘 아침에 일어난 이후 담배를 얼마나 피웠나요?
- Did you have a stressful interaction during work hours today?
- 지난 수업 동안 수업과 관련 없는 내용으로 스마트폰을 사용했나요?
- 퇴근 이후 배우자와 포옹이나 키스를 했나요?

문항에서 '과거'가 의미하는 것이 무엇인지에 대해 연구자와 연구참여자가 같아야 한다는 것에 대해 깊이 생각해 보아야 한다. 시계 시간 기준을 사용한다면 시간 틀을 가능한 한 구체화하라. 예를 들면, "지난 10분 동안 담배를 피웠나요?"라고 질문하는 것이 "최근에 담배를 피웠나요?"라고 질문하는 것보다 더 좋다. 다른 기준을 사용할 경우 연구참여자들의 일상이 서로 같을 것이라는 획일화된 가정을 해서는 안 된다. 전형적인 일기연구법의 경우 연구참여자들에게 그날에 대한 하루 끝 조사를 실시하는데, 하루는 언제 시작하는 것일까? 암묵적 기준은 기상 시간으로, 사람들이 잠에서 깨서 침대에서 나오는 때부터 시작될 것이다. 그러나 어떤 연구참여자의 경우 교대 근무를 하는 근로자, 자주 잠을 깨야 하는 신생아 부모, 밤늦게까지 깨어 있는 대학생, 오후 늦게까지 자는 10대들처럼 보통 사람들과 수면 패턴이 다를 수 있고, 하루가 시작된 것에 대한 암묵적 정의가 이들에게는 통하지 않을 수 있다. 이런 문제들은 연구참여자들에게 문항의 의미에 대해 설명하고 조사에 대한 질문에 답하는 초기 오리엔테이션을 할 때 다루어야 한다(제5장 참조).

마지막으로, 조사의 신호를 시간 기준으로 삼는 것은 지양해야 한다. 하루 동안 이루어지는 경험표집법의 경우, "지난 신호 이후 담배를 피웠나요?"라고 질문한다. 이것은 모든 사람이 모든 신호를 알아차리고 모든 신호에 답했을 때만 통한다. 어떤 연구참여자의 경우 낮잠을 자거나 운전을 하느라 지난번 조사를 빼먹었을 수 있다. 문항에 답할 때 어떤 연구참여자들은 '지난 신호'를 '내가 들었던 지난 신호'라고 생각할 수 있고, 어떤 연구참여자들은 '내가 응답했던 지난 신호'라고 생각할 수 있다. 주변이 너무 시끄럽거나 기기가 꺼져 있어 신호를 못 듣는 경우는 '지난 신호 이후'가 애매한 기준이 될 수 있어 더 오류가 많아진다. 신호를 기준으로 하기보다는 '지난 60분 동안'과 같은 시계 시간이나 '출근 이후'와 같은 사건 시간을 사용하는 것이 좋다.

현재

지금 현재 무슨 일이 일어나는가와 관련된 문항이 있을 수 있다. 경험표집법의 경우 대부분의 하루 중 어디에 있고 누구와 있고 무엇을 하면서 무슨 생각을 하고 있는지처럼 '지금 당장' 무슨 일이 일어나고 있는지에 대해 궁금해한다. 그러나 현재가 언제를 말하는가? 정확한 지시나 훈련을 하지 않을 경우 연구참여자들은 현재를 묻는 문항에 대해 서로 다르게 이해할 수 있다. "지금 짜증이 나나요?"라는 문항의 경우 연구참여자들에게 서로 다른 의미로 다가갈 수 있다.

- "신호가 왔을 때, 약 20초 정도 전 방해를 받기 직전에 짜증이 났다."
- "이번 주 사십 번째로 조사에 응하고 있는 동안 짜증이 났다."

자연스러운 오해인데, 경험표집법에서는 항상 신호가 갔을 때 무엇을 하고 있는지를 파악하고 싶어 해서 '지금 당장'은 '20초 정도 전에 신호로 방해를 받기 바로 직전'을 의미한다. 이렇게 현재에 초점을 둔 문항이라면 연구참여자 오리엔테이션에서 '지금 당장'이 무엇을 의미하는지 설명해야 한다(제5장 참조).

조사 문항을 제시할 때 문항에 시간 기준에 대한 안내도 포함시키는 것이 좋다. 정서 관련 문항을 시리즈로 제시할 경우 "지금 나는 ……하게 느낀다." 또는 "신호가 울렸을 때 내 기분은 ……했다."라는 문항 아래에 '행복' '슬픔' '짜증'과 같은 정서 항목을 넣을 수 있다. 대부분 현재에 대한 문항으로 구성되어 있고 몇 문항은 지난 1시간 또는 하루에 대해 묻는 것처럼 시간 기준이 섞여 있는 조사의 경우, 각 문항의 시간 기준을 명확하게 정해 줘야 혼동을 막을 수 있다.

미래

미래에 관한 문항을 통해 연구자는 연구참여자들이 어떤 것을 할 것을 계획하고 있고 어떤 일이 일어날 것이라고 기대하고 있는지 탐색할 수 있다.

- 만약 담배를 피운다면 앞으로 2시간 동안 얼마나 담배를 피울까요?
- 다음 4시간 이내에 운동을 할 계획이 있나요?
- 내일 직장에서 하는 일이 얼마나 스트레스를 줄 것 같은가요?

이런 문항들은 연구참여자의 선택을 형성하는 신념을 이해하고 자신의 미래 행동에 대한 스스로의 통찰을 밝히는 데 유용하다.

미래에 관련된 질문의 사용이 흥미로운 것은 기대되는 응답을 평가한다는 것이다. 일기연구법의 경우 "내일의 하루 끝 조사에 응할 가능성이 얼마나 되나요?"라고 묻고 빠질 거라고 했을 때, 그 이유를 질문할 수 있다. 무선 간격 경험표집 연구의 경우 "다음 조사는 대략 90~120분이 소요됩니다. 참여할 것으로 예상하나요?"라고 질문할 수 있다. 일상연구법에서는 여러 복잡한 결측 패턴이 있는데(제6장 참조), 왜 연구참여자들이 조사를 빠뜨리는지에 대한 일부 이유에 대해 이해할 수 있어 결측지에 의한 타당도 위협 요인을 명료화할 수 있다. 결측치에 대한 연구가 보여 주듯이 결측치를 설명할 수 있는 평가 효과 방법은 결측에 대한 예언 변인을 알고 있을 때 효과적이다(Enders, 2010).

쓸데없이 시간을 낭비하지 말라

조사를 설계할 때 시간을 낭비하지 말아야 한다. 지난 수십 년 동안 수도 없이 많은 연구실에서 일상연구법으로 연구를 해 오고 있어 사용할 수 있는 도구들이 주변에 수없이 널려 있다. 새로운 문항을 만들기 전에 오랫동안 사용되어 오고 학회지에서 검토를 받았던 문항들을 먼저 찾아보자. 많은 연구자가 표, 부록, 온라인 자료로 조사 문항을 공개하고 있고, 여러분도 앞으로 다른 사람의 시행착오를 덜어 주기 위해 그렇게 해야 한다(제8장 참조).

최근에는 연구자들이 연구에 사용할 수 있는 표준화된 척도를 개발하는 흐름도 있다. 대부분은 임상이나 건강 관련 영역에서 이루어지고 있는데, 문헌을 통해 표준화된 척도의 가치를 평가하는 것이 급속하게 이루어져 왔다. 유사한 집단에서 유사한 증상을 연구할 때 동일한 일상연구 척도를 사용하게 되면 연구결과의 비교도 쉬워지고 보다 쉽게 통합할 수도 있다. 예컨대, 환자 보고 결과에 대한 일상연구 논문은 횡단자료 연구와 일상연구법을 연결해 줄 것이 기대된다(Carlson et al., 2016; Schneider et al., 2013; Schneider & Stone, 2016).

직접 만든 것이든 빌려 온 것이든 좋은 도구를 하나 가지고 있으면 그것을 다시 사용해야 한다. 기분이나 사회적 활동을 측정하기 위해 동일한 문항을 사용하는 것처럼 각 연구에서 서로 같은 문항을 사용하면 각 연구는 보다 누적적인 효과를 가지게 될 것이다. 문항을 공유하면서 연구자의 데이터는 연결도 되고 외부로 보내지기도 해서 서로 연결시켜 하나의 연구로는 답하기 어려운 새로운 질문에 답할 수 있게 된다.

조사의 특성

문항을 준비했다면 이것들로 조사를 어떻게 구성할 것인가? 조사 계획을 다듬는 일은 끝이 없지만 세 가지 중요한 결정이 필요하다. 즉, 어떤 문항을 먼저 질문할 것인가, 다음으로 넘어가는 조건을 어떻게 정의할 것인가, 문항을 무선으로 제시할 것인가이다.

시작을 어떻게 할 것인가

대부분의 조사에서는 중요한 문항을 먼저 제시한다. 잡념(Kane et al., 2007), 흡연(Garrison et al., 2020), 창의적 활동(Karwowski et al., 2017), 마음속 음악감상(Cotter et al., 2019) 등과 같이 관심이 있는 분명한 사건이 있는 경험표집 연구라면 조사를 할 때마다 이 사건에 대해 질문해야 할 것이다. 연구참여자들에게 개입하는 시점이 알아차리지 못했을 수 있는 사건이 일어나는 동안 이 사건을 포착하는 것일 수 있기 때문에 가장 중심이 되는 구인을 연구참여자들의 일상과 경험이 사라지기 전에 질문해야 한다. 두 번째 구인에 대한 문항과 답을 하기 위해 생각을 좀 적게 해도 되는 문항(예: 어디에 있는지, 누구와 함께 있는지)은 조사 후반에 질문해도 된다.

가지치기

대부분의 조사 도구는 응답한 결과에 따라 서로 다른 문항 세트로 넘어가는 **가지치기 조건**을 만들 수 있다. 지금 현재 혼자 있는지 여부를 질문했다면 '아니요'라고 답한 경우는 사회적 상호작용을 묻는 질문(예: 누구와 함께 있고 상호작용이 즐거운지), '예'라고 답했다면 고독에 대한 질문(예: 원해서 혼자 있는지, 아니면 다른 사람들이랑 같이 있고 싶은지)으로 연결할 수 있다(예: Kwapil et al., 2009). 또 다른 경우는 한쪽만 문항을 더 응답할 수도 있다. 예컨대, 섭식 행동에 대한 한 연구에서 지난 60분 동안 무엇이든 먹었는지 여부를 질문할 수 있다. '예'라고 답하면 그것에 대한 후속질문으로 더 구체적으로 물어볼 수 있지만, '아니요'라고 답하면 더 이상 물어보지 않고 넘어갈 것이다.

가지치기는 연구참여자의 반응에 따라 조사가 짧아질 수도 있고 길어질 수도 있다. 한 번에 조사를 수행하는 횡단연구의 경우 어떤 사람에게 30% 정도 조사의 길이가 길어지는 것은 크게 문제되지 않는다. 그러나 일상생활 연구에서는 동일한 조사를 수도 없이 응해야 하기 때문에 조사의 길이가 다르면 얼마나 연구에 충실히 참여하는가의 문제와 관련이 될 수 있다. 예컨대, 섭식 행동 연구에서 주요한 5개 문항을 질문한 다음 "지난 30분 동안 무엇이든 먹거나 마셨나요?"라는 문항을 제시할 수 있다. '아니요'라고 답하면 조사는 종료되지만, '예'라고 답하면 무엇을 먹었는지를 묻는 20개 문항으로 이어질 수 있다. 연구참여자들은 한쪽은 매우 빨리 끝난다는 것을 알아차릴 수 있는데, 그럴 경우 시간을 절약하고 귀찮은 것을 안 하기 위해 '아니요'라고 답할 것이다. 짧은 쪽을 택하기보다 조사 자체에 참여하지 않을 것이라고 생각할 수도 있는데, 70% 이상 응답한 사람들은 추첨을 통해 선물을 준다는 식(제5장 참조)의 높은 응답률에 대한 인센티브가 있으면 응답을 안 하기보다는 거짓이나 부주의한 반응을 할 가능성이 높아진다.

좋은 해결책은 어느 쪽으로 가든 길이가 같도록 조사 설계를 하는 것이다. 섭식 행동의 예의 경우 모든 조사는 5문항으로 시작하고, '예'라고 답하면 15문항을 응답하고 '아니요'라고 답하면 더 이상 응답하지 않아도 된다. 한편, 연구자들은 '아니요' 쪽에 10~15문항을 더 추가할 수 있는데, 대략 길이가 갖도록 맞추는 것이다. 이런 문항은 대부분 중

립적이고 채우기 식인데, 조금만 더 생각하고 창의성을 발휘하면 연구를 풍성하게 하는 새로운 구인을 측정하는 기회로 삼아서 이차적 가설의 예비 자료 수집을 할 수도 있다.

마지막으로, 가지치기를 하는 조건을 너무 많이 만들지 말아야 한다. 주된 조사가 빈약해지면 데이터가 점점 흩어지게 된다. 어떤 연구참여자는 주 조사에 접근하지 않게 된다. 예를 들면, 3개 가지치기가 있는 '예' '예' '아니요'에 한 번도 대답을 안 해서 나머지 층에서는 자료가 완전히 결측치가 된다. 마지막 층이 모두가 해당하는 상황이 아니면, 응답에 대한 분석은 100% 결측치가 있는 연구참여자 집단을 포함하게 되어 응답수가 적은 집단과 신뢰롭게 분석이 될 만큼 응답이 많은 집단이 함께 존재하게 될 것이다.

무선화

전통적으로 해 오던 방식은 종이로 조사를 실시하지 않는다면, 조사 설계에서 문항의 순서를 **무선화**할 수 있는 선택지가 있다. 문항을 섞을 경우 여러 장점이 있다. 정서에 대한 10개 문항에 대해 매번 동일한 문항에 12회 반복 응답할 경우 연구참여자들은 다음 문항을 예측할 수 있어(예: '행복' 다음에는 '지겨움'이 올 거라는 식으로), 지금 어떤 감정을 느끼는지보다는 습관처럼 자동화되어 응답을 시작할 수 있다. 문항의 순서를 무선화하면 습관적으로 응답하는 패턴을 방지할 수 있어 보다 다양하고 타당한 응답을 얻는 좋은 방법이 될 수 있다.

가장 간단한 무선화는 모든 문항을 무선화하는 것이다. 10문항으로 조사를 수행할 경우 조사할 때마다 10문항을 모두 다른 순서로 제시하는 것이다. 그러나 실제로 무선화는 한정된 범위에서 가능한 경우가 있다. 정서 관련 6문항, 현재 활동 관련 4문항처럼 하위 요인으로 문항들이 묶여 있을 수 있다. 연구자는 하위 요인 자체를 무선화하거나(즉, 6개 정서 문항이 4개 활동 문항보다 뒤에 옴), 하위 요인별로 무선화할 수 있다(즉, 6개 정서 문항을 무선적으로 제시함).

모든 문항을 무선화하고자 하는 경우는 거의 없을 것이다. 앞서 논의한 것처럼 조사는 중요한 구인에 대한 문항, 특히 불쑥 들어가 포착하지 않으면 놓칠 가능성이 있는 경험에 대한 문항부터 먼저 제시해야 한다. 덜 중요하고 덜 놓칠 구인은 뒤로 미룰 수 있다. 그러나 연구에 도움이 된다면 하위 요인 내, 하위 요인 간 무선화를 고려해야 한다.

측정의 반응성

측정의 반응성은 측정과정이 측정값을 변화시킬 수 있다는 것인데, 행동 연구의 가장 흥미로우면서도 문제가 되는 측면이다(Webb et al., 1966). 일상연구법의 경우 자기보고식 조사에서 반응성이라는 특성은 처음부터 내재해 있는 것이다. 오해를 일으키거나, 바람직한 답을 하게 하거나(예: 누군가 지켜보거나 평가한다고 느끼기 때문에), 부주의하거나, 성의 없게 반응할 수 있다(예: 지나치게 길고 혼란스러운 조사를 해야 할 때). 무엇보다 반복 측정은 반응성의 독특한 측면을 갖는 데 일상생활 연구자들을 어렵게 한다. 횡단연구와 달리 일상연구는 동일한 질문을 수없이 물어본다. 일상연구법의 밀도와 강도가 높은 평가 설계에서는 평가과정이 연구참여자의 반응을 만드는 것이 아닌가라는 의문이 제기된다.

일상연구법 연구자들의 경험에 따르면 '반응성 질문'은 논문 심사자, 학위논문 심사위원회, 청중이 가장 많이 하는 질문이다(제8장 참조). 타당한 질문이다. 누군가의 행동에 집중하면서 일기로 추적하는 것은 그 행동이 소비, 흡연, 수면, 작문, 사과 먹기 등 무엇이든 그 행동에 대한 동기를 높이고 그 행동을 변화시키는 가장 좋은 방법이다(Korotitsch & Nelson-Gray, 1999). 우울한 성인에게 자신의 정서, 증상, 자존감에 대해 하루에 두 번씩 5개월 동안 계속 회상해서 기술하라고 한다면 그들의 반응을 바꾸게 될지도 모른다(Vachon et al., 2016).

일상연구법의 반응성에 대한 많은 방법론 문헌 역시 반응성 문제에 대한 간단한 답을 내놓지 못하고 있다. 전반적으로 반응성은 작고 소수라는 것을 보여 주는 문헌도 있는데(예: De Vuyst et al., 2019; Stone et al., 2003), 사람들이 생각하는 것보다는 훨씬 작은 문제라는 것이다. 한편, 어떤 연구에서는 반복 측정의 경우 반응성 효과가 나타남을 확인하기도 했다. 연구가 진행되는 동안 연구참여자들의 반응이 일시적으로 달라지는 것으로, 흡연 갈망과 금연에 관한 일기연구에서 흡연 빈도가 줄어든 것이 확인되었다. 그러나 연구참여자들에서 나타난 감소의 범위가 아주 미세하거나(Vachon et al., 2016), 문항과 과정에 익숙해지면서 연구참여자의 반응 감소가 크게 나타나기도 했고(Shrout et al., 2018), 연구참여자 개인의 특성과 상호작용을 하기도 한다(예: 행복을 반복적으로 질문한 것이 예비연구의 행복 수준에 따라 다른 효과를 나타냄; Conner & Reid, 2012).

우리는 반응성에 대한 Barta 등(2012)의 관점을 긍정적으로 본다. Barta 등은 반응성을 연구방법 자체가 아니라 개별 연구의 특성으로 본다. "일상연구법의 평가는 반응을 일으키나요?"는 "자기보고식 척도는 좋은 내적 합치도를 갖나요?"라고 질문하는 것처럼 무의미한 질문이다. 반응성의 문제를 반응성이 나타나지 않았다는 이전 연구를 인용해 방어하기보다 연구자들은 반응성이 어느 정도 나타날 수 있다는 것을 이해해야 한다. 이렇게 할 때 연구 설계와 해석에 경험적 정보를 제공할 것이다.

Barta 등(2012)은 여러 문헌을 검토해 반응성을 감소시키거나 증폭시키는 요인을 정리했다. 〈제시자료 3.3〉은 그 요인에 관한 내용으로 행동 변화를 가져오는 개인의 행동을 점검하고 추적하는 방법에 관한 방대한 문헌에 근거를 두고 있다(Korotitsch & Nelson-Gray, 1999). Barta 연구진이 제시한 틀은 반응성이 낮으면서도 때때로 높아지는 이유를 설명해 준다. 성격심리학의 경험적 연구 대부분은 비교적 흔한 경험들(예: 기분과 사회적 상호작용)에 대해서 질문하기 때문에 변화에 대한 동기나 압력이 높지 않다. 일반적인 평가 방법은 이전의 반응을 알려 주지 않기 때문에 연구참여자들은 자신의 이전 반응을 피드백으로 사용할 수 없다. 한편, 흡연이나 음주와 관련된 연구의 경우 연구참여자들은 자신의 행동, 특히 측정하고 있는 행동을 변화시킬 동기나 압력을 더 느끼게 된다. 이런 행동을 지속적으로 점검하는 것은 빈도에 대한 자각을 일으키고 그것이 피드백이 되는데, 특히 흡연이나 음주를 종이에 적으면서 기록할 경우 더욱 그렇다.

〈제시자료 3.3〉 일상연구 조사는 언제 더 반응성을 높이는가

① 연구 이전 자각과 성찰이 낮을 때: 어떤 행동과 경험은 언제 얼마나 자주 일어나는지에 대해 잘 인식하지 못하고 있을 수 있다. 연구에 참여하기 이전에 사람들은 자신이 얼마나 자주 스마트폰을 확인하는지, 담배를 피우는지, 배우자와 포옹이나 키스를 하는지, 화장실을 가는지, 동료에게 불평을 하는지, 음악을 흥얼거리는지 주의를 기울이지 않고 있어 잘 모른다. 한편, 정서적 상태나 통증, 활력, 피로에 대한 느낌에 대해서는 관심을 갖는 경우가 많다. 반응성은 그 이전에 많이 생각해 보지 않았던 어떤 것을 반복적으로 추적하거나

기술하라고 할 때 더 많이 나타난다.

② **변화에 대한 동기나 압력을 느낄 때**: 행동을 점검할 경우 그 행동을 변화시키고자 하는 동기가 생기는 반응성이 나타난다는 것은 놀랍지 않다. 니코틴 사용, 학업성취, 부부갈등 등의 연구결과에 따르면 내적인 이유가 있어야 변화에 대한 동기가 생긴다고 한다. 흡연량, 학습시간, 갈등 발생을 추적하고 기술할 경우 연구가 진행되는 동안 이런 행동의 빈도 변화를 이끌 수 있을 것이다. 또한 연구주제가 사회적 바람직성을 담고 있을 경우(예: 위험한 성적 행동, 문제를 일으키는 음주, 가까운 사람에 대한 폭력) 연구참여자들은 자신의 행동을 변화시켜야 할 외적 요구를 느낄 수 있다.

③ **하나의 행동에 초점을 둘 때**: 반응성은 하나의 행동을 측정할 때 더 많이 나타난다. 섭취한 음식, 흡연 여부, 배우자와의 다툼 여부 등과 같이 하나에 대해 많은 문항을 질문하는 조사를 할 경우 그 행동을 변화시킬 가능성이 높아진다. 조사가 여러 가지에 관한 것이라면 그중 어느 하나의 행동만이 중요해져서 반응성이 생길 가능성이 줄어든다.

④ **연구참여자들이 자신의 행동에 대해 이전에 기술한 적이 있을 때**: 앞으로 무엇을 할 것인지를 물어보면 이전에 무엇을 했는지를 물어볼 때보다 보다 반응성이 높아진다. 예컨대, 흡연 관련 연구의 참여자들에게 30분 이내에 담배를 피울 것 같은지를 질문하면 지난 30분 동안 담배를 피웠냐고 물어볼 때마다 더 반응성이 높아진다.

⑤ **반응과 패턴에 대한 피드백을 받을 때**: 어느 날 지금까지 9,937보를 걸었다는 것을 알게 되는 것처럼 인기 있는 건강 관련 서비스들은 자신의 활동에 대한 피드백을 주어 동기를 높인다. 구체적인 행동

에 대한 정보는 연구에서도 동기를 필요 이상으로 높여 반응성을 높인다. 다행히도 최근의 일상연구법에서는 연구참여자들이 자신의 이전 반응에 접근해서 피드백을 받게 되는 것을 막고 있다. 그래서 연구참여자들은 연구가 시작되면서 운동을 더 많이 하거나 불평을 덜 하게 된 것인지의 변화를 알아차리지 못한다. 연구참여자들이 이전의 반응을 알게 되면(예: 종이에 일기나 메모를 할 경우), 이전 조사 결과를 변화의 기준점으로 삼을 수 있다.

요약하면, 반응성이 연구에 악영향을 미칠 것인지 여부를 묻는 연구자에게 간단하게 답하기는 어렵다. 한편으로는 반복적인 측정이 일상연구법에서 일반적으로 생각하는 것만큼 문제가 되지 않는 것이 방법론적 측면의 문제라는 것은 분명하다. 다른 한편으로는 연구자들이 방법론 문제에 관심을 가지지 않을 경우 그 문제를 없애는 것에 무뎌질 수 있다. 따라서 방법론 문제를 조금이라고 줄이고 싶다면 〈제시자료 3.3〉에 나타난 요인을 지침으로 삼아 자신의 연구에 대한 비판적이고 겸손한 관점을 가질 것을 추천한다.

결론

첫 연구를 위한 표집의 틀과 문항 구성을 결정하는 것은 두려울 정도로 어려운 일일 수 있어, 유사한 대상으로 이미 수행된 연구에서 사용된 연구설계와 문항을 활용하기를 추천한다. 그리고 예비연구와 사전 경험을 통해 날짜, 신호, 문항 사이의 균형을 맞추고 연구참여자와 그들의 일상 환경에 맞게 문항을 수정·보완할 수 있을 것이다. 연구설계와 조사가 준비되었다면, 자료를 어떻게 수집할 것인가? 다음 장에서는 연구참여자들에게 신호를 보내고 조사 자료를 수집하는 다양한 방법에 대해 어떤 고려를 해야 하는지 알아볼 것이다.

제4장

신호 및 조사를 위한 체계 선택

일상연구자들이 모이면 일반적으로 자료 수집을 위한 체계(system)에 대해 이야기한다: 사람들이 신호음을 보내고 자료를 수집하기 위해 이용하는 것, 그것에 대한 선호도, 더 좋은 새로운 선택지가 무엇인지 등등. **체계는 참여자들에게 신호를 보내고 자료를 모으는** 두 가지 기본적인 과업을 위해 연구 집단이 사용하는 방법들을 의미한다. 우리의 경험에 따르면 신진 연구자들은 대개 콘퍼런스에서 보았던 첨단 기술과 멋져 보이는 연구체계를 곧바로 선택하고 싶어 한다. 그러나 일상연구를 위한 체계를 선택하는 것은 가볍게 생각할 일이 아니다. 하나를 선택하면 그 체계를 배우고, 직원을 훈련시키고, 매뉴얼과 자료를 개발하고, 소프트웨어와 장비를 구매하는 등 연구 인프라에 상당한 선행 투자를 하게 된다. 설치하고 나서 바꾸는 데는 시간과 비용이 큰 장벽이 된다.

우리는 현재 사용 중인 특정 체계를 검토하는 대신에, 한발 물러서서 자료 수집에 대해 좀 더 추상적으로 검토하는 것이 더 가치 있다고 생각한다. 당신의 선택지는 얼마나 다양한가? 신호를 보내고 자료를 수집하는 방법을 결정할 때 어떤 일반적인 문제를 고려해야 하는가? 경험 많은 연구자들은 일상연구를 처음 접할 때 무엇을 고려하고 싶어 하는가?

일상생활 체계에 대해 생각하는 방법을 배우면 모든 연구설계, 참여자 모집단, 과학적 질문에 맞는 이상적인 체계가 존재하지 않는 이유를 이해하는 데 도움이 된다. 당신은 최소한의 첨단 기술만을 사용하는 로우테크(low tech)한 고전적인 방법이 가장 현명한 선택이라고 결론지을 수도 있다.

연구를 설계할 때 고려해야 할 열 가지 질문이 〈제시자료 4.1〉에 나

〈제시자료 4.1〉 일상생활 체계를 평가할 때 고려해야 할 열 가지

- 체계는 신호를 보내는가, 자료를 수집하는가, 둘 다인가?
- 장비가 당신의 것인가, 아니면 참여자들의 것인가?
- 참여자가 신호를 무시하거나 제어할 수 있는가?
- 시간은 어떻게 찍히는가?
- 놓친 조사는 사라지는가?
- 조사과정은 연구참여자에게 얼마나 편안한가?
- 초기 비용과 유지 비용은 얼마인가?
- 연구참여자와 환경에 적합한가?
- 직원과 참여자에게 얼마나 많은 훈련이 필요한가?
- 자료는 얼마나 비공개로 수집하는가, 얼마나 안전한가?

와 있다. 수십 개의 팜파일럿(Palm Pilots)[1] 장비를 사용하는 사람들이 알고 있듯이 장치는 나타나고 사라지지만 이러한 근본적인 연구 이슈들은 변하지 않는다.

1. 체계는 신호를 보내는가, 자료를 수집하는가, 둘 다인가

자기보고 일상생활 연구를 위한 두 가지 기본 요구 사항은 ① 참여자에게 신호를 보내는 것과 ② 자기보고 자료를 수집하는 것이다. 어떤 체계는 이러한 작업 중 하나만 수행하고, 어떤 체계는 둘 다 수행한다. 당신의 직관은 두 가지를 모두 수행하는 체계가 더 낫다고 제안할 수 있지만 모든 참여자 모집단과 연구문제를 위한 최선의 방법은 없다. 일상연구를 계획할 때, 신호와 측정을 별개의 방법론적 작업으로 보는 것이 정확하다.

〈제시자료 4.2〉는 참여자에게 신호를 보내는 일반적인 방법들이다. 경험표집 연구 같은 집중적인 일일 표집을 위해서는 휴대폰, 태블릿 또는 시계와 같이 사람들이 휴대하는 장비를 사용해야 한다. 이를 통해 사람들은 위치를 변경할 때도 하루 종일 신호를 받을 수 있다. 일기연구와 같이 자주 사용하지 않는 조사연구의 경우 이메일 계정이나 실제 사서함처럼 사람들이 드물게 접하는 체계를 사용할 수 있다.

---

[1] 역주: 크기가 작은 제한된 기능의 컴퓨터로서 연구참여자들이 일상생활을 하면서 가지고 다닐 수 있다는 장점이 있다.

〈제시자료 4.2〉 참여자에게 신호를 보내는 일반적인 방법

- **참여자 자신의 두뇌**: 사건 기반 표집설계(제2장 참조)에서 참여자는 조사를 시작하는 사건이 발생했음을 스스로 감지하고 응답을 완료하는 것을 기억해야 한다.

- **SMS 문자메시지**: 참여자들은 휴대폰으로 지금이 조사 시간임을 알리는 문자 메시지를 받는다. 메시지에는 일반적으로 참여자가 탭하여 웹 설문조사로 바로 이동할 수 있는 링크가 포함되어 있다.

- **신호음, 벨소리 및 진동**: 참여자는 무선호출기, 팜파일럿, 디지털시계, 휴대폰, 스마트폰, 스마트 워치 또는 태블릿에서 신호음, 벨소리 또는 진동을 듣는다. 그들은 신호를 받은 장치에서 설문조사를 완료할 수 있다.

- **이메일**: 참여자는 일반적으로 웹 기반 조사에 링크된 이메일 메시지를 신호로 받는다. 이 방법은 일기 설계와 같이 자주 발생하지 않는 조사 설계에 일반적이다.

- **전화**: 참여자는 일반적으로 상호작용형 응답(interactive-voice-response: IVR) 시스템에서 보낸 전화를 신호로 받는다. 이 방법은 참여자 자신의 스마트폰, 연구자가 가져와서 나눠 준 저렴한 폴더폰, 참여자 거주지의 유선 전화 등 모든 전화기에서 작동한다.

자료 수집을 위한 현대적 작업은 몇 가지의 방법으로 정착되었다. 〈제시자료 4.3〉은 자기보고 자료를 위한 가장 일반적인 도구들의 목록이다. 휴대용 장치에서 실행되는 앱에서 컴퓨터와 스마트폰으로 접근할 수 있는 웹 기반 설문조사에 이르기까지 오늘날 사용하는 대부분의 방법은 디지털이다. 그러나 상호작용형 응답 전화 시스템과 종이 일

〈제시자료 4.3〉 참여자로부터 설문조사를 수집하는 일반적인 방법

- **종이 설문조사**: 참여자들은 연구자들로부터 종이 설문지를 받고 신호가 올 때 응답한다. 그들은 모든 설문조사를 미리 받거나(예: 30일 일기연구를 시작할 때 30개의 설문조사 더미) 또는 일괄 처리를 받는다(예: 7일분이 매주 배포됨). 완료된 설문조사를 회수하기 위해 연구자는 자신의 주소를 적고 우표를 붙인 회송 봉투를 동봉한다. 참여자들에게 정기적으로 연구실에 제출하도록 요청하기도 하며, 직장이나 학교의 편리한 위치에 연구를 위해 필요한 안전한 보관함을 두거나 직접 수거하기도 한다.

- **웹 설문조사**: 참여자는 웹 기반 설문조사 플랫폼에서 온라인으로 설문조사를 완료한다. 참여자는 웹 링크를 통해 설문조사에 접근하고 자료는 필요한 로그인 자격을 가진 연구 직원만 접근할 수 있는 클라우드에 축적된다. 많은 대학이 이미 안전한 설문조사 플랫폼을 위한 기관 사이트 인증을 가지고 있기 때문에 웹 설문조사는 인기 있고 저렴하다. 일상연구법을 시도하려는 연구자들이 살펴볼 가치가 있다.

- **전화**: 참여자들은 상호작용형 응답(IVR) 시스템을 사용하여 구식 유선 전화에서 최신 스마트폰에 이르기까지 모든 전화에서 설문조사에 응답할 수 있다. 연구자는 설문 문항을 소리 내어 말하여 녹음하고, 참여자는 전화 스피커를 통해 문항을 듣는다. 응답하기 위해 참여자는 전화 키패드의 숫자를 누르고(예: "5점 Likert 척도에서 항목을 평가하려면 2를 누르십시오."), 개방형 문항에 대해서는 전화에 대고 말을 한다. 자료는 연구원이 제어하는 컴퓨터 또는 서버에 있으며, 전화에 저장되지 않는다. 상호작용형 응답 시스템은 무선 간격 설계로 참여자를 호출할 수 있다. 또는 참여자가 사건 기반 및 일기 설계

를 위해 상호작용형 응답 시스템을 호출할 수 있다. 전화 통화가 기이한 것처럼 보이지만 상호작용형 응답 시스템 방법은 개인 정보 보호 및 보안 기능이 탁월하다.

- **SMS 문자메시지**: 설문 문항은 상호작용형 응답 전화 시스템과 마찬가지로 문자를 통해 제공될 수도 있다. 사람들은 문자(예: "지금 얼마나 행복합니까?")를 통해 설문조사 문항을 받고 응답을 다시 문자로 보내거나(예: 1~5 Likert 항목의 경우 숫자 4) 또는 개방형 문항의 경우 응답 내용을 입력한다.

- **팜파일럿**: 팜파일럿은 경험을 표집하기 위한 결정적 계기가 된 소위 '킬러 앱'[2]의 효시이다(Le et al., 2006). 연구자들은 신호를 보내고 질문을 하는 프로그램을 장치에 탑재할 수 있었다. 참여자들은 전용 펜으로 흑백 LCD 화면을 탭하여 응답했다. 자료는 장치에 저장되어 수동으로 내려받아야 했다. 구식이기는 하지만 팜파일럿은 과거의 방식을 사용하는 연구 집단이 신뢰할 수 있는 서비스를 아직도 제공하고 있다.

- **앱**: 정교한 설문조사 앱을 태블릿, 스마트폰 및 이와 유사한 휴대용 장치(예: iPod)에 설치할 수 있다. 스마트워치는 앱 기반 평가를 위한 흥미롭고 새로운 기술이다(Intille et al., 2016). 앱 시스템은 일반적으로 일상 일기 및 사건 기반 연구를 위한 참여자 주도 설문조사뿐 아니라 경험표집 연구를 위한 복잡한 신호를 제공하는 데에도 사용할 수 있다. 대부분의 앱 기반 시스템은 와이파이 또는 데이터 네트워크 기능을 통해 안전한 온라인 포털에 직접 자료를 탑재한다.

---

2 역주: 시장에 등장하자마자 다른 경쟁 상품을 몰아내고 시장을 장악하는 새로운 응용 프로그램을 말한다(네이버 국어사전).

기와 같은 오래된 고전적 방법들도 유행하고 있으며 널리 사용되고 있다. 다른 9개의 질문에 대해 논의할 때 살펴보겠지만, 각 접근 방식은 다양한 문제와 모집단에 대해 몇 가지 장점이 있다.

2. 장비가 당신의 것인가, 참여자들의 것인가

신호 및 설문조사에 사용된 장치는 당신의 것인가, 참여자들의 것인가? 과거에는 일상연구에서 연구자들이 참여자들에게 대여하기 위해 일반적으로 신호음 기계, 프로그래밍 가능한 시계, 팜파일럿과 같은 장치들을 구입해야 했다. 가정용 컴퓨터와 휴대폰의 출현으로 일상연구자들은 참여자들이 이미 소유한 것을 활용하기 시작했다. 그리고 이제 휴대폰과 스마트폰이 보편화되면서 연구자들은 일반적으로 신호 및 설문조사를 위해 참여자의 장비에 의존한다(Harari et al., 2016; Miller, 2012). 역설적이게도 가장 로우테크한 방법인 종이 일기는 연구자들이 가장 많이 의존하는 방법이다. 참여자들이 그들의 조사를 직접 복사하기를 기대하는 것은 무례한 일일 것이다.

체계를 선택할 때 연구자는 현실적으로 참여자가 소유하고 있다고 예상되는 것이 무엇인지 알아야 한다. 사려 깊고 포괄적이며 아는 게 있어야 한다. 그렇지 않으면 자기중심적인 가정과 게으른 고정관념에 빠지기 쉽다. 많은 모집단의 경우, 참여자가 집에서 전화와 인터넷으로 접근할 수 있다. 많은 사람은 휴대폰이나 스마트폰으로 접근하는 것이 가능하다. 그러나 당신이 연구하는 모집단은 당신이 생각하는 것보다 기술 숙련도, 풍요로움, 경제적 안정성 면에서 훨씬 더 다양하다. 대학생 표본에서조차도 최신 스마트폰은 고사하고 모든 사람이 집에 전화할 수 있는 안정적인 거주지나 일주일을 버틸 수 있는 충분한 식량을 갖고 있는 것은 아니다. "요즘은 누구나 스마트폰을 가지고 있어요!"라는 연구자의 말이 현실로 실현되는 시점은, 우리에게는 먼지를 뒤집어쓴 팜파일럿이 많이 있을 때일 것이다.

연구자들이 자신의 기기를 사용하는 가장 분명한 이유는 참여자가 기기를 가지고 있지 않은 경향이 있기 때문이다. 그렇지만 다른 이유도 있다. 첫째, 일관성을 보장할 수 있기 때문이다. 참여자들은 크고 반짝이는 것부터 금이 가고 딱딱한 것까지 다양한 종류의 컴퓨터와 전화기를 가지고 있으며 이메일, 문자메시지, 타이핑 및 웹 브라우징에 서로 다른 프로그램을 사용한다. 이 변동성은 대부분의 프로젝트에서 중요하지 않으며 대개는 미덕이다. 예를 들어, 장애가 있는 많은 사람은 설문조사를 위해 소리 내어 말하는 화면 판독기부터 색맹 친화적 팔레트를 강제하는 앱에 이르기까지 휴대폰과 휴대 장치에 보조 소프트웨어를 설치했다. 그러나 일관된 사용자 경험이 중요한 경우 모든 참여자에게 장치를 배포하면 표준적 경험이 보장된다. 둘째, 일부 프로젝트의 경우 연구자의 장치를 배포하면 복잡한 데이터 보안 및 개인 정보 보호 문제를 해결할 수 있고 장치가 할 수 있는 것과 할 수 없는 것을 더 잘 제어할 수 있다. 마지막으로, 실직자 또는 노숙자가 상호작용형 응답 시스템 연구 전반에 걸쳐 개인 용도로 휴대폰을 사용할 수 있는 경우처럼 연구자의 장치를 사용하는 것이 때때로 참여의 특전이 될 수 있다.

장치를 참여자에게 배포하는 경우 손상, 손실 및 도난이라는 세 가지 큰 문제를 생각해야 한다. 이는 기기와 충전기, 케이스, 배터리, 어댑터, 케이블 및 스타일러스와 같은 액세서리에 모두 해당되며, 액세서리는 기기 자체보다 사라질 가능성이 더 크다. 신중한 참여자라도 때때로 장치를 떨어뜨리거나, 테이블이나 출입구에 부딪히거나, 음료수를 엎지르게 되어 기기 손상이 발생할 수 있다. 많은 팜파일럿이 변기에 빠졌다. 손상된 장치를 교체할 수 있도록 장치들이 필요한 것보다 많아야 하며, 중간에 참여자에게 장치를 교체하며 제공할 계획이 필요하다.

우리의 경험에 따르면 장치 손실은 손상보다 훨씬 덜 일반적이며 도난은 극히 드물다. 그럼에도 불구하고 대부분의 분실 및 도난 사례에 대한 치료법은 예방이다. 각인, 영구 라벨 및 대학 자산 바코드를 통해 장치에 표시를 하면 도난을 방지할 수 있다. 분실한 장치를 발견한 사람을 위해 연락처 세부 정보를 제공해야 한다. 멋지고 매혹적인 기기를 피함으로써 도난을 줄일 수 있다. 재판매 가치가 높은 소형 디지털 장치는 유혹을 불러일으키므로 대신 기능적이고 허술한 장치를 사용하는 것을 고려할 필요가 있다. 우리의 경험에 따르면 참여자들은 장치를 매우 잘 관리하지만, 연구 절차의 일부는 장치 관리의 중요성과 오작동 시의 대처 방법에 대해 논의하고 있다(제5장 참조).

참여자 자신의 장치에 의존하는 것의 명백한 이점은 여러 가지 면에서 더 저렴하고 간단하다는 것이다. 많은 전자 장치를 구입, 유지, 관리 및 보호하는 데에는 비용이 많이 든다. 그러나 특히 집중적인 일일 표집을 사용하는 연구의 경우 가장 큰 이점은 참여자가 일상생활을 할 때 자신의 장치를 휴대하도록 동기를 부여한다는 것이다(Burgin et al., 2012). 태블릿을 가지고 출근하는 것을 잊지 않으려고 노력하는 대신 참여자는 평소처럼 자신의 휴대폰을 가져갈 수 있다. 결과적으로 사람들이 어디에 있든 신호에 반응해야 하는 날을 보다 정확하게 파악할 수 있다.

관련된 이점은 사람들이 가까이 두고 싶은 동기가 부여된 장치를 사용할 때 참여자가 완료한 설문조사의 비율이 높다는 것이다. 예를 들어, 예전에 팜파일럿 연구에서는 설문조사가 하나도 완료되지 않은 '누락된 날'이 일반적이었다. 참여자들은 종종 집에서 팜파일럿을 잃어버렸거나 충전하는 것을 잊어버렸다고 말했다. 이것은 분명 사실일 때도 있지만 사람들이 팜파일럿을 들고 다니면서 그 날카롭게 울리는 신호를 듣고 싶지 않은 날에는 의도적으로 팜파일럿을 집에 두는 것이 분명했다. 이에 반해 스마트폰 중독이 만연한 현대 사회에서 참여자들은 개인 휴대폰 없이 다니는 것이 거의 불가능하기 때문에 응답률이 더 높을 수밖에 없다. 예를 들어, 스마트폰과 종이 일기를 비교한 한 연구는 참여자들이 종이를 가지고 다니는 것은 종종 잊어버리지만 스마트폰을 잊어버리는 것은 드물다는 것을 발견했다(Laughland & Kvavilashvili, 2018).

실제로 많은 연구 프로젝트는 연구자의 장치와 참여자의 장치를 함께 사용한다. 예를 들어, 스마트폰 앱으로 자료를 수집할 때 스마트폰이 없는 참여자와 앱을 실행할 수 있는 운영 체제나 저장 공간이 부족한 휴대폰을 가진 참여자를 만날 수 있다. 많은 참여자가 여전히 휴대폰을 소유하지 않거나 안정적으로 접근할 수 없기 때문에 연구자들에게는 상호작용형 응답 시스템 연구를 위해 소량의 대여 전화가 필요할 것이다. 또한 일부 참여자는 일반적으로 데이터 개인 정보 보호 또는 리소스 제한(예: 연구시간, 텍스트 또는 데이터 사용)에 대해 경계하기 때문에 자신의 장치를 사용하지 않는 것을 선호하므로 스마트폰이나 태블릿을 대여해야 한다. 마지막으로, 참여자에게 예상치 못한 기술 문제가 발생할 경우를 대비하여 인터넷 설문조사에 이메일 링크 걸기, 종이 일기 묶음 만들기 등 '없는 것보다는 나은' 백업 계획을 세우는 것이 필요하다.

3. 참여자가 신호를 무시하거나 제어할 수 있는가

참여자가 연구자가 보내는 신호를 무시하거나 음소거할 수 있는가? 대부분의 현대적인 방법에서 참여자는 신호가 주는 방해를 제어할 수 있다. 신호에 이메일 전송이 포함되는 경우 참여자는 이메일 확인을 피할 수 있다. 신호에 문자메시지, 전화 걸기, 앱 알림 누르기 또는 알람 트리거가 포함되는 경우 참여자는 일반적으로 장치의 볼륨을 낮추거나, '방해 금지' 모드로 설정하거나, 전원을 꺼서 음소거할 수 있다.

그러나 일부 앱 및 장치는 참여자가 음소거하거나 방지할 수 없는 의무 신호를 생성할 수 있다. 예를 들어, 구식 팜파일럿은 설문조사를 시작해야만 잠잠해질 수 있는 시끄럽고 탁탁거리는 경적으로 악명이 높았다. 일부 최신 앱은 참여자가 장치를 음소거했거나 절전 모드로 설정한 경우에도 깨우고 소음을 내기 위해 장치에 조치를 가할 수 있다.

연구자는 무시할 수 있는 신호를 원하는지, 아니면 의무적인 신호를 원하는지 결정해야 한다. 같은 방식이 모든 사람에게 적합하지 않으며, 큰 신호를 부과하는 것이 최선의 선택인 표본이나 연구문제도 있다. 그러나 일반적으로 우리는 "적용 가능성이 높은 평가 장비를 설계해야 한다."는 연구자들의 견해에 동의한다(Black et al., 2012, p. 342). 대부분의 일상연구자는 참여자가 장치를 일상의 습관처럼 사용할 수 있을 때 자료의 질이 더 높아진다고 생각한다. 참여자들은 일반적으로 선량하고 과학을 위해 약간의 불편을 감수할 의향이 있지만, 연구가 그들의 웰빙과 관계에 해를 끼칠 정도로 중요한 것은 아니다. 참여자가 시끄러운 장치를 음소거할 수 없는 경우 그들은 상사와의 중요한 회의를 방해하거나, 시험 당일 수업 시간에 시끄럽게 떠들거나, 가족의 저녁 식사를 방해하거나, 아기를 깨울 위험을 무릅쓰는 것보다 하루 종일 양말 서랍에 숨긴 채 방치할 가능성이 더 크다. 참여자가 제어할 수 없는 신호를 부과하기 전에, 적용 가능성은 제쳐 두고 참여자가 운전 중인지, 장비를 작동 중인지 또는 안전을 위해 시끄럽고 예기치 않은 소음을 방지해야 하는 활동을 수행하는지 등의 안전 문제를 우선 고려해야 한다.

4. 시간은 어떻게 찍히는가

당신의 체계는 시간을 어떻게 기록하는가? 이상적으로는 신호와 설문조사 모두에 대해 시간을 정확하게 표시해야 한다. 신호의 경우 전화벨이 울리는 등의 신호가 갈 때, 앱 알림이 팝업될 때, 또는 나중에 일상에 대한 설문조사를 하라는 자동 이메일 알림이 전송될 때와 같이 신호가 언제 나갔는지 알면 도움이 된다. 신호에 대한 타임스탬프는 일반적으로 실질적인 연구문제보다는 문제 해결 및 품질 관리(신호가 정확한 시간에 도착하도록 보장)에 사용된다.

한편, 설문조사의 경우 정확한 타임스탬프가 중요하다. 조사 시간은 두 가지 역할을 한다. 첫째, 시간은 많은 일상연구에서 흥미로운 심리적 변수이다. 시점(예: 어떤 일이 아침 또는 저녁에 발생했는가)과 시간 간격(예: 사건 간의 시간적 거리)은 그 자체로 흥미롭고 1일 내의 추세를 추정하는 데 필요하다(제7장 참조). 둘째, 자료를 선별하고 비정상적인 설문조사 응답을 표시하려면 타임스탬프가 필요하다. 이 주제는 제6장에서 자세히 살펴볼 것이다. 이상적으로는 시스템에서 참여자가 설문조사를 시작한 시점과 완료한 시점에 대한 정확한 타임스탬프를 제공해야 한다. 이를 통해 사람들이 적절한 시간에 설문조사를 시작했는지(예: 신호 발생 후 5분 이내) 그리고 정상 시간 범위 내에 완료했는지(예: 15개 문항 설문조사가 몇 분 이상 걸리지 않아야 함) 확인할 수 있다. 일부 체계는 참여자가 각 설문 문항을 시작하고 응답한 시간과 같이 더 미세한 수준의 타임스탬프를 제공하지만 전체 시작 및 종료 시간을 제공하는 것으로도 대부분의 목적 달성에 충분하다.

시간을 찍는 최악의 방법은 참여자들에게 그렇게 하도록 요청하는 것이다. 초기 일기연구는 종이 일기에 의존했기 때문에 자기보고된 타임스탬프의 타당성은 초기 방법론적에 대한 연구를 선점했으며(예:

Green et al., 2006; Lane et al., 2006), 현재는 많은 문헌에서 자체 보고된 시간은 신뢰할 수 없다는 것을 보여 준다. 여러 연구에서 빈 설문지가 포함된 바인더에 부착된 센서를 사용하여 시간을 은밀하게 기록하면서 사람들에게 설문조사를 완료한 시간을 기록하도록 요청했다. 참여자들은 일반적으로 한 번에 여러 날의 일기를 작성하기 때문에 완료 날짜와 시간에 대해 거짓말을 하는 것으로 드러났다(예: Stone et al., 2002).

따라서 참여자 입력이 필요하지 않은 수동적 타임스탬프 방법이 가장 좋다. 그러나 주의해야 할 점은 디지털시계는 사람들이 생각하는 것보다 더 약하고 며칠 또는 몇 주에 걸쳐 유의하게 변할 수 있다는 점이다(〈제시자료 4.4〉 참조). 장치가 무선 신호, 기지국 또는 온라인 서버를 통해 마스터 시계에 맞게 보정되지 않는 한 장치의 정확도는 천천히 저하된다. 특히 배터리로 작동되고 온도 변화에 노출되는 경우에는 더욱 그렇다(예: F. L. Walls & Gagnepain, 1992). 인터넷에 연결되지 않은 장치의 시계는 정확성을 보장하기 위해 정기적으로 검사해야 한다.

타임스탬프의 결정적인 특징은 참여자 환경에서의 시간이 바뀔 때 생태학적 변화를 고려하는 것이다. 가장 일반적인 것은 시간대를 포함한다. 일부 참여자는 연구자의 시간대에 있지 않을 수 있고, 다른 참여자는 프로젝트 기간 동안 시간대를 넘어 여행할 수 있다. 자료를 수집하기 전에 시스템이 표준 시간대를 처리하는 방법을 이해해야 한다. 많은 디지털 시스템은 모든 시간을 참여자의 현지 시간이나 세계 표준시로 표현하여 이를 잘 처리한다. 체계가 참여자들에게 어느 시간대에 있는지 묻는 대신 감지하는 것이 바람직하다. 왜냐하면, 놀랍게도 많은 성인이 잘못된 시간대를 보고하기 때문이다(예: 최근 한 연구에서 약 35%; Harper et al., 2020). 관련된 성가신 문제는 서머타임제와 같은 계절에 따른 시간 변경과 관련이 있다. 대부분의 디지털 시스템은 새로운

〈제시자료 4.4〉 Segal의 법칙과 디지털시계

우리가 디지털시계의 결함에 대해 고심하고 있는 것처럼 보인다면 "시계 1개를 가진 사람은 시각을 알지만 2개의 시계를 가진 사람은 결코 시각을 확신할 수 없다."라는 오래된 속담인 Segal의 법칙을 생각해보자. 프로젝트에서 각각 고유한 시계가 있는 2개의 장치를 사용하는 경우 장치가 하나라도 일치하지 않으면 시간 기록이 복잡해진다. 시간이 어긋나는 것은 신뢰할 수 있는 시간 코딩이 있는 시스템을 사용하는 경향이 있는 자기보고 방법에서는 흔하지 않은 일이다. 그러나 다른 휴대용 장치를 사용하여 행동적, 생리적 및 환경적 자극을 측정하는 연구의 경우 시간 정렬이 까다로울 수 있다.

어떤 오류는 무선적이다. 예를 들어, 손목 액티그래프[3] 또는 보행용 생리학적 모니터[4]의 내부 시계는 신호를 보내거나 설문조사 수집 장치와 연결된 시간대에서 천천히 벗어난다. 이 무작위 오류는 성가시지만 일반적으로 표준 시간대와 서머타임으로 인해 발생하는 체계적 오류에 비해 작다. '멍청한' 장치의 내부 시계는 표준 시간대에 맞게 조정되지 않으며 서머타임에 거의 맞지 않는다. 결과적으로, 조정하는 장치(예: 스마트폰 앱)에 의해 기록된 시간은 조정하지 않는 장치에서 기록된 시간과 1시간 이상 차이가 날 수 있다. 설상가상으로, 이러한 체계적인 편향은 참여자(예: 일부는 시간대를 변경하고 일부는 변경하지 않음)와 시기(서머타임 이전에 수집한 자료는 정확할 수 있지만 그 후

---

3 역주: 일반적으로 손목에 착용하여 수면이나 휴식을 포함하여 활동주기를 기록하는 방법이다.
4 역주: 휴대용 모니터로 혈압이나 맥박 등 생리 현상을 기록할 수 있도록 하는 장치이다. 일상 활동 중에도 측정할 수 있도록 벨트나 주머니에 착용할 수 있도록 되어 있으며, 측정치들을 저장하여 컴퓨터로 다운로드할 수 있다.

에 수집한 자료는 60분 이상 차이날 수 있음)에 따라 다양하다.

시간에 자동으로 적응하지만 일부는 그렇지 않다. 계절 시계가 변경되는 동안 장치가 작동하는 경우, 자료를 정리하고 준비할 때 기록을 철저히 유지하고 타임스탬프를 수정해야 한다(제6장 참조).

5. 놓친 조사는 사라지는가

참여자가 설문을 놓치면 어떻게 되는가? 누락된 조사에 나중에 접근할 수 있는가, 아니면 사라지는가? 일상연구에서는 참여자가 며칠 후에 설문조사를 완료하는 것보다 설문조사를 하지 않는 편이 낫다고 간주된다. '오도하는 데이터보다 누락된 데이터가 낫다'는 것이 우리의 신조이다. 일상연구법은 프로젝트의 제약 조건 내에서 사건과 경험이 발생한 시간과 장소에 최대한 가깝게 측정하려는 목표에 의해 동기화된다. 신호 시간이 지난 후에도 참여자가 설문조사를 작성하도록 허용하면 일상 평가의 초점이 사라진다.

신호 및 조사 체계에는 누락된 설문조사를 처리할 수 있는 방안이 있어야 한다. 첫 번째이자 가장 좋은 방법은 놓친 설문조사를 사라지게 하여 참여자가 시간이 지난 후에 접근하여 완료하지 못하도록 하는 것이다. 이 문제는 경험표집에서 핵심에 가깝기 때문에, 집중 표집에 사용되는 대부분의 방법(예: 스마트폰 앱, 상호작용형 응답 시스템 텍스트, 전화 시스템)에는 5분, 10분 또는 30분과 같이 연구자가 지정한 창 내에서 놓친 설문조사를 닫고 숨기는 기능이 있다. 웹 설문조사의 경우 연구자는 설문조사 시작 및 종료에 대한 플랫폼 옵션을 검토해야 한다. 예를 들어, 참여자가 그날의 설문조사 링크가 포함된 이메일을 수신하는 경우, 이전 메시지를 자세히 살펴보고 놓친 날짜의 조사에 접근할 수 있도록 할 것인가? 두 번째 방법은 잘못된 시간에 완료된 응답에 표시를 하는 것이다. 타임스탬프가 정확하면 비정상적인 시간에 제출된 응답을 걸러 낼 수 있다(제6장 참조).

놓친 설문조사의 가용성은 종이 일기를 사용하는 프로젝트를 방해한다. 예를 들어, 30일 동안 지속되는 일기 설계에서 단순히 30개의 설문조사를 사람들에게 제공하고 한 달 후에 수집하면 참여자가 한꺼번에 응답할 수 있다. 많은 연구에서 종이 설문조사의 정확도가 높지 않은 것으로 나타났다(Tennen et al., 2006). 참여자는 연구원을 기쁘게 하고 설문조사의 75%가 완료되면 추첨에 참가하는 등의 인센티브를 받기 위해 한꺼번에 완료한다. 완료된 것이건 비어 있는 것이건 매일 수집되지 않는 한, 참여자는 언제든지 돌아가서 놓친 날의 종이 설문조사를 놓친 날을 채울 수 있다.

6. 조사과정은 연구참여자에게 얼마나 편안한가

참여자가 신호를 무시하여 누락된 자료는 일상연구를 방해한다(제6장 참조). 참여자들의 무응답을 예방하는 것이 최선의 치료법이므로 설문 시스템은 참여자들의 직관에 맞고 편리해야 한다. 자료 제공에 따르는 번거로움과 마찰을 줄임으로써 참여자들이 더 많은 자료를 제공하도록 유도할 수 있다. 자신, 연구보조원 및 몇 명의 예비조사 참여자와 함께 예비연구를 실시하면 설문조사의 마찰 원인을 감지하고 문항들을 다듬을 수 있는 기회를 얻을 수 있다.

직관성과 편의성은 연구하고자 하는 모집단에 따라 다르지만 설문조사 선택지들을 비교하는 좋은 지표는 조사 시간—설문조사를 완료하는 데 걸리는 시간—이다. 일부 장치에서는 동일한 자기보고 문항들이 다른 장치에서보다 훨씬 더 오래 걸린다. 예를 들어, 한 연구에서는 참여자에게 팜파일럿을 사용하거나 자신의 휴대폰으로 상호작용형 응답 시스템을 사용하여 일주일 동안 경험표집을 수행하도록 무작위로 할당했다(Burgin et al., 2012). 참여자는 팜파일럿을 사용하여 최신 앱 기반 시스템에서와 같이 항목을 읽고 화면을 탭하여 응답한다. 상호음성반응체계 시스템을 사용하면 참여자는 전화기를 귀에 대고 항목이 크게 읽히는 소리를 들은 다음 전화기를 아래로 내려 터치패드를 보고 사용할 수 있다. 이 과정은 더 길고 어색하다. 팜파일럿에서는 1분 미만(55초) 걸린 동일한 설문지가 상호작용형 응답 시스템에서는 2.5분(159초)이나 걸렸다. 설문조사 시간이 짧을수록 응답률이 높아질 것이며, 참여자들은 실제로 상호작용형 응답 시스템(51%)보다 팜파일럿(70%)에서 응답률이 더 높았다.

길이를 제외하면, 어떤 설문조사는 사람들이 바쁜 일상생활에서 완료하기가 더 편리하다. 흥미로운 예는 스마트워치 연구에서 나왔다(Intille et al., 2016). 연구자들은 하루에 여섯 번 6개 항목을 조사하는 일반적인 전화 기반 접근 방식과 매번 약 25분 정도 걸리면서 사람들을 끊임없이 방해하지만 한 번에 한 문항만 묻는 스마트워치(마이크로 EMA)방식을 비교했다. 연구에 따르면 '마이크로 EMA' 접근 방식은 사람들을 훨씬 더 자주 방해하지만, 스마트워치 조건의 참여자는 연구를 훨씬 덜 산만하게 평가하고 훨씬 더 높은 비율(81% 대 65%)로 설문조사를 완료했다.

7. 초기 비용과 유지 비용은 얼마인가

당신이 돈을 벌지 않는 한, 이 모든 비용이 얼마나 들 것인지를 고려해야 한다. 당신은 당신이 감당할 수 있는 만큼만 할 수 있으며, 많은 연구자는 기존의 자원에서 저렴한 시스템을 조합한다. 예를 들어, 이메일 계정과 대학에서 이미 비용을 지불한 웹 기반 설문조사 플랫폼을 사용하여 괜찮은 일기연구를 수행할 수 있다. 복사된 종이 일기는 나무에는 좋지 않지만 연구 예산을 아끼기에는 좋다.

연구자들은 보조금을 받거나 새 직장에서 창업 자금을 받는 등 호황기에 소프트웨어 라이선스와 장치를 구매하는 경우가 많다. 5년 이상 일상연구를 할 예정이라면 연구비 지원이 종료되고, 창업 자금이 소진되고, 연구보조원이 줄어들고, 대학이 평소처럼 예산이 부족한 상황에서 시스템이 지속 가능한지 고려해야 한다. 앱 기반 시스템에 대한 연간 접근 비용, 상호작용형 응답 시스템의 많은 전화 회선 비용, 개인 서버 유지 비용 또는 SMS 시스템의 문자 요금을 지불할 여유가 있는가? 노후되고 고장나거나 분실된 장치를 수리하고 교체할 여유가 있는가? 연구자들은 종종 그 시스템을 익히고, 그것을 사용할 팀을 훈련시키며, 매뉴얼과 문서를 개발하고, 연구윤리 승인을 받는 데 굉장한 투자를 하고 있다는 것을 실감하지 못해서 점점 감당하기 어려운 시스템으로 인해 곤란에 빠진다.

미래는 확실하지 않으므로 시스템이 생각보다 빨리 쓸모없게 되거나 사용할 수 없게 될 가능성을 고려해야 한다. 호출기와 팜파일럿이 어떻게 구식이 되었는지를 나중에는 쉽게 알게 되었지만 당시에는 일상연구에서 가장 멋진 것이었다. 모든 사람이 스마트폰을 가지고 있고 항상 그럴 것처럼 보일 수도 있다. 그러나 특정 운영 체제가 지금부터 약 5년에서 10년 후까지 유지될 것이라고 확신할 수 없다. 또 여러 장치(예: 태블릿 또는 스마트폰)와 앱 기반 시스템 간의 지속적인 호환성을 믿어서는 안 된다. 많은 연구자가 이 어려운 방법을 배웠듯이 앱 기반 시스템이 발전함에 따라 점점 더 새로운 운영 체제가 필요하므로 프로젝트를 시작할 때 구입한 태블릿 제품군이 프로젝트가 끝날 때까지 작동하지 않을 수도 있다. 마지막으로, 많은 회사가 그래 왔듯이 멋진 앱 기반 시스템을 만드는 최신 기술 회사가 폐업하거나 무료 오픈 소스 시스템이 개발자의 방치로 인해 서서히 쓸모없어진다면 어떤 일이 벌어질지 고려해야 한다.

8. 연구참여자와 환경에 적합한가

시스템이 참여자와 일상 환경에 얼마나 '적합'한가? 당신이 관심을 갖는 모집단이 일반적으로 스마트폰을 들고 다니며 이메일을 확인하고 웹 기반 양식을 작성하는 경우, 대부분의 일반적인 시스템은 참여자의 일상생활 및 습관과 잘 맞는다. 그러나 일상연구는 다양한 인구 집단을 대상으로 수행되며, 일부 시스템은 그들 중 일부에 적합하지 않다. 모집단의 전형적인 구성원에 대한 연구를 설계하는 것은 쉽지만 그러한 연구는 필연적으로 모집단의 많은 부분을 배제한다. 보다 포괄적인 표집을 위해서는 일반적인 참여자뿐만 아니라 가능한 참여자에 대한 정보를 기반으로 한 시각이 필요하다.

한 가지 주요 문제는 접근성이다. 많은 표본은 종종 연령의 변화로 인해 전형적이지 않은 시력과 청력을 가진 사람들의 비율이 높다. 일부 장치 및 체계는 다용도이다. 예를 들어, 온라인 웹 설문조사는 시각장애가 있거나 색맹인 참여자에 맞게 사용자 지정을 할 수 있으며, 화면 판독기 및 보조 소프트웨어와 맞물리도록 설계된 브라우저에서 실행된다. 이와 대조적으로 경험표집을 위한 스마트폰 앱은 참여자가 색상 및 텍스트 크기와 같은 기본 기능을 얼마나 쉽게 조정할 수 있는지에 따라 다르다. 또 다른 문제들은 언어, 문해력 및 읽기 수준과 관련이 있다. 많은 참여자는 다양한 이유로 글을 읽는 것보다 상호작용형 응답 시스템이 하는 것처럼 큰 소리로 항목을 듣는 것을 선호한다.

어떤 경우에는 시스템이 환경에 맞지 않는다. 예를 들어, 깨지기 쉬운 큰 화면을 가진 스마트폰과 태블릿은 거칠고 흔들리는 환경에서 또는 장치를 도난당하거나 방치될 수 있다고 의심되는 경우 자료 수집에 적합하지 않다. 상호작용형 응답 시스템은 우수한 데이터 보안 기능 외에도 오용에 대응하고 쉽게 교체할 수 있는 저렴하고 견고한 플립폰에서 실행할 수 있기 때문에 많은 사람에게 여전히 인기가 있다.

9. 직원과 참여자에게 얼마나 많은 훈련이 필요한가

사람들에게 당신의 시스템을 사용하는 법을 가르치는 것이 얼마나 어려운가? 각 방법에는 두 가지 훈련 비용이 있다. 먼저, 참여자에게 시스템 사용 방법을 훈련시켜야 한다. 참여자가 신호 및 설문조사 시스템과 상호작용하는 방법을 모르는 경우 자료의 품질이 저하된다. 대부분의 최신 시스템은 참여자가 배우기 쉽고(아마도 이메일의 링크를 클릭하고, 컴퓨터나 터치스크린 장치에서 설문조사를 작성하고, 전화를 사용하는 데 익숙할 것이다), 참여자를 훈련하는 것은 참여자 자신의 장치를 사용할 때 더 쉽다. 참여자에게 기기를 대여하거나 참여자의 기기에 앱을 설치할 때는 더 철저한 훈련이 필요하다. 유선 전화 및 휴대폰용 상호작용형 응답 시스템, 종이 일기, 일일 웹 설문조사와 같은 로우테크 방법은 많은 사람에게 가르치기 쉽고 안전한 선택이 될 것이다.

둘째, 시스템을 운영할 연구원을 교육해야 한다. 신진 연구자들은 새로운 시스템을 시작하고 관리하는 데 필요한 전문 지식을 만들고 유지·관리하는 복잡성과 번거로움을 과소평가하는 경향이 있다. 참여자에게 마찰이 없는 시스템이 연구자에게는 복잡한 경우가 종종 있다. 참여자는 웹 설문조사에 링크된 자동화된 텍스트를 쉽게 얻을 수 있다. 전화번호 등록, 무작위 문자 일정 생성, 링크 전송, 설문조사 데이터 캡처 등 두 가지 프로그램을 작동하는 방법을 배우는 것은 더 복잡하다. 하이테크 시스템을 사용할 경우 참여자가 받아야 하는 전화, 문자, 이메일 및 앱 알림을 받지 못할 때 문제를 해결하기 위해 지속적인 모니터링과 전문 지식이 필요하다. 시스템을 선택할 때는 당신이 프로젝트를 시행하기 위해 얼마나 많은 연구보조원을 필요로 하는지, 그들이 높은 기준을 갖추도록 훈련시키는 데 얼마나 오랜 시간이 걸리는지, 프로젝트 기간 중 연구진이 얼마나 자주 교대하는지 등에 대해 생각해야 한다.

10. 자료는 얼마나 비공개로 수집하는가, 얼마나 안전한가

사람들의 다양한 자연스러운 환경에서 자료를 수집하면, 특히 개인 정보 보호 및 데이터 보안과 관련된 복잡한 연구윤리 문제가 발생한다. 당신의 기관 검토 위원회(institutional review board: IRB)는 이러한 측면에 깊은 관심을 가질 것이다. 값비싼 경험표집 시스템을 먼저 구입하고 나중에 IRB가 받아들일 수 없다고 거부하면, 당신의 프로젝트에 문제가 생길 것이다. 일상연구의 경우 네 가지 개인 정보 및 보안 문제가 두드러진다.

첫째, 자료 수집이 얼마나 은밀하게 이루어지는가? 대부분의 자기보고 방식에서 사람들은 전화, 태블릿 또는 키보드를 두드리고 있다. 오늘날 사람들이 전화를 보고 두드리는 데 보내는 시간을 감안할 때 자료수집 과정은 어느 정도 비공개로 이루어진다. 다른 사람들이 주변에 있을 수 있지만 그 사람이 연구 프로젝트에 참여한다는 것이 명확히 드러나지 않으며, 참여자는 다른 사람들이 자신의 응답을 은밀히 보지 못하도록 합리적인 예방 조치를 취할 수 있다. 이것은 무작위로 그날의 소소한 일상을 녹음하거나(Mehl & Robbins, 2012), 참여자의 옷에 주변 소음을 감지하는 부착 마이크(Washnik et al., 2016), 일정 간격으로 참여자의 환경을 촬영하는 셔츠 부착 카메라(Brown et al., 2017), 심장에 문제가 발생했는지를 묻기 위해 모든 참여자의 친구들을 자극하는 눈에 띄는 와이어와 전극을 가진 생리학적 모니터(Cybulski, 2011; Kamarck et al., 1998)와 같은 비자기보고 방식과는 다른 이야기이다. 이러한 방법은 이 책의 범위를 벗어나지만 처음으로 이 방법을 사용하는 연구자는 장비를 사용하기 전에 다른 연구원 및 해당 IRB와 상의해야 한다.

둘째, 수집한 자료는 얼마나 안전한가? 자료가 연구실의 파일 캐비닛이나 서버에 안전하게 보관되는 실험실 연구와 달리 일상생활 자료는 종종 참여자와 함께 이동한다. 일상연구는 종종 신체적·정신적 건강, 친밀한 관계, 위험하거나 일탈적인 행동에 대해 민감한 질문을 하기 때문에 연구자는 현실 세계의 자료 보안에 대해 걱정해야 한다. 참여자의 자료는 호기심 많은 룸메이트나 질투하는 배우자로부터 안전한가? 참여자가 번화한 거리에서 장치를 분실한 경우 어떻게 되는가? 검색관이나 경찰이 장치를 취급하면 어떻게 되는가? 보안 문제는 복잡하게 진화하고 있고, 가장 불안정한 것으로 종이 설문조사가 있다. 이름 대신 연구 ID를 사용하여 완료한 때조차도, 설문조사 바인더에 접촉할 수 있는 사람인 룸메이트, 참견하기 좋아하는 사무실 동료 또는 경찰관은 폭음 및 위험한 성행위에 대한 모든 문항을 작성한 사람을 알 수 있다. 보안 수준이 높은 쪽에는 기존 전화(문자메시지 아님)를 사용하여 자료를 수집하는 상호작용형 응답 시스템이 있다. 전화에는 문항이나 응답이 저장되지 않는다. 설문조사 도중 누군가 전화를 건다면 일련의 키 누름(예: 404#767143001)만 볼 수 있으며 자료는 도청을 제외한 모든 것에 대해 안전하다. 그 중간에 공유 컴퓨터에서 완료된 온라인 설문조사, 공용 와이파이 네트워크에 설문조사 자료를 업로드하는 스마트폰 앱 등 다양한 보안 및 개인 정보 보호 문제가 있는 다양한 시스템이 있다.

셋째, 자료는 참여자 자신으로부터 안전한가? 참여자가 자신의 자료를 손상시키는 방식으로 시스템을 해킹할 수 있는가? 대부분의 최신 방법에서 참여자는 설문조사 자체를 수정하거나, 시스템이 신호를 보내는 방식을 변경하거나, 이전 응답에 접근할 수 없다. 유서 깊은 종이 일기와 같은 일부 고전적인 방법의 경우 참여자는 종종 이전 설문조사에 접근하여 응답을 변경할 수 있다. 참여자들이 연구를 망치는 것보다 더 나은 할 일이 있다고 생각할 수 있지만, 팜파일럿 참여자 약 500명 중 1명은 설명할 수 없을 정도로 오픈 소스 소프트웨어를 파고들어 바꿔 놓는다. '전혀(Not at all)'와 '매우 많이(Very much)'를 '절대, 안 돼(Hell no).' '제기랄, 알겠어(Hell yeah).'로 바꿔 놓은 경우도 있다.

넷째, 연구원 편에서 자료는 얼마나 안전한가? 여기에는 연구 자료를 처리, 저장 및 공유하기 위한 일반적인 절차가 포함된다. 상호작용형 응답 시스템 소프트웨어를 실행하는 연구실의 컴퓨터 또는 온라인 포털에서 실행되는 설문조사를 제공하는 온라인 플랫폼 등 대부분의 최신 방법은 중앙에서 자료를 집계한다. 특히 신분이 식별되거나 잠재적으로 식별 가능한 경우 연구자들은 원자료에 접근할 수 있는 사람을 정해 놓아야 한다.

결론

　일상연구자들은 선택의 폭력에 직면해 있다. 기술은 일상연구, 특히 스마트폰의 확산과 앱 기반 방법을 개발시켰다. 또 연구 도구 한 가지가 모든 사람에게 적합하지는 않다. 따라서 이 장에서 우리는 신진 연구자에게 선택지들을 통해 생각하는 방법을 가르쳐 그들이 모집단, 연구문제 그리고 예산에 맞는 방법을 선택할 수 있도록 도움을 주고자 했다. 소박한 웹 설문조사이든 빛나고 새로운 앱이든 조사체계가 마련되면 재미있는 부분이 시작된다. 바로 다음 장의 주제인 자료 수집이다.

제5장

자료 수집

일상 자료를 수집하는 드라마는 두 가지 단계로 구성된다: ① 계획, 준비 및 예비연구, ② 자료 수집. 일부 자료가 유입되는 것을 용납하지 않는 것은 자연스러운 일이지만 첫 번째 단계를 주저하지 말아야 한다. 일상연구에서 많은 것이 잘못될 수 있으므로 고품질의 일상연구를 수행하는 몇 가지 기술은 참여자 등록 전에 세부사항을 다듬고 거친 가장자리를 마감질하는 것이다.

이 장에서는 자료 수집의 두 가지 작업에 대해 설명한다. 첫째, 일상 자료 수집 절차를 계획하고 예비연구를 하는 방법을 설명한다. 우리가 예비연구를 수행하는 것 중 몇 가지가 기준이 될 것이다. 오타가 있는 가? 질문이 올바른 순서로 제시되었는가? 설문 가지치기가 적절한가? 그러나 우리가 다시 확인해야 하는 일상 설계 고유의 다른 요소도 있다. 신호가 도착해야 할 때 도착하는가? 질문이 여러 다양한 장치에서 올바르게 표시되는가? 장치를 다시 시작하거나 배터리가 방전되면 어떻게 되는가? 둘째, 한편으로는 자료 수집을 진행하는 데 집중하면서, 한편으로는 자료를 수집하는 방법을 설명한다. 진행 중인 자료 수집 현황을 어떻게 검토할 수 있는가? 참여자를 유지하는 데 도움이 되는 중간 절차는 무엇인가? 자료 수집 중 응답률을 예측하는 요인은 무엇인가?

참여자들이 조사 절차를 준수하도록 하기 위해 어떤 수단을 사용할 수 있는가? 각 연구마다 각자의 돌발 상황들이 있지만, 이 장의 조언(〈제시자료 5.1〉에 요약되어 있음)은 첫 번째 프로젝트를 성공적으로 진행하는 데 도움이 될 것이다.

〈제시자료 5.1〉 일상연구를 준비하고 실행하는 단계

[연구 준비]

① **예비연구:** 예비연구를 할 때 작동 방식(예: 신호음 주기, 설문 가지치기)을 알고 모든 것이 의도한 대로 작동하는지 확인하라. 이 과정에 연구보조원을 참여시키는 것은 자료 수집의 핵심적인 과정에서 잠재적인 문제를 발견하는 좋은 방법이다.

② **기록 연결:** 각 참여자의 모든 응답을 서로 연결하는 것은 중요하고, 때로는 일상연구의 성가신 부분이다. 참여자의 점수를 연결하는 완전하고 복합적인 방법을 만드는 데 사용하는 모든 자료 수집 플랫폼을 알아본다.

③ **연구 인력 교육:** 연구 직원을 신속하게 파악하는 데는 시간이 걸린다. 모든 세부사항이 포함된 매뉴얼과 초기 회기에 필요한 구성 요소를 간략하게 설명하는 프로토콜이 있으면 새 팀원을 교육하기 위

한 확실한 시작이 될 것이다.

[연구 실행]

① **참여자들에게 연구에 대해 가르치기:** 사람들이 연구실 밖에서 당신의 연구에 참여할 것이기 때문에 참여자는 당신이 요청한 내용과 수행 방법을 이해해야 한다. 초기 회기 동안 소프트웨어 또는 장치 사용 시범 및 연습 설문조사를 포함하면 참여자를 안내하는 데 도움이 된다.

② **자료 정리하기:** 연구의 일상 부분을 시작한 후 참여자의 응답을 검토하고 기술적 결함을 찾고 참여자와 함께 확인하면 자료의 품질이 향상된다.

연구 실행 준비

철저한 예비연구는 연구에 영향을 줄 수 있는 대부분의 문제를 예방할 수 있다. 그러므로 연구자는 자료 수집에 뛰어들기 전에 이를 주의 깊게 살펴보아야 한다. 이 절에서는 신호 탐사에서 연구자 교육에 이르기까지 프로젝트의 전체 주기에 대하여 예비연구를 실시하는 방법을 설명한다.

신호 및 설문조사 결정

예비연구를 하기 전에 어떤 일이 진행되어야 하는지 계획하는 것이 도움이 된다. 첫째, 참여자들에게 설문조사를 작성하라는 메시지를 언제 표시해야 하는가? 고정 간격 표집설계를 사용하는 경우, 참여자가 설문조사에 응답할 수 있는 시간과 설문을 완성하지 않고 놔두면 언제 종료할지를 계획한다. 임의 간격 표집설계를 사용하는 경우, 설문조사를 보내는 시간, 하루에 보내는 설문수, 설문조사가 완료되지 않으면 종료되는 시간을 설명한다. 설문조사를 열지 않은 경우, 참여자가 설문조사 실시 알림을 받도록 하려면 알림을 언제 어떻게 보내야 하는가? 사건 기반 설문조사의 경우 참여자에게 관심 사건이 발생할 때 설문조사를 완료해야 함을 상기시킬 것인가? 사람의 위치 또는 주변 환경의 소음 수준을 기반으로 한 트리거 등 멋진 신호 메커니즘을 사용하는 경우 참여자에게 신호를 보내려면 어떤 기준을 충족해야 하는가? 참여자들에게 설문조사가 도착하는 것만으로도 문제가 해결될 수 있으므로 사람들이 언제, 어디서, 어떻게 설문을 받는지에 대한 세부사항이 규정되어 있어야 한다.

다음으로 설문조사 자체에 대해 생각해 보라. 누군가가 특정 응답을 제공하는 경우 몇 가지 후속 질문을 하고 싶을 때 설문조사 질문을 가지치기 하게 된다(제3장 참조). 각 설문조사에 대해 가지치기 및 각 가지에 대해 사람들이 대답해야 하는 질문을 식별한다. 누군가 '예'라고 대답하면 다음에 어떤 항목을 보게 될까? 그런 다음 질문의 기본적인 시각적 표시를 고려하라. 각 문항을 개별적으로 제시할 것으로 계획하는가, 아니면 화면당 여러 문항을 제시할 것인가? 사람들이 문항을 보기 위해 스크롤해야 하는 경우 예상되는 스크롤의 양은 어느 정도인가? 스크롤이 필요한 것이 분명한가, 아니면 부주의한 사람들이 보이지 않는 문항을 놓칠 수 있는가? 사람들이 설문조사를 제출하기 전에 응답을 보거나 변경할 수 있는가?

셋째, 각 설문조사는 얼마나 걸리는가? 신호 일정을 결정할 때 각 설문조사의 길이에 대한 일반적인 아이디어가 있지만(제3장 참조), 예비연구만이 설문조사의 일반적인 소요 시간을 알려 줄 수 있다. 각 설문조사에 소요되는 시간은 우리가 수집할 수 있는 정보의 양과 사람들에게 설문조사에 참여하도록 요청할 수 있는 횟수 모두에 영향을 미친다. 예상보다 짧은 경우 항목이나 신호를 몇 개 더 추가할 수 있다. 예상보다 길면 몇 가지 항목이나 신호를 다듬어 내야 한다. 설문조사에 생긴 오류는 일반적으로 쉽게 수정할 수 있으며, 문제가 발생할 수 있는 가능성이 있는 부분을 확인하면 이러한 수정이 간소화된다.

마지막으로, 아마도 가장 짜증 나는 것은 연구에 관련된 모든 기술을 이해하는 것일 것이다. 대부분의 현대 연구는 사람들에게 설문조사를 완료하거나, 설문조사 정보를 수집하거나, 둘 다 하도록 신호를 보내기 위해 어떤 형태로든 기술을 사용한다(제4장 참조). 가장 일반적인 실패 지점은 시스템을 다시 켤 때(예: 상호작용형 응답 시스템 또는 문자메시지 서비스를 실행하는 컴퓨터 또는 서버), 참여자의 장치가 다시 시작되거나, 장치의 배터리가 소모되거나, 인터넷 서비스가 끊길 때이다. 연구에 관련된 각 기술에 대해 장치나 체계가 이러한 상황들을 어떻게 다룰 것인가?

많은 앱 기반 플랫폼의 경우 배터리가 방전되거나 기기가 다시 시작되더라도 큰일은 아니다. 이러한 시스템은 앱이 열려 있지 않은 경우에도 실행되는 경우가 많다. 그러나 경우에 따라 참여자는 계속 신호를 받거나 설문조사를 제출하기 위해 앱을 다시 열거나 다른 작업을 수행해야 할 수도 있다. 상호작용형 응답 시스템 등 다른 시스템의 경우 정전이 발생하면 어떻게 되는지 알아볼 필요가 있다. 프로그램을 수동으로 다시 시작해야 하는가? 자료가 손실되는가? 시스템이 다시 작동할 때까지 얼마나 걸리는가? 신호를 보내거나 설문조사를 제출하기 위해 인터넷 접속에 의존하는 시스템의 경우 연구자나 참여자 모두에게 인터넷 접속이 안 되면 어떻게 되는가? 일부 시스템에서 신호 정보는 소프트웨어 내에 저장되며 인터넷 접속 여부에 관계없이 참여자에게 계속 신호를 보낸다. 어떤 시스템은 신호를 보내지 못할 수 있다. 또는 장치가 인터넷에 연결되어 있지 않으면 전송된 신호를 수신하지 않는다. 마찬가지로 일부 시스템은 인터넷 접속이 복원되면 온라인 저장 플랫폼에 업로드하기 위해 인터넷 접속 없이 제출된 설문조사 응답의 사본을 저장한다. 어떤 시스템은 인터넷에 접속하지 않고 제출된 제출물을 등록할 수 없다. 장치, 소프트웨어 및 플랫폼의 동작을 이해하면 이러한 다양한 조건에서 연구를 테스트하는 데 도움이 된다. 기술은 일상연구에서 많은 것을 단순화할 수 있지만, 그 자체로 장애물과 골칫거리가 될 때도 있다.

일상 자료 수집 예비연구

연구의 모든 구성 요소가 어떻게 작동해야 하는지 파악했다면 이제 예비연구를 시작할 때이다. 이 과정에는 일상 자료 수집을 설계하는 연구팀의 구성원이 참여해야 한다. 연구팀의 수석 리더와 연구보조원 모두 이 초기 단계 테스트에 참여해야 한다. 선임자는 연구가 어떻게 작동해야 하는지 알고 있으므로 미묘한 결함을 알아차릴 것이다. 이와 달리 신입 연구보조원은 새로운 눈으로 연구를 경험하고 참여자가 경험하게 될 까다로운 점과 과민함을 알아차릴 것이다. 다른 참여자와 마찬가지로 연구보조원을 연구에 참여시키고 질문이나 혼란을 유발하는 지침이 있는지 확인해야 한다. 연구보조원이 절차의 특정 부분에 대해 질문이 있거나 혼란스러운 자료를 지적하는 경우 참여자를 위해 지침을 수정해야 한다. 〈제시자료 5.2〉에는 참여자들이 일상 절차에 대해 갖는 몇 가지 일반적인 질문이 포함되어 있다.

예비연구 동안 사람들이 연구에 참여할 수 있는 모든 가능한 방법을

〈제시자료 5.2〉 일상연구에 대한 일반적인 참여자 질문

일상연구는 참여자들에게 낯설고 익숙하지 않은 질문을 만들기도 한다. 다음은 사람들이 묻는 몇 가지 일반적인 질문이다.

신호 및 조사

• 언제 설문조사를 하라는 신호를 받게 되는가? 며칠 동안 받을 수 있는가?

• 설문조사를 놓치면 어떻게 되는가?

• 설문조사를 시작하였다가 나중에 다시 할 수 있는가?

직장, 계급 및 기타 갈등

• 나는 [직장/수업/다른 갈등]이 있다. 이것이 문제가 될까?

• [상사/선생님]가 연구에 대해 알 수 있도록 보여 줄 수 있는 서면 자료가 있는가?

• [바쁘다/자고 있다/아기가 자고 있다] 등의 상황에서 알림음을 소거할 수 있는가?

기술적인 문제

• 새 전화를 샀다/내 전화가 고장 났다. 어떻게 해야 하는가?

• 내 전화/컴퓨터에서 설문조사를 열 수 없다. 어떻게 해야 하는가?

• 연구 중 질문이나 문제가 있는 경우 누구에게 말해야 하는가?

보상

• 언제 사례나 크레딧을 받을 수 있는가?

• 설문조사를 놓치면 돈을 받지 못하거나 크레딧을 받지 못하는가?

• 보너스 지급이나 추첨 항목을 받기에 충분한 설문조사를 수행했는

지 어떻게 알 수 있는가?

점검하라. 참여자에게 개인 전화나 장치를 사용하도록 요청하는 경우 참여자가 사용할 수 있는 장치는 무엇인가? 당신이 스마트폰 기반 앱을 사용한다면, 호환되는 모든 운영 체제 플랫폼이 점검되었는지 확인하라.

앱 개발자는 앱이 기본적으로 다른 운영 체제에서 동일한 방식으로 작동한다고 말할 수 있지만 항상 약간의 차이가 있다. 푸시 알림, 앱 설정 및 설문조사 완료는 모두 약간 다르게 보이거나 작동할 수 있다. 참여자가 연구실 소유의 태블릿이나 스마트워치와 같은 장비를 빌릴 경우, 당신의 장비에 있는 모든 장치가 작동하고 설문조사 앱에서 지원하는지 확인하라. 앱 소프트웨어는 지속적으로 업그레이드 및 부분 수정되고 있으며, 당신은 기기의 운영 체제 버전이 매우 오래되어 현재 설문조사 앱과 호환되지 않는다는 사실을 알게 될 수도 있다. 참여자에게 설문조사 링크를 보내는 경우 설문조사가 전화, 태블릿 및 컴퓨터에서 어떻게 작동하는지 점검하라.

점검팀과 다양한 장치를 구성했으면 이제 모든 부품이 서로 얼마나 맞는지 확인할 차례이다. 첫째, 점검 담당자는 연구의 기계 장치에 주의를 기울여야 한다. 모든 것의 작동 방법에 대해 작성한 개요를 배포하고 사람들에게 예상한 것과 차이가 나타날 때 기록하라고 말한다. 어떤 경우에는 설문조사에 응답하고 질문이 제대로 가지치기 되었는지 확인하는 것이 포함된다. 다른 경우에는 알림이 예상대로 작동하는지 혹은 의도대로 사라지는지 미리 확인하기 위해 설문조사를 의도적으로 무시해야 한다. 자료 수집에 영향을 줄 수 있는 운영 체제 업데이트 또는 새 전화 구입과 같은 다른 문제가 있을 수 있으며 이에 대해서도 언급해야 한다. 로우테크 방법은 최소한의 사용성 테스트를 받아야 한다. 예를 들어, 종이 설문조사를 사용할 때 점검자가 낮에 설문조사를 가져오는 것을 잊거나, 완료하는 것을 잊거나, 아예 잃어버리는 경우가 얼마나 자주 있는가? 직접 방문, 우편 또는 보안 보관용 보관함을 통한 설문조사 수집 방법이 의도한 대로 작동하는가?

둘째, 사람들은 그들의 일상 세계에서 자료 수집 절차가 지켜질 수 있는지 점검해야 한다. 신호를 보내는 경우 설문조사 시간과 설문조사 간격이 적당한가? 연구자는 많은 자료에 대한 열망과 참여자의 호의 사이에서 균형을 유지해야 하며(제3장 참조), 균형 달성 여부를 알아보기 위해 예비연구 참여자로 행동하는 것만큼 좋은 것은 없다. 이론상으로는 오전 7시에서 자정 사이에 약 30분마다 설문조사를 완료하라는 신호를 보내는 것이 좋다. 그렇지만 당신이 끊임없는 알람과 재공지에 시달리게 되면, 비행기 모드나 최소 기능으로 전환하고 싶은 충동을 느낄 것이다. 당신의 프로젝트에 당신보다 더 관심이 있는 사람은 아무도 없다. 따라서 당신이 설문조사 응답에 약간의 짜증을 느낄 정도라면, 참여자는 확실히 화가 나게 될 것이다.

현장 점검 중에 문항을 받았을 때 어떤 의미로 다가오는가? 그것들은 당신의 일상적인 환경의 맥락 안에서 가능한 것들인가? 예비연구는 문항의 문구가 일상의 다양한 맥락에 적합한지 확인할 수 있는 또 다른 기회이다. 그러나 질문의 반복되는 특성에 대해서도 생각해 볼 필요가 있다. 설문조사 간격이 너무 좁은가, 아니면 너무 떨어져 있는가? 예를 들어, 사람들에게 30분마다 식사를 했는지 묻는 것은 너무 빈번할 수 있다. 8시간에 한 번씩 묻는 것은 너무 드문 일일 수 있다. 대학생 표본에서 오후 5시에 사람들의 저녁 식사의 영양 성분에 대한 일일 설문을 보내는 것은 조금 이를 수 있지만 다른 표집에서는 적절할 수 있다. 예비조사는 종종 설문조사의 시기와 수를 조정하도록 영감을 줄 것이다.

(비상 계획 수립)

모든 사람이 며칠 동안 예비연구를 한 후 무슨 일이 일어났는지 이해해야 한다. 어떤 일이 일어나야 하는지에 대한 윤곽을 잡는 것부터 시작하라. 대부분의 사람 또는 모든 사람에게 잘못된 일이 있었는가? 특정 유형의 장치나 운영 체제를 사용하는 사람들에게 특정 문제가 발생했는가? 테스터가 작동하지 않는 것을 알아차렸다면 기록해야 한다. 다음으로 사람들은 예상치 못한 문제에 직면했는가? 많은 문제는 쉽게 풀린다. 다른 사용자의 경우 기술 지원팀에 문의하여 앱 수정이나 업데이트로 인해 진행 중인 프로젝트 수행에 어떤 영향을 받게 되었는지 등 특정 프로세스의 작동 방법을 문의하거나 버그를 알려 달라고 요청할 수 있다.

예비연구가 비교적 순조롭게 진행되어 사소한 것들만 조정하면 되더라도 몇 가지 최악에 대비한 시나리오를 계획하는 것은 가치가 있다. 앱, 웹 사이트 또는 상호작용형 응답 시스템 같은 전자 자료 수집 체계에는 많은 장점이 있지만 단점도 많다. 예비연구를 통해 연구에서 참여자를 찾는 방법을 더 잘 이해한 후 다음 시나리오를 고려하라.

- **누군가의 장치가 당신의 시스템과 호환되지 않으면 어떻게 하는가?** 당신이 의무를 성실히 완료하고 다양한 장치 및 장치 유형에서 연구를 테스트했다 하더라도 참여자의 장치가 당신의 시스템과 연동하지 않는 희한한 일이 생길 수 있다. 때로는 회기 진행 중에 이를 포착할 수 있지만 자료 수집 도중에 문제가 발생할 수도 있다. 이러한 상황에 대한 당신의 계획은 무엇인가? 연구실 소유

장치가 있는 경우 나머지 참여 기간 동안 하나를 대여할 수 있다. 또는 참여자에게 설문조사를 완료하도록 신호를 보내는 방법(예: 전화 타이머 설정, 신호 문자 보내기, 구식 호출기 제공)과 함께 종이 설문조사 백업을 사용할 수 있다. 또 참여자에게 종이 설문조사를 효율적으로 제공하는 방법에 대해서도 생각할 수 있을 것이다.

- **대여할 연구실 소유 장치가 부족하면 어떻게 하는가?** 참여자가 자신의 장치를 사용하거나 연구실 소유의 장치를 사용하도록 선택할 수 있는 상황에서는 상시 대여할 연구실 장치가 부족할 가능성이 있다. 장치가 부족하고 새 참여자가 장치 사용을 요청하는 경우 한 가지 가능성은 다른 참여자가 연구실 장치를 반환할 때까지 참여를 연기하는 것이다. 그러나 이것이 항상 가능하지 않을 수도 있다. 다시 한 번, 대체 신호 방법을 사용하는 종이 설문조사 백업이 작동할 수 있다.

- **전체 전자 시스템이 충돌하면 어떻게 되는가?** 이것은 일상연구자들을 괴롭히는 악몽이다. 일반적으로 자료 수집 시스템에 중대한 문제가 있는 경우 새 참여자를 등록할 때 일시 중지 버튼을 누르는 것이 가장 좋지만, 자료 응답 중에 있는 참여자가 있을 수 있다. 다시 한 번, 종이 백업이 대안이 될 수 있지만 사람들이 자료 수집 기간 동안 얼마나 남아 있는지(예: 7일 중 1일 대 7일 중 6일)에 따라 자료 수집을 조기에 종료할 수 있다.

다음은 전자 시스템을 사용할 때 발생할 수 있는 몇 가지 시나리오이다. 가장 중요한 것은 재앙이 발생했을 때 자료 수집을 복구하기 위해 단기간에 구현할 수 있는 방안을 생각하는 것이다.

예비연구 자료 파일 평가

예비연구의 마지막 단계는 자료가 적절하고 명료하게 기록되고 있는지 확인하는 것이다. 종이 설문조사를 사용한다면 어렵지 않다. 선호하는 통계 프로그램이나 데이터베이스(예: REDCap)에 설문조사를 몇 부 입력하고 각 항목에 번호를 매기는 것과 같이 자료 입력을 보다 효율적으로 만들기 위해 설문조사에 적용할 수 있는 모든 변경 사항을 기록한다. 이 단계에서는 어떤 항목이 어떤 변수 이름에 해당하는지, 각 항목이 어떻게 코딩되는지(예: '예'는 1 또는 0에 해당하는가?), 코딩 정책(예: 직접 입력한 자료를 감사 및 확인하는 방법)을 어떻게 할 것인지를 결정한다.

전자 자료 수집 방법을 사용하는 경우 자료를 더 철저히 조사해야 한다. 값비싼 하이테크 시스템은 전혀 예상하지 못한 오류를 가져올 수 있다. 〈제시자료 5.3〉은 기술을 너무 많이 믿는 독자들을 위한 몇 가지 주의 사항을 알려 준다. 플랫폼에서 자료 파일을 추출하는 방법과 사용 가능한 형식을 찾는 것으로 시작하라. 일반적으로 자료 수집 플랫폼을 사용하면 자료 파일을 비교적 간단하게 내려받을 수 있지만 약간의 차이가 있을 수 있다. 일부 시스템에서는 모든 참여자의 모든 응답이 포함된 단일 파일을 얻을 수 있다. 다른 경우에는 각 참여자 또는 각 응답에 대해 별도의 파일을 얻을 수 있다. 단일 시스템 내에서, 포함된 정보 또는 사용되는 파일 유형과 같은 자료 추출 방법을 지정할 수 있다. 이러한 선택지들을 살펴보고 최종 자료를 선별, 분석 및 보관하기 위한 가장 적합한 선택지를 결정해야 한다.

〈제시자료 5.3〉 더 많은 비용, 더 많은 문제

거창한 방법과 간소한 방법으로 일상연구를 수행할 수 있지만(제 4장), 최근의 경향은 앱 기반 스마트폰 시스템 및 웨어러블 스마트 센서와 같은 휴대용 디지털 장치를 사용하는 것이다. 소비자 심리학은 사람들이 품질에 대한 경험적 판단 기준으로 가격을 사용한다고 말하고(Dodds et al., 1991), 우리는 연구자들은 값비싼 시스템이 신뢰로울 것이라고 가정한다고 생각한다. 현대 시스템은 일상연구를 변화시켰지만 반드시 예비 점검을 거쳐야 한다. 길고 고통스러운 경험을 통해 우리는 비용이 많이 들고 '스마트'하다고 라벨이 붙은 모든 방법에는 추가 조사가 필요하다는 것을 배웠다. 다음은 값비싼 상용 시스템 및 장치로 인한 사고가 있었던 몇 가지 실화이다. 다수는 우리의 경험이고, 일부는 긴밀한 협력자의 경험이다.

- 소수의 사람만 사용하는 많은 멋진 기능을 추가하도록 설문조사 앱이 업데이트되었을 때 최신 Android 버전에서만 실행할 수 있었다. 결과적으로 일부 연구자는 이전 태블릿 제품군이 이제 벽돌이 되었다는 것을 프로젝트 도중에 알게 되었다.
- 웨어러블 센서는 자료 파일과 로그 파일을 출력하도록 설계되었다. 이상하게도 자료 파일과 로그 파일은 서로 다른 내부 시계에서 타임스탬프가 찍혀 있었다. 자료 파일의 시간은 서머타임에 따라 자동으로 이동했지만 로그 파일의 시간은 그렇지 않았다. 따라서 초당 수백 번 표집하는 장치는 연중 특정 시기에 60분의 타이밍 불일치가 있었다.

- 한 값비싼 상호작용형 응답 시스템은 연구자들이 이 소프트웨어가 이베이에서 CD-ROM으로만 구할 수 있었던 오래된 데이터베이스 프로그램과 구 버전의 Windows에서만 실행된다는 사실을 알게 되면서 훨씬 더 비싸졌다. 이전 Windows 소프트웨어는 본질적으로 안전하지 않았기 때문에 컴퓨터를 대학 인터넷에 연결할 수 없었고 원격으로 확인하거나 관리할 수 없었기 때문이다.

- 한 설문조사 앱은 매끄러운 인터페이스로 좋은 신호를 보내고 설문조사 자료를 수집했으며, Apple 및 Android 기기와 모두 호환되었다. 그러나 자료 파일을 검사할 때 Apple 장치를 사용하면 자료가 작성되지 않았다. 회사는 급히 앱을 업데이트하느라 전전긍긍했지만 버그를 해결할 수 없었다.

- 사소한 앱 업데이트 후 제출된 설문조사 각각에 대해 여러 중복 자료 행을 일관되게 작성하는 설문조사 앱이 있었지만 Android 기기에만 해당되었다.

- 어떤 이유로든 Android 기기에서 실행되는 많은 설문조사 앱은 일부 기기 제조업체의 운영 체제에서 제대로 작동하지 않는다. 경험상 호환되지 않는 장치는 아무도 소유하지 않은 모호한 모델이거나 모든 참여자가 소유한 가장 보편적인 모델이다.

- 한 앱 기반 시스템은 초기 점검에서는 잘 작동되었다. 그렇지만 첫 번째 연구 후에 연구자들은 온라인 대시보드에서 자료 파일을 내려받을 수 없었다. 시스템에는 대용량 경험표집 연구가 통과할 수 있는 파일 크기 제한이 숨겨져 있는 것이 밝혀졌다.

파일을 내려받았으면 자료가 어떻게 구성되어 있는지 파악한다. 일상연구에는 동일한 항목에 대한 반복적인 평가가 포함되므로 자료 파일은 이를 **넓은** 형식과 **긴** 형식의 두 가지 형식 중 하나로 나타낸다. 넓은 형식에서 각 행은 단일 참여자를 나타내고, 단일 항목에 대한 각 응답은 별도의 변수로 표시된다. 예를 들어, 항목 중 하나가 참여자가 그날 아침에 일어난 시간인 경우 참여자가 답변을 제공할 때마다 별도의 변수를 갖게 된다. 긴 형식에서 각 행은 단일 설문조사 응답을 나타내며 참여자는 여러 행의 자료를 갖게 된다. 넓은 형식에서는 많은 변수와 더 적은 수의 행으로 끝난다. 긴 형식에서는 더 적은 수의 변수가 있는 많은 행을 갖게 된다(자세한 내용은 제6장 참조). 다음으로, 자료 수집 시스템이 자동으로 포함하는 정보를 확인하라. 문항에 대한 응답 외에도 설문조사 완료 날짜와 시간, 고유 응답 식별자, 설문조사 완료에 걸린 시간, 신호가 전송된 시간 및 사용된 장치 유형에 대한 기록 등등. 이러한 정보 중 자료 파일에 포함할 정보를 사용자가 지정할 수 있지만 자료 파일에 포함되거나 포함될 수 있는 모든 정보를 이해하는 것이 좋다.

마지막으로, 자료에 대한 몇 가지 기본적인 품질 검사를 수행한다. 초기 예비연구 동안 주의를 기울여야 하는 가장 중요한 것은 문항에 대한 응답의 코딩과 질문 가지치기의 올바른 처리이다. 자료에 대한 시각적 검사로 시작한다. 설문조사 가지치기가 있는 경우 공란이어야 하는 위치에 공란이 있는가? 항목이 주어진 각 변수의 값이 의미가 있는가? 숫자를 원할 때 문자로 표시되는가, 아니면 그 반대로 표시되는가? 다음으로 항목에 대한 기술통계 및 빈도를 실행한다. 가능한 응답 범위가 정확한가? 모든 응답 선택지가 올바르게 표시되는가? 기록해야 하는 항목이 기록되었는가? 어떤 경우에는 자료 수집 소프트웨어에 값을 자동으로 다시 코딩하도록 지시할 수 있지만 다른 소프트웨어의 경우 이 작업을 직접 수행해야 한다. 소프트웨어에 이 기능이 없으면 코드북을 만들고 어떤 변수를 다시 채점해야 하고 어떻게 해야 하는지 기록해 놓는다. 예를 들어, 다른 소프트웨어는 명목 범주를 다르게 취급할 수 있다. 어떤 경우에는 자료 파일에 문자 응답이 나열된다. 다른 경우에는 소프트웨어가 이를 수치 응답으로 변환한다. 자료 구조에 익숙해지면 예비연구 작업을 마친 것이다.

기록 연결

일상연구 프로젝트를 수행하기 위한 준비의 중요한 구성 요소는 분석할 최종 자료 세트 수합 방법을 결정하는 것이다. 표준 연구실 기반 연구에는 여러 컴퓨터에서 자료 파일 다운로드, 파일 병합 및 자료 정리를 할 수 있다. 설문조사 작업에서는 온라인 대시보드에서 자료 파일을 다운로드하는 것처럼 간단할 수 있다. 그러나 일상연구에서 인지 검사, 횡단면 조사, MRI 스캔, 임상 인터뷰 및 반복되는 일기와 같은 여러 자료 원천이 다른 시스템에서 수집되면 이 과정이 복잡해진다. 일상연구 프로젝트를 시작하기 전에 모든 자료 원천에서 각 개인의 완전한 점수 세트를 올바르게 일치시킬 수 있는지 확인해야 한다(제6장 참조).

시작하려면 모든 자료 원천과 자료 수집 방법을 알아야 한다. 연구의 일상생활 부분에 대해 모든 응답이 동일한 플랫폼에 기록되는가, 아니면 여러 유형의 일상 자료가 수집되는가? 많은 대시보드, 서버, 로컬 컴퓨터 및 파일 폴더에 데이터가 분산되어 있는가? 예를 들어, 일부 연구(예: George et al., 2019; Lehman et al., 2015; Sperry et al., 2018)에서 참여자는 자기보고 설문조사를 완료하고, 자료 수집 기간 동안 심박수, 호흡, 수면 기간 등 생리학적 측정을 한다. 둘 다 일상 평가에 해당하지만 별도의 플랫폼을 사용하여 수집된다. 실험실 회기에서 자료를 수집하고 있는가? 종종 우리는 개인의 특성(예: 성격, 뇌 네트워크 연결, 작업

기억 과제 수행)이 일상에서 수집된 자료와 어떻게 관련되는지에 관심이 있다. 우리는 일반적으로 연구의 일상생활 부분을 시작하기 전에 사람들에게 여러 가지 측정과 과업을 한번 해 보도록 요청할 것이다. 이러한 설문조사, 작업 또는 뇌 스캔은 일반적으로 일상 자료 수집에 사용되는 플랫폼과 다른 플랫폼에서 수행된다. 연구 종료 설문조사나 반구조화된 대면 인터뷰와 같은 실험실 외부의 비일상 자료도 수집할 수 있다. 이러한 설문조사는 일상생활 또는 실험실 자료 수집과 동일한 플랫폼에서도 가능하지만 추가 플랫폼을 사용하여 수집할 수도 있다.

사용되는 자료 수집 플랫폼의 수나 유형에 관계없이 플랫폼과 일상생활 제출 전반에 걸쳐 사람들의 응답을 연결하기 위한 가장 심오한, 문자 그대로의 의미에서 완벽한 보안이 필요하다. 초보자는 참고하라. 플랫폼 간에 기록을 연결하기 위한 완벽한 시스템의 중요성은 아무리 강조해도 지나치지 않다. 기록을 연결하는 한 가지 방법은 각 참여자에게 선택한 ID를 할당하는 것이다. 이 ID는 각 자료 수집 플랫폼에 입력되고 자료 파일을 올바르게 병합하고 사람들의 응답을 연결하는 데 사용된다. 이것은 몇 가지 다른 방법으로 입력할 수 있다. 일부 소프트웨어는 참여자의 ID 번호를 자동으로 요청한다. 온라인 설문조사 플랫폼에서는 ID 번호를 묻는 것이 첫 번째 질문으로 포함될 수 있다. ID는 종이 자료 수집 양식에 작성할 수 있다. 또는 ID 번호 입력은 일상 자료 수집 소프트웨어 내에서 별도의 설문조사로 포함될 수 있다. 이 옵션은 간단하지만 연구팀의 훈련된 구성원이 ID 번호를 입력하는 사람인 경우에만 사용해야 한다. 참여자들에게 연구자가 생성한 ID를 기억하고 입력하도록 요청하는 것은 확실히 그 자체로 완벽한 방법이 아니며 많은 참여자가 불완전한 연결을 하는 결과를 초래할 것이다.

연구팀이 모든 참여자의 모든 플랫폼에서 ID를 입력할 수 없는 경우 다른 방법을 사용하여 사람들의 응답을 연결해야 한다. 자신을 입력하기 위해 특정 코드나 ID를 참여자가 기억하는 데 의존해서는 안 되므로 각 참여자에 대한 고유 식별자를 생성하는 또 다른 방법은 각 플랫폼에서 동일한 일련의 질문을 하는 것이다. 누군가가 대답할 때마다 응답이 바뀌지 않는 질문을 선택해야 한다. 누군가 태어난 달이나 어머니의 이름에 대해 묻는다면 당신이 물을 때마다 같은 대답을 하게 될 것이다. 3~4개의 질문을 선택하면 각 참여자에 대해 고유한 익명 코드를 생성하는 방법을 결정할 수 있다. 예를 들어, 사람들에게 태어난 달, 어머니의 이름, 자신의 이름을 묻고, 생월의 첫 세 철자, 어머니 이름의 첫 두 철자, 자신의 이름의 마지막 두 철자를 코드로 선택할 수 있다. 3월에 태어났고, Anna라는 이름의 어머니가 있으며, 이름이 Jack인 참여자의 코드는 MarAnCk가 될 수 있다. 사람들은 이러한 질문에 여러 번 똑같이 대답하는 데 어려움을 겪지 않을 것이며, 기록은 신뢰할 수 있는 방법으로 연결될 것이다.

어떤 ID 연결 방법을 사용하든 일상 자료를 수집하는 방식에 따라 기록 연결에 한 단계가 추가될 수 있다. 앱 기반 자료 수집 방법을 사용하는 경우 대부분의 시스템은 참여자의 장치, 계정 또는 둘 다에 대한 고유 코드를 자동으로 생성한다. 이러한 앱 생성 코드는 임의의 문자와 숫자로 구성된 문자열일 수 있으며, 모든 플랫폼에서 사용하고 싶은 것은 아니지만 앱은 각 제출 자료에 대한 사람들의 응답과 함께 이러한 고유 코드를 기록한다. 분석을 위한 자료 준비에 대한 자세한 내용은 제6장에 나와 있지만, 생성한 ID 외에 기록을 연결하는 데 이러한 앱 생성 코드를 사용해야 할 수도 있다.

자료 연결 계획을 아무리 세심하게 세워도 누군가가 아이디 입력을 잊어버리거나, 아이디를 잘못 입력하거나, 이름을 입력할 때 오타가 나는 경우가 필연적으로 있을 것이다. 인적 오류로부터 자료를 보호하려면 중복성을 구축하는 것이 중요하다. 예를 들어, 앱 기반 자료 수집 시스템을 사용하는 경우 계정 등록 시 귀하의 ID 번호를 사용하여 참여자용 더미 계정을 생성한다. 이는 참여자의 개인 정보를 보호하며 앱 자체에서 실수로 ID가 생략된 경우에도 실험실 기록과 연결할 ID 정보로 계정을 등록할 수 있다. 다른 자료와 분리된 연결 정보의 종이 기록을 유지하는 것도 도움이 될 수 있다. 질문에 대한 참여자 답변을 사용하여 연결 코드를 생성하는 경우, 자신의 ID를 조합하여 참여자 응답을 기반으로 ID를 만드는 것도 고려할 수 있다.

ID가 혼동되는 경우 참여자 응답을 기반으로 연결을 항상 확인할 수 있다. 일상 자료를 수집하는 것은 시간이 많이 걸리고 복잡하기 때문에 자료를 잃는 것은 고통스럽다. 그래서 자료 손실을 최소화하기 위해 추가 조치를 취하는 것은 그만한 가치가 있다.

연구 인력 교육

일상 자료 수집 및 연구설계의 단점을 해결했으면 이제 연구팀의 다른 구성원을 교육하는 절차를 시작한다. 이 과정은 연구보조원을 훈련시키기 위해 이미 하고 있는 것과 비슷할 수 있지만 일상연구의 복잡성을 감안할 때 몇 가지 추가 단계가 생길 수 있다.

전체 연구팀이 자료 수집 과정 전반에 걸쳐 참고할 수 있는 문서를 정리하는 것으로 시작할 수 있다(Berenson, 2018). 초안을 작성해야 하는 주요 참고 자료는 연구보조원에게 책임을 지울 수 없는 측면들을 포함하여 연구 실행의 모든 측면을 자세히 설명하는 매뉴얼이다. 연구마다 차이가 있지만 모든 매뉴얼에 포함되어야 하는 몇 가지가 있다.

- **참여자 모집 및 회기 일정은 어떻게 되는가?** 경우에 따라 기관 연구 풀 시스템 또는 온라인 연구 패널을 통해 참여자 모집 및 일정

이 잡힌다. 다른 경우 전단지, 이메일, 클리닉 또는 모집 테이블을 통해 참여자가 모집되고 연구팀 구성원에게 연락하여 일정이 잡힌다. 사람들을 모집할 수 있는 모든 가능한 방법, 회기 일정을 잡는 방법, 연구팀이 예약된 회기를 볼 수 있는 장소를 배치한다.

- **각 회기 착수 전에 어떤 준비가 필요한가?** 여기에는 참여자에게 회기에 대한 알림을 이메일로 보내고, 실험실 컴퓨터를 설정하고, 참여자에게 배포할 실험실 장치에 ID를 입력하고, 회기에 등록한 사람을 확인하는 작업이 포함될 수 있다.

- **각각의 자료 수집 과정 중 필요한 것은 무엇이고, 실험실에서 대면하거나 인터넷을 통해 원격으로 수행해야 하는 작업은 무엇인가?** 일상 프로젝트는 참여자에게 무엇을 예상해야 하는지 알려 주고 설문조사에 응답하고 완료하도록 훈련해야 한다. 일반적으로 참여자에게 제공되는 지침이 있지만 일상 자료 수집을 위해 참여자의 장치를 설정하거나 회기 중 비정상적인 참여자 행동을 모니터링하는 것도 포함될 수 있다.

- **참여자들이 연구의 일상 부분에 착수한 후 무엇을 해야 하는가?** 자료를 수집하는 동안 사람들의 응답률을 검토해야 한다. 이 작업은 첨단 기술을 사용하면 훨씬 쉬워진다. 응답률을 높이거나 연구를 마쳤음을 알리기 위해 자료 수집 중에 사람들에게 이메일을 보내기로 결정할 수 있다. 종이 설문조사를 사용하는 경우 설문조사를 수집하고 추적하는 절차가 필요하다. 가장 중요한 것은 매뉴얼이 상세하고 연구 실행과 관련된 모든 프로세스가 포함되어 있다는 것이다.

연구 회기를 위한 대본과 참여자들이 자주 묻는 질문에 대한 답변을 정리해야 한다. 연구 목표에 대한 일반적인 설명 외에도 참여자가 연구의 일상생활 부분에서 예상해야 하는 것을 설명해야 한다. 이 설명서에는 사람들이 언제 설문조사를 완료해야 하는지, 앱 알림을 받을 수 있는지, 상호작용형 응답 시스템에 응답하기 위해 전화를 받는지, 또는 매일 저녁 메시지 전달용 비둘기의 입에 신호를 물려서 보낼지, 설문 응답 기간은 며칠인지, 참여에 대한 보상을 언제 어떤 방법으로 받을 것인지 등을 포함해야 한다.

참여자들이 다양한 질문을 할 것이므로(〈제시자료 5.2〉 참조) 연구보조원을 위한 FAQ 시트를 제공하는 것이 도움이 될 수 있다. 일부 질문은 여러 연구에서 유사할 것이다. 문제가 있는 경우 누구에게 연락해야 하는가? 설문조사를 놓치면 어떻게 해야 하는가? 그리고 특정 용어의 의미와 같은 해당 특정 연구에 고유한 질문일 수도 있다. 참여자들은 FAQ 시트에 없는 질문을 할 가능성이 높지만 이 문서를 준비하면 연구보조원이 분명한 질문에는 답할 수 있다. 이러한 문서를 수정하는 한 가지 방법은 처음 몇 회기를 직접 실행하여 설명에서 원하는 만큼 명확하지 않은 부분이나 참여자가 계속 묻는 질문을 확인하는 것이다. 당신은 연구의 내용을 가장 잘 알고 있으며, 연구보조원이 인계받고 나서 일이 순조롭게 진행되도록 매뉴얼, 대본, FAQ를 처음 생각들을 기반으로 수정할 수 있다.

연구팀에게는 매뉴얼, 프로토콜, 연구와 관련된 기술에 대한 교육도 필요하다. 로우테크나 종이 설문조사를 사용하는 경우 이는 매우 간단하다. 연구보조원이 참여자에게 제공해야 하는 설문 수와 사람들이 참여할 때 다뤄야 할 기타 장비(예: 소인이 찍힌 반송 봉투, 지침 시트)를 알고 있는지 확인하라. 자료 수집에서 기술적 측면이 있는 경우 연구보조원은 연구 관리의 모든 측면에 관여하지 않더라도 모든 것이 어떻게 작동하는지에 대한 기본적인 이해를 하는 것이 중요하다. 상호작용형 응답 시스템 연구의 경우 시스템이 참여자에게 연락하도록 조직된 방식, 항목이 시스템에 조직된 방식 또는 자료가 시스템에 의해 기록되는 방식을 연구보조원에게 보여 주는 것이 포함될 수 있다. 앱 기반 시스템에는 장치에 앱을 설치하는 방법, 앱에 참여자를 등록하는 방법 또는 참여자 ID를 입력하는 방법이 추가로 포함될 수 있다. 또 자료 수집 시스템 또는 특정 장치와 관련된 단점이나 일반적인 문제에 대해 논의하고 싶을 것이다. 프로젝트의 예비연구를 할 때 발견한 내용을 다시 참고하라. 연구보조원은 참여자와 상호작용하고 연구의 모든 기술에 대한 질문에 답해야 할 가능성이 높으므로 이러한 요소를 이해하고 관련 질문에 답할 수 있는 것이 중요하다.

연구 직원 교육의 마지막 요소는 연구 프로토콜을 작성하는 것이다. 당신은 예비연구 기간 동안 이미 이 단계를 위해 핵심적인 문서인 연구 매뉴얼을 개발했고, 그 정보를 가지고 연구보조원을 안내해야 할 것이다. 연구보조원이 무엇을 담당할 것인지 자세히 설명하는 데 대부분의 시간을 할애할 것이지만 연구보조원이 연구에 대한 참여자 질문에 답변할 수 있도록 프로토콜의 모든 요소도 설명해야 한다. 다른 연구와 마찬가지로 연구보조원이 수행할 작업을 주의 깊게 살펴보고 싶을 것이다.

연구보조원이 연구를 위해 수행할 수 있는 것(예: 참여자를 연구실에 정착시키기, 연구 목적 설명) 외에도 일상연구에는 온라인 자료 관리 시스템 확인, 참여자 장치 등록하기, 여러 위치에 참여자 ID를 입력하기와 같은 회기 준비 단계가 추가로 포함된다. 연구보조원이 당신 또는 서로를 '참여자'로 간주하여 필요한 만큼 이러한 단계를 수행해야 한다. 프로토콜의 단계에 대한 이해가 생기면 참여자와 작업을 시작할 때가 된 것이다.

일상연구의 복잡성을 고려하면, 연구보조원이 독립적으로 회기를 실행하는 데 도움이 될 것이다. 첫 번째 단계는 당신이 실행 중인 회기 동안 연구보조원이 당신을 따라 하도록 하는 것이다. 그들은 실제 회기를 위해 설정되는 모든 규칙과 질서, 참여자가 어떻게 행동하고 어떤 질문을 하는지, 당신이 참여자와 어떻게 상호작용하는지를 볼 것이다. 실제 연구를 보면 종종 연구보조원으로부터 새로운 질문을 받게 되므로 모든 사람이 회기를 관찰한 후 프로토콜을 다시 조직하고 토론하면 학습 내용을 강화할 수 있다. 연구자들이 당신을 관찰한 후 역할을 바꿔서 이번에는 당신이 관찰해 보라. 첫 번째 시도에서 연구보조원은 약간의 갈등을 겪을 가능성이 있으므로 당신이 그곳에 있으면 연구보조원의 준비 정도가 드러날 것이다. 결국 당신의 연구보조원은 프로토콜을 다룰 것이며 혼자서 편안하게 회기를 실행할 것이다. 연구보조원이 이 단계에 이르면 자료 수집 과정에서 발생하는 질문 또는 회기 중에 그들이 직면하는 이슈에 대해 점검하는 것은 여전히 좋은 생각이다. 이것은 연구실의 정기 회의에 적합한 주제이다.

연구 실행

참여자가 정보를 얻고 참여하면 일상생활 프로젝트가 원활하게 실행된다. 여기에서는 참여자를 교육하고, 신호 및 설문조사의 흐름을 점검하여 문제를 예방하고, 참여 및 규정 준수를 촉진하기 위해 참여자와 함께 확인하는 방법을 설명한다.

참여자들에게 연구에 대해 가르치기

일상연구는 참여자들에게 많은 것을 요구하므로 자료 수집 중에 무엇을 예상하고 무엇을 해야 하는지 가르쳐야 한다. 일반적으로 이 교육은 초기 대면 회기 중에 진행된다. 참여자들이 질문할 내용, 응답 방법 및 시기, 질문이나 문제가 있는 경우 연구팀과 연락하는 방법을 익히기 위해 약 15~20분을 할당해야 한다. 대부분의 연구가 대면 회의를 포함하지만 전면 원격 자료 수집이 점차 대중화되고 있으며 품질 높은 자료 수집을 위한 원칙은 본질적으로 동일하다(〈제시자료 5.4〉참조).

참여자 교육의 첫 번째 단계는 평가할 항목의 기본 사항을 설명하는 것이다. 일부 연구에서 이러한 구인들은 기도에 참여하거나(Olson et al., 2019) 섹스팅[1](Howard et al., 2019)처럼 비교적 구체적이고 참여자가 이해하기 쉬울 수 있다.

〈제시자료 5.4〉원격 자료 수집

이 장에서는 대면 일상연구를 시작하는 방법을 설명한다. 전형적인 프로젝트에서 연구자와 참여자는 적어도 한 번(즉, 초기 교육 중), 그리고 종종 여러 번(예: 중간 체크인, 연구 종료 회의) 만난다. 특히 일상 평가가 다양한 유형의 자료 수집(예: 임상 인터뷰, 신경영상 및 행동 관찰)을 포함하는 대규모 연구의 부분일 경우 그러하다.

그럼에도 불구하고 많은 현대 프로젝트는 완전히 원격 방법을 사용한다. 연구자와 참여자가 전혀 만나지 않는다. 원격 자료 수집의 장점은 다음과 같다.

- 많은 사람이 원거리 장애에 이르는 다양한 이유로 인해 실험실에 갈 수 없다.
- 원격 방법을 사용하면 대면 조사에서는 사용할 수 없는 특성별로 유목화가 잘 된 설문조사 패널에서 표집할 수 있다.

---

1 역주: 섹스에 대한 문자메시지를 보내거나 성적인 사진을 보내기 위해 모바일폰을 사용하는 행위를 말한다.

- 더 적은 수의 연구자로 더 간단한 연구실을 운영할 수 있다.
- 원격 방법은 수천 명의 참여자로 구성된 거대한 표집을 제공한다 (예: Baumeister et al., 2019).
- 분명히 결코 일어나지 않을 터무니없는 가능성이지만, 당신의 기관은 세계적인 바이러스 전염병의 확산을 막기 위해 대면 연구를 중단할 수 있다.

우리는 미래에 더 완전한 원격 자료 수집을 기대하며 연구자들이 시작할 때 원격 방법을 고려하도록 권장한다. 앱 기반 디지털 플랫폼을 사용하면 절차가 간소화되지만, 웹 설문조사 링크를 이메일로 보내거나 자체 주소가 있는 우편 요금 지불 반송 봉투와 함께 설문지를 발송하여 원격 조사를 실행할 수도 있다. 원격 프로젝트에서 자료가 다르게 보일 수 있지만 대면 프로젝트에 적용되는 원칙 및 모범 사례(부지런한 예비연구, 우수한 문서화, 철저한 연구 교육, 참여자 친화적인 교육 자료, 지속적인 설문조사 모니터링 및 커뮤니케이션)와 본질적으로 동일하다.

때로는 당신의 연구주제가 참여자들에게 다소 모호해서 동료의 무례함(Zhou et al., 2019), 특정 페이스북에서 '탐색'하는 활동(Manuoğlu & Uysal, 2020), 또는 종종 사람들이 심사숙고하지 않는 어떤 활동(예: 음악적 이미지, 마음 방황; Cotter et al., 2019; Kane et al., 2017)으로 여겨질 수 있다.

연구의 세부사항에 들어가기 전에 참여자들에게 연구주제에 대한 명확한 설명을 제공할 필요가 있다. 이 설명에는 '중요한' 항목에 대한 정보도 포함되어야 한다. 흡연 행동에 관심이 있다면 흡연으로 간주되는 것은 무엇인가? 한 번 흡입하고 내뿜는 것인가, 담배 전체를 피워야 하는가? 불규칙한 섭식에 관심이 있다면 어떤 행동이 적합한가? 무엇이 중요한지에 대한 유일한 정답은 없을 수도 있지만, 연구자와 참여자는 주요 변수에 대한 이해를 공유해야 한다. 변수를 정의하는 것은 사건 기반 설문조사에서 특히 중요하다. 참여자는 설문조사에 응답해야 하는 시점을 알기 위해 어떤 행동이나 상태를 점검해야 하는지 알아야 하기 때문이다(Moskowitz & Sadikaj, 2012; Reis & Gable, 2000). 참여자들에게 연구와 관련된 개념을 설명하는 편지를 제공하거나 연구자가 잊어버린 경우에 대비하여 조사를 완료해야 하는 시기를 제공하는 것이 유용할 수 있다.

자료 수집 방법에 따라 이 정보는 자료 수집 플랫폼에 통합되거나 설문조사 링크가 참여자에게 전송되는 자동화된 이메일에 통합될 수 있다. 마지막으로, 사람들은 안전하고 적절한 경우에만 설문조사에 응답해야 함을 강조한다(예: 운전, 기계 조작 또는 위험하거나 부적절한 사회적 상황에서는 설문조사를 수행하지 않음). 이러한 상황은 대부분의 참여자에게 명백할 것이지만, 가장 근면하고 완벽주의적인 참여자에게는 명확한 경계를 줘야 모든 설문조사를 완성하려는 노력을 좌절시킬 수 있다.

연구 프로젝트의 주제를 설명한 후 연구의 변수들을 참여자에게 설명하라. 첫 번째 변수 세트는 설문조사에 관한 것이다. 사람들에게 매일 얼마나 많은 설문조사를 보낼 것인지, 하루 중 언제 설문조사를 보낼 것인지, 며칠 동안 설문조사를 완료할 것인지, 각 설문조사에 얼마나 시간이 걸리는지, 정해진 시간 내에 설문조사가 완료되지 않으면 알려 주는지 등을 알려야 한다. 일부 설계에서는 이에 대한 정확한 답이 없을 수 있다. 예를 들어, 임의 간격 신호를 사용하는 경우 누군가가 설문조사를 받을 정확한 시간을 알 수 없지만 사람들이 정오와 자정 사이에 설문조사를 예상할 수 있으며 대략적으로 얼마나 많이 받아야 하는지 말할 수 있다. 예를 들어, 일기연구에서 참여자는 매일 저녁 7시 정각에 설문을 실시해야 한다는 지침을 들을 수 있다.

두 번째 변수 세트는 연구 전반에 관한 것이다. 주요 요인은 누군가 설문조사를 놓치면 어떻게 되는지이다. 어떤 경우에는 이것이 큰 문제가 아니다. 사람들에게 일주일 동안 60개의 설문조사를 보내는 경험표집 연구에서 5~6개의 설문조사를 놓치는 것은 문제가 되지 않을 것이다. 일기연구에서 14개 중 5개 또는 6개의 누락된 설문조사는 문제가될 수 있다. 포괄적인 사건 범위를 목표로 하는 일부 사건 기반 설계의경우 참여자는 디지털 장치에서 놓친 사건을 기록하기 위한 백업으로종이 일기를 받는다(예: Xu et al., 2018). 설문조사를 완료하기 위한 당근과 채찍이 철저히 논의되어야 한다. 많은 연구에서 응답률이 더 높아지도록 동기를 부여하기 위해 인센티브 또는 보너스를 확대하고 있다. 어떤 연구들은 몇 개를 완료하는 모든 참여자를 위해 당첨권을 준다. 참여자들은 인센티브에 관심이 많으며, 인센티브 시스템이 계층화되거나 복잡한 경우 더 많은 질문을 할 것이다.

연구보조원은 참여자와 함께 연습 설문조사를 진행해야 한다. 이를통해 연구자는 용어를 정의하고, 항목의 뉘앙스를 설명하고, 질문에 답하고, 참여자가 설문조사 질문을 얼마나 잘 이해하는지 점검할 수 있다. 물론 실제 설문과 동일한 방식(종이 일기, 문자 링크, 앱 알림)으로 연습 설문을 실시해야 한다. 연습 설문조사를 만들 때 사람들이 설문조사의 모든 문항에 노출되었는지 확인한다(즉, 건너뛰기 제거, 특정 집단만답하기, 가지치기). 연구조사는 그 설문조사가 가능한 모든 문항을 보여주고 있으며 실제 설문조사는 시간이 덜 걸리지만, 사람들이 연구 중에질문할 수 있는 모든 것을 보고 질문할 수 있어야 한다고 설명할 수 있다. 참여자들이 연습 설문조사를 마친 후, 질문하라고 요청하고 설문조사에 대해 사람들이 알아야 하는 중요한 정보를 반복해서 안내한다. 이 시간은 모두가 설문 문항을 이해했는지 확인하는 시간이다.

사람들에게 연구의 일상생활 부분을 철저히 설명하고 안내하더라도 누군가가 일부 지침을 잊어버리거나 기술 결함이 발생하거나 연구를 마치는 시점을 알고 싶어 하는 것은 불가피하다. 자료 수집 기간 동안 점검되는 전화번호 또는 이메일 주소 등 참여자에게 당신 및 연구팀과 연락할 수 있는 방법을 제공한다. 동의 양식에 이러한 유형의 정보를 이미 포함했을 수 있지만 설문조사에도 포함하는 것이 좋다. 종이 양식을 사용하는 경우 양식 하단에 추가한다. 앱이나 이메일 설문조사를 사용하는 경우 앱이나 이메일에 연락처 정보를 포함한다. 참여자가 연구실 소유 장비를 사용하는 경우 장치 케이스에 명함을 포함하고, 또는 레이블 제조업체를 분리하고 연락처 정보를 장치에 바로 붙일 수 있다. 당신에게 연락하는 참여자는 거의 없지만 문제가 발생할 때 연락하는 방법을 알고 있어야 한다.

> ## 자료 수집 관리하기

진행 중인 일상생활 프로젝트는 지속적인 관리가 필요하다. 연구에 대한 참여자별 참여 현황을 모니터링하고 참여자와 함께 기술 문제를 확인하고 참여자에게 연락하여 연구 참여 방법을 계속 준수하도록 권장하는 데 시간을 할애해야 한다.

조사 활동 모니터링

자료 누락을 줄이기 위해 자료 수집 중에 참여자 응답률을 점검하는 방법을 개발한다. 예방은 곧 누락된 자료에 대한 처리법이다(McKnight et al., 2007). 일상연구자들이 누락이라는 병을 치료할 수는 없겠지만,

그렇다고 해서 포기하고 소프트웨어가 누락된 자료를 '처리'할 수 있다."라고 말해야 하는 것은 아니다. 연구를 진행하면서 참여자를 추적하여 주의를 환기시키는 강력한 절차는 참여자의 참여 정도를 증가시킬 것이다.

종이 설문조사를 사용하는 경우 사람들이 연구기간에 따라 매일 또는 매주와 같이 정기적으로 설문조사를 제출하도록 한다. 응답을 받으면 사람들이 완료한 설문조사의 수를 추적하고, 응답하지 않거나 연구지침을 따르지 않는 참여자를 식별하거나 지시에 따라 사람들이 특정 활동에 참여했는지(예: 사람들이 연구 8일 차에 임상의를 방문하여 그들의 경험에 대하여 설문을 실시해야 하는지, 그들이 그렇게 하였는지)를 확인한다. 응답률을 추적하기 위해 스프레드 시트 또는 데이터베이스를 만드는 것이 중요하다. 점검하려는 정보를 구분하고 이러한 기능을 일관되게 점검해야 한다. 최소한 각 참여자가 응답을 얼마나 일관되게 제공하는지 추적해야 한다.

기술 기반 자료 수집 방법(예: 앱, 상호작용형 응답 시스템 또는 온라인 설문조사 플랫폼)을 사용하는 경우 참여자의 참여 정도를 추적하는 데 사용할 수 있는 더 많은 정보가 있다. 많은 앱 기반 자료 수집 시스템에서 각 참여자가 마지막으로 앱을 열거나 새로 고친 시간, 각 자료의 제출 시작 및 종료 시간, 제출 자료 수, 각 설문조사가 참여자에게 전송된 시간 및 사람들이 기기에서 앱을 삭제했는지 등을 볼 수 있다. 온라인 설문조사 플랫폼에서는 각 설문조사가 언제 시작되고 완료되었는지, 사용된 장치 및 브라우저 유형에 대한 메타자료 또는 설문조사 제출 위치에 관한 정보에 자주 접근할 수 있다. 연구를 시범 운영할 때 자료 수집 시스템이 자동으로 수집하는 정보에 대해 이미 고려했을 것이다. 응답률을 점검하는 것 외에도 사람들이 앱에 마지막으로 로그인한 시간 또는 마지막으로 새로 고친 시간(이 정보를 사용할 수 있는 경우)을 정기적으로 확인해야 한다. 장기간 로그인이나 새로 고침이 없는 것은 참여자가 인식하지 못할 수 있지만 수정해야 할 기술적인 문제를 암시할 수 있다.

연구 중 점검

설문조사를 점검하는 동안 자료 수집 중에 참여자와 함께 점검할 계획을 세우는 것을 고려할 필요가 있다. 이러한 점검은 상황이 어떻게 진행되고 있는지, 문제가 발생했는지 또는 질문이 있는지 묻기 위해 자료 수집 중 모든 사람에게 이메일을 보내는 것과 같이 매우 간단할 수 있다. 종종 참여자는 문제나 질문이 있는 경우 당신에게 먼저 연락하지는 않지만 당신이 질문하면 이메일에 응답할 수 있다. 자료 수집 중 특정 시간대에 사람들이 해야 하는 일이 있는 경우(7일째에 연구실로 돌아가거나 3일과 5일 사이에 박물관을 방문하는 것) 각 개인의 시간대가 다가오고 있는 시점을 점검하고 알림을 보내면 사람들이 응답할 수 있는 상황에 머무르는 데 도움이 된다.

응답률을 높이기 위해 직접 만나서 확인하는 것만큼 좋은 것은 없다. 연구자들은 일반적으로 직접 점검하기 며칠 전에 응답률이 높아진다는 사실을 발견했다(예: Silvia et al., 2013). 응답률은 차치하더라도, 중간 회의는 장치 문제를 해결하고, 새로운 자료(예: 실험실 작업)를 수집하고, 질문에 답하고, 중간 인센티브를 제공하고, 관계와 친선을 구축할 기회를 제공한다(Hektner et al., 2007). 연구가 끝날 때 만나지 않으면, 연구 종료 메시지를 작성하여 사람들에게 프로젝트에 참여해 준 것에 대해 감사하고 그들이 취해야 할 모든 단계(예: 스마트폰에서 앱 제거)를 설명하고 인센티브 또는 보상에 대한 정보를 설명한다.

많은 연구자가 결국 각 참여자에 맞게 점검 계획을 조정한다. 참여자의 행동을 점검할 수 있다면 지시를 따르지 않거나 응답률이 낮은 참여자를 식별할 수 있다. 표적화된 알림 또는 상기시키기는 기술 문제를 발견하고 연구 참여도를 높일 수 있다. 이러한 대상 지정 점검은 사람들의 보상이 응답 여부에 따라 좌우될 때 특히 유용할 수 있다(예: 연구 크레딧을 받으려면 최소 5개의 설문조사를 완료해야 하며, 설문조사의 75% 이상을 완료한 모든 사람은 추첨에 참여한다. 열 번의 설문조사를 완료하면 추가로 5달러를 받는다). 예를 들어, 연구는 참여 일주일 동안 40개 중 25개 이상의 설문조사를 완료한 사람들을 추첨에 입력할 수 있다. 참여 2일 차에 응답률을 확인하고 순조롭게 진행하지 않는 것처럼 보이는 사람들에게 연락하여 추첨 자격을 얻을 수 있게 하여 설문조사 참여를 장려한다. 참여 4일 차에 모든 참여자에게 추첨 진행 상황에 관해 연락할 수 있다. 참여자와의 검토 방법에 관계없이 기록 보관, 문제 해결 및 최종 자료 정리(제6장), 출판(제8장)을 위해 참여자와 의사소통을 계속할 필요가 있다.

일상연구를 수행할 때 '눈에 띄지 않고 마음에서 멀어지는' 접근 방식을 취하고 싶은 유혹을 받을 수 있지만 성공적인 프로젝트를 위해서는 정원을 가꾸는 것이 중요하다. 연구의 모든 흐름을 추적하는 것은 신규 연구자가 예상하는 것보다 훨씬 많은 시간이 소요될 수 있다. 원활하게 진행하려면, ① 참여자 응답률 및 행동을 점검하고, ② 자료 수집 중에 사람들과 함께 확인하고, ③ 모든 것을 추적한다. 매일 많은 시간을 차단하여(~30~60분, 연구 규모에 따라 다름) 시스템을 확인하고, 참여자 활동에 대한 새로운 정보를 기록하고 점검 메일을 보내면 이 모든 것을 관리할 수 있다.

응답률 및 자료 품질 향상

참여자가 모든 신호에 응답하지는 않으므로 응답률은 100%에 미치지 못한다. 이렇게 해서 완성도가 떨어졌는데 좋은 응답률은 얼마나 될까? 좋은 응답률을 위해 모든 것에 적합한 하나의 추론은 없다. 모든 연구에는 다른 신호 설계, 자료 수집 체계, 설문조사 내용, 연구 영역 및 관심 모집단이 있다. 무응답의 원인을 이해함으로써 더 높은 응답률을 촉진하는 자료 수집 방법을 만들 수 있다. 참여자의 성격 특성, 임상적 장애 또는 순간적인 기분(Rintala et al., 2019; Silvia et al., 2013)과 같은 무반응을 예측하는 많은 요인은 우리의 통제 범위를 벗어난다. 그러나 일부 요인은 잠재적으로 수정할 수 있으므로 100%에 근접하도록 자료 수집 계획을 세울 수 있다.

조사 요인

연구자는 설문조사 생존율을 높게 만들어 응답을 개선할 수 있다 (Black et al., 2012). 참여자의 호의를 파괴하는 확실한 방법 중 하나는 불편한 시간에 긴 설문조사를 실시하는 것이다. 자료 수집 기간을 결정할 때(즉, 사람들에게 설문조사를 보내는 시간과 얼마나 자주 보낼지에 대한 것), 당신이 표집한 사람들의 특성들에 주의를 기울여야 한다. 사람들이 깨어 있을 가능성이 높은 때인가? 관심 사건이 발생할 가능성이 있는 시간인가? 사람들은 자고 있을 때 설문조사에 응답하지 않을 것이며(McLean et al., 2017), 의미가 없는 시간에 신호를 받으면(예: 2시에 저녁에 무엇을 먹었는지 묻는다면) 움직이지 않을 것이다.

많은 연구에서 참여자는 자신의 표집 구획을 설정할 수 있다. 예를 들어, 12시간 구획의 경우 일부 참여자는 오전 8시에서 오후 8시를 선택하고 다른 참여자는 정오에서 자정을 선택한다. 이렇게 하면 참여자가 자신의 생활양식에 합당하다고 생각하는 시간에 신호가 전송된다. 참여자가 신호 장치(예: 자신의 스마트폰)를 음소거할 수 있는 경우 표집

구획을 넓게(예: 오전 6시~자정) 사용할 수 있지만 참여자가 잠잘 때 장치를 음소거하도록 권장하고, 일부 참여자는 이른 아침이나 늦은 밤 신호에 응답하지 않는다는 것을 깨달았다고 강조해야 한다.

설문조사의 생존 가능성에 영향을 미치는 또 다른 요소는 길이이다. 사람들은 짧은 설문조사에 더 많이 응답할 것이다(Intille et al., 2016). 설문조사당 문항수, 일일 설문조사 및 연구기간 사이에는 미묘한 균형이 있다. 각 문항이 중요한지 주의 깊게 평가할 필요가 있다. 설문조사의 길이가 걱정된다면 제3장에서 논의한 설문조사 길이를 줄이기 위한 팁을 참조하라.

설문조사와 신호는 뚜렷해야 한다. 적시에 참여자의 관심을 끌 수 있다면 응답률이 더 높아진다. 임의 간격 설계 또는 고정 간격 설계를 사용하는 경우 설문조사 시간이 되었을 때 사람들에게 알리는 여러 방법을 사용하라. 앱을 사용하는 경우 전화에 표시되는 시각적 앱 알림 외에 청각적 알림이 포함될 수 있다. 청각 신호는 응답률을 높이는 것으로 나타난다(Srinivas et al., 2019). 신호 및 자료 수집 시스템이 분리되어 있는 경우(예: 종이 설문조사를 완료하기 위한 신호로 시계 알람), 신호 메커니즘이 참여자의 눈에 띄는지 확인할 필요가 있다. 가능하면 중복 신호를 사용한다. 예를 들어, 사람들에게 마감 일기를 상기시키기 위해 설문조사 링크가 포함된 이메일을 보내고 문자로 보낼 수도 있다.

현저성은 사건 기반 설계의 고유한 문제이다. 참여자는 목표 행동이 발생했을 때 설문조사를 완료하는 것을 잊어버릴 수 있으므로 프로젝트 과정에서 규정 준수 정도가 약화될 수 있다. 예를 들어, Wray 등(2016)은 참여자들에게 술을 마시거나 약물을 사용하기 시작할 때 설문조사를 시작하도록 요청했다. 별도의 일기 조사에서 음주나 약물 사용이 표시된 날에는 사건 유발 설문조사가 64%의 시간에 시작되었다. 이러한 사건 유발 설문조사에 대해 주기적으로 알림을 보내면 참여자가 설문조사를 기억할 가능성이 높아진다.

전체 연구설계와 관련된 많은 요소가 참여자 응답률에 영향을 줄 수 있다. 가장 주목을 받은 요소는 자료 수집 체계이다: 지필식 설문조사 대 스마트폰 앱 대 PDA 대 상호작용형 응답 시스템 대 문자메시지. 일반적으로 전자 자료 수집 시스템은 지필식 방법보다 높은 응답률을 보여 주며(예: Berkman et al., 2014; Stone et al., 2002), 참여자들은 설문조사를 전자적으로 완료하는 것이 더 쉽다는 것을 알게 되었다(Berkman et al., 2014; Laughland & Kvavilashvili, 2018). 참여자가 이동할 때 장치를 충전하고 하루 종일 가까이에 두고자 하는 동기가 부여되기 때문에 참여자가 대여한 장치 대신 자신의 장치를 사용할 때 응답률이 더 높다고 생각된다(제4장 참조). 시간 경과에 따른 효과 연구에 관심이 있는 경우 전자적 방법은 많은 장점이 있다. 사람들은 신호에 더 가깝게 설문조사를 완료하고(Berkman et al., 2014), 응답 시간 기록을 위조할 수 없다(Stone et al., 2002). 또 사람들은 종종 설문지를 가져오는 것을 잊어버린다. 한 연구에서 참여자의 35%가 적어도 하루는 설문조사를 잊어버렸다(Laughland & Kvavilashvili, 2018).

전자 방식을 직접 비교한 작업은 적었지만 터치스크린을 통해 빠른 응답을 허용하는 PDA는 훨씬 느린 상호작용형 응답 시스템보다 응답 속도가 더 높다(Burgin et al., 2012). 가장 멋진 스마트폰 앱을 사용할 재원이 없을 수도 있지만 연필과 종이 설문조사보다 온라인 설문조사 소프트웨어를 사용하면 응답률과 자료 품질이 향상된다.

시간은 응답률에 영향을 미치는 두 번째 요소이다. 사람들은 연구가 진행됨에 따라 덜 반응하는 경향이 있으며(Ono et al., 2019; Phillips et al., 2014; Rintala et al., 2019; Tyler & Olson, 2018; Yang et al., 2019), 일부 연구에서는 덜 구조화되고 여가 활동에 전념하는 주말 대신 평일에 더 자주 응답한다는 것을 발견했다(Rintala et al., 2019). 시간의 흐름을 제어할 수는 없지만 이러한 일시적인 추세에 대응하는 절차를 만들 수는 있다. 참여자와 함께 점검하면 참여자의 응답이 향상된다.

중간에 직접 방문하면 응답률이 증가하지만(Burgin et al., 2012), 점검은 문자, 전화 및 이메일로도 할 수 있다. 응답하지 않는 참여자에게 연락하고, 설문조사 완료에 대해 참여자를 칭찬하는 것은 노력할 만한 가치가 있다(Tyler & Olson, 2018). 요일 효과를 방지하기 위해 같은 날에 시작하는 집단에서 자료를 수집할 수 있다. 예를 들어, 각 코호트를 목요일에 시작하도록 하면(예: Reis et al., 2000) 연구일(예: 자료 수집의 세 번째 날)을 요일(예: 토요일)과 혼동하는 것을 방지할 수 있다. 따라서 모든 요일 효과는 참여자 간에 일정하게 유지된다.

결론

자료 수집을 계획하고 실행하는 과정은 복잡하고 시간이 많이 걸리며 일상연구 방법을 처음 접하는 사람들에게 종종 좌절감을 준다. 이 장에서 우리는 자료 수집 준비에 대한 권장 사항과 자료 품질을 좋게 유지하는 방법을 제안했다. 모든 것을 사전에 점검하고 프로토콜, 설문조사 및 참여자 응답에 대한 자세한 기록을 유지하는 것은 잘 수행된 일상연구의 기초이다. 당신이 연구를 위한 자료 수집에서 살아남았다면, 이제 다음 장의 초점인 당신이 수집한 응답들을 살펴볼 시간이다.

제6장

데이터¹를 정제하고 처리하기

　　　　　　　사람과 마찬가지로, 데이터 파일들은
혼란스럽고 정돈되지 않은 세상에 있다. 모든 연구방법에서는 분석을
위해 데이터를 랭글링²하고 정제하고 확인하며, 준비해야 한다. 일상
데이터의 원자료는 특히 지저분하므로 이를 대중에게 보여 줄 수 있도
록 정돈하고 정제해야 할 필요가 있다(McCabe et al., 2012). 이 장에서
는 분석을 위해 데이터를 준비하는 방법에 대해 이야기한다. 먼저, 낮
은 응답률, 무작위 응답, '동일한 응답 반복(clicking through)', 광범위한
누락과 같은 일상 데이터에서 공통적으로 발생하는 데이터의 품질 문
제를 살펴보는 것부터 시작한다. 다음으로, 여러 원자료 파일을 하나의

1　역주: 제1~5장까지는 'data'를 '자료'로 번역했으나, 자료 처리와 관련해서는 이전부
　　터 '데이터'로 사용하던 용어가 있어 '자료'와 '데이터'로 혼용하여 번역했다.
2　역주: 원자료를 보다 쉽게 접근하고 분석할 수 있도록 데이터를 정리하고 통합하는
　　과정을 말한다.

다중 수준의 분석 파일로 만드는 방법과 걸러질 가능성이 있는 설문지와 연구참여자를 표시하는 방법에 대해 논의한다.

데이터 조직화하기

자료 수집이 끝나면 연구자들은 안도의 한숨을 쉬고, 행복한 춤을 추고, 연구참여자들을 확인하기 위한 알림을 삭제하면서 조금은 과도하게 기뻐하기도 한다. 자료 수집을 마치면, 연구참여자들이 생성해 낸 수많은 응답을 선별하고 가려낼 차례이다.

파일 관리하기

데이터 파일을 정제하고 병합하기 전에 데이터가 제대로 표시되는지 다시 확인해야 한다. 연구를 신중하게 진행했다면(제5장 참조), 놀랄 일이 없을 수 있지만 약간의 완벽주의는 도움이 될 수 있다. 연구참여자들에게 질문한 문항들에 대한 응답을 탐색해야 한다. 먼저, 참여자들의 응답이 기록되어야 하는 대로 기록되었는지 살펴본다. 일부 자료 수집 시스템은 자동 기록이 되지 않으므로, 어떤 변수가 기록되어야 하는지 주의를 기울여야 한다. 다음으로 응답의 범위가 맞는지 확인이 필요하다. 예를 들어, 만약 몇몇 문항이 1에서 7까지의 Likert 척도를 사용한다면, 모든 기록된 응답이 이 범주 안에 있는지, 불가능한 값(0과 같은)이 기록되지는 않았는지 확인한다. 마지막으로, 시스템이 결측치를 어떻게 처리하는지 확인한다. 어떤 시스템은 빈칸으로, 다른 시스템에서는 설정된 값(예: 99, NA, MISSING)을 사용한다.

이러한 데이터 확인은 아마 이미 하고 있고, 시스템에서 사전 테스트했을 수 있지만(제5장 참조), 자료 수집 시스템에서는 때때로 몇 가지 문제가 있을 수 있다. 자료를 수집하는 동안 수집 시스템이 설치되거나 업데이트되는 경우가 있다. 업데이트는 일반적으로 데이터 파일이 보이는 형태에는 영향을 미치지 않지만, 자동 기록 과정과 관련된 기능이나 결측치가 표시되는 방식이 사전 확인 이후에 변경되었을 수 있다. 또한 연구참여자가 사용하는 장치에 소프트웨어 업데이트가 설치되었을 수 있다. 이러한 장치 업데이트는 자료 수집 시스템과 상호작용하고, 응답이 기록되는 방식이 바뀔 수 있다. 따라서 일상 데이터 파일를 다시 확인하는 데 약간의 시간과 주의를 기울이는 것이 바람직하다.

데이터 파일에는 설문 응답뿐 아니라 시스템에서 자동적으로 입력되는 자료들이 다수 포함된다. 일반적으로 제출 날짜와 시간, 연구참여자나 개별 응답을 식별하는 번호 또는 코드가 포함된다. 일부 시스템은 각 응답에 대한 더 자세한 정보를 제공하는데, 응답이 완료된 장치의 종류, 응답이 제출된 지리적 위치, 연구참여자에게 신호가 전송된 시간을 확인할 수 있다. 이 정보가 분석에 사용되는 경우는 드물지만, 데이터 파일을 결합하거나 문제를 해결할 때 유용하게 활용될 수 있다.

데이터 파일을 편집하는 데 가장 일반적으로 사용되는 정보는 시스템의 연구참여자 식별 번호와 응답이 제출된 시각이다. 그럼에도 불구하고 데이터 정제와 랭글링이 잘못될 경우를 대비하여 원자료(raw master file)를 기록 자료와 예비 자료로 만들고 보존하는 것이 좋다(Berenson, 2018).

데이터 파일을 정제하기

데이터 파일이 필요한 부분을 모두 포함하고 있는 것을 확인했다면, 정리하고 다듬어야 할 때이다. 일반적인 실험실 연구에서와 마찬가지로, 데이터 파일의 분석을 위해서는 데이터 코딩, 변수의 이름 변경, 척도 점수로 환산해야 할 측정치가 있다. 일상 데이터 파일의 이러한 정리는 실험실 데이터 파일을 정리하는 것과 같은 역할을 한다. 그러나 일상연구법에서는 일반적으로 정제해야 할 데이터 파일 포트폴리오가 있다. 최소한 일상 조사 응답에 관한 1개의 파일과 개인 간 측정과 관련된 파일(예: 인구학적 통계, 설문조사, 실험실 과업, 뇌 스캔 등)이 있다. 일반적으로 이러한 파일을 병합하기 이전에 개별적으로 정제하여 변경 사항이 적절하게 반영되었는지 다시 확인하는 것이 좋다. 이 단계에서 필요한 제외 사항(예: 낮은 응답률의 연구참여자를 제거하거나 선별과정을 기반으로 하여 개별 응답을 생략하는 것)을 처리하고 싶을 수 있지만, 일상연구법에서는 분석 파일이 거의 준비될 때까지 모든 자료를 저장하는 것이 가장 좋다.

일상 데이터를 준비하고 정제하는 데 있어 특별한 요소는 데이터 파일에서 시간을 나타내는 방법을 정하는 것이다. 최소한 데이터 세트에서는 연구참여자가 응답하지 않은 '놓친 신호음(missed beep)'을 포함하여 각 표집된 경우에 대한 시각과 날짜가 있어야 여러 방법으로 활용할 수 있다. 시간을 나타내는 몇 가지 방법을 살펴보면 다음과 같다.

① **순차적 순서:** 연구가 진행됨에 따라 숫자를 세어 일련의 순서를 나타낼 수 있다. **신호**(signal)를 나타내는 가장 일반적인 일련의 순서는 0부터 k까지 나타내는 것이다. 또 다른 것은 **응답**(response)의 순서인데, 연구참여자의 첫 번째 응답부터 마지막 응답까지의 연속적인 순서를 나타낸다. 겉보기에 비슷한 시간 색인은 서로 다를 수 있다. 신호의 순서는 모든 참여자에게 동일하지만 응답의 순서는 다르다. 예를 들어, 어떤 사람들은 신호음 8에 여덟 번째 응답을 완료하였지만 다른 사람들은 신호음 10, 12, 15에 여덟

번째 응답을 완료했을 수 있다. 신호의 순차 순서를 표시하는 변수는 반응성(생각이 점수를 변화시키는지), 응답률의 경향성(시간이 지날수록 어떻게 응답률이 변화하는지; 제3장 참조)을 탐색할 때 유용한 변수이다.

② **날짜:** '우울한 월요일(blue Monday)'이 기분에 미치는 영향(Larsen & Kasimatis, 1990), 금요일과 토요일이 젊은 성인층의 과음에 미치는 영향(Kuntsche & Cooper, 2010), 토요일과 일요일의 더 큰 자율성이 사람들의 기분과 행복감에 미치는 영향(Ryan et al., 2010)과 같이 많은 연구에서 특정 요일에 관심을 갖는다. 다른 연구에서는 요일을 코딩해 일주일의 경향(즉, 7일 주기)을 살펴보기도 하고 (Larsen & Kasimatis, 1990), 주중과 주말을 대조하기도 했다(Liu & West, 2016). 따라서 두 가지의 변수(예: 주중과 주말) 또는 요일을 나타내는 다양한 변수가 있을 수 있다(코딩이나 기록을 할 때 문화에 따라 토요일, 일요일, 월요일 등 그 주의 첫 번째 요일로 간주되는 요일이 다르므로 주의해야 한다).

③ **시간 간격:** 고정 간격 설계에서 사건 사이의 시간 간격은 당연히 고정되어 있으나, 무선 간격 설계에서는 신호음 사이의 시간이 다르다. 실험표집 연구에서 두 신호음 사이에 흐른 시간 또는 응답 기재 후에 얼마나 오래되었는지와 같은 사건 사이의 시간 간격을 코딩하는 것은 시간 의존성을 설명하는 분석에 유용하다. 예컨대, 정서적 불안정성에서 개인 내 변동성과 불안을 측정할 때는 응답 간의 시간 간격을 알아야 한다(Ebner-Priemer et al., 2009).

④ **지속시간:** 많은 연구는 어떤 일이 일어나는 데 걸리는 시간에 초점을 둔다. 경과 시간[사건-시간(time to event) 또는 **기간**(duration)으로 불리는]은 사건이 발생한 경우 다른 사건이 발생하는 데 걸리

는 시간을 조사하는 생존 분석에 능통한 연구자들에게는 친근할 것이다(Rathbun et al., 2013). 예를 들어, 흡연에 관한 연구는 누군가 하루에 첫 담배를 피우기까지 기상 후 몇 분이 경과했는지 조사할 수 있다. 시작하는 시간에 대해 정의하는 것은 지속시간을 분석하는 데 중요하다. 일반적으로 '시간 0'은 대체로 깨어 있는 시간으로 정의되는 하루의 시작이지만, 근무의 시작(예: 오전 9시)이거나 집중 행동의 시작(예: 운동, 인슐린 주사, 배우자와의 다툼)일 수 있다.

⑤ **지연 시간:** 시간의 순차 순서는 시간 지연 효과를 알아보는 데 확대될 수 있다. 예를 들어, 소수의 시간 시점만 있는 전통적인 종단연구에서 연구자들은 패널 모형 계열을 사용하여 시간 전반에 걸친 동시 효과와 지연 효과를 측정한다(T. D. Little, 2013). 일상연구에서 지연은 어제의 과일 및 채소의 소비가 어제의 행복감을 통제하면서 오늘의 행복감을 예측할 수 있는지와 같은 사건을 가로지르는 이월 효과를 탐색하는 데 사용된다(Conner et al., 2015).

데이터 파일을 재구성하기

데이터를 조직하는 마지막 단계는 분석에 사용될 데이터 파일을 만드는 것이다. 일상생활 관련 부분, 개인 간 과업과 관련된 부분, 조사와 관련된 부분과 같이 서로 다른 정제된 데이터 파일을 가지고 있을 수 있다. 실험실 연구의 데이터 파일을 결합할 때는 같은 변수로 데이터 파일을 모으는 것(예: 동일한 성격 조사가 20개의 다른 장치에서 시행되어 20개의 파일이 생성됨), 또는 최소한 몇 개의 특별한 변수로 데이터 파일을 모으는 것(예: 인구학적 조사, 인지적 과업에 대한 응답 시간, 성격 5요인 점수를 공유된 ID 변수로 결합하는 것)이 전형적이다. 전형적인 실험실 연구나 조사연구에서는 모두 **가로 형식**(wide format), 즉 각각의 연구참여자가 자료에서 하나의 행을 가지고, 모든 변수에 대한 값을 각 열에 입력하는 형태로 수집된다.

그러나 일상연구법의 자료는 조금 다르게 보일 수 있다. 분석에 사용하는 대부분의 소프트웨어는 가로 형식이 아닌 **세로 형식**(long format)의 파일을 필요로 한다. 세로 형식은 연구참여자들이 다수의 데이터 열을 가지고 각각의 행은 특정한 일상 응답을 나타낸다. [그림 6-1]은 같은 가상 데이터를 가로 형식과 세로 형식으로 설명하고 있다. 가로 형식에서 참여자들은 하나의 데이터 열만 가지고 있지만 각각의 일상 항목은 여러 개의 열을 가지고 있다. 예를 들어, 10일 동안 일기에서 사람들의 기분을 물었을 때, '행복' 항목은 각 일기에서 하나씩 10개의 열에서 나타난다. 세로 형식에서 연구참여자들은 여러 개의 데이터 열을 가지게 된다. 일상 문항에 대한 점수는 열마다 다르며, 한 번만 측정된 개인 간 변수(예: 나이, 성격 검사 점수)는 각 행에 복사된다.

일상 데이터 파일을 세로 형식으로 뒤집은 후에 개인 간 데이터 파일을 결합하여 최종적인 메가 파일(mega-file)[3]을 생성하는 것이 좋다. 파일을 적합한 형식으로 가져오려면 몇 번 시도해야 할 수 있으므로, 병합하기 전에 재구성을 하는 것이 치명적인 실수를 피하고 시간을 절약할 수 있다. 세로 형식의 파일을 만들 때 해야 할 한 가지 결정은 누락된 관찰에 대한 행을 포함할 것인지에 관한 것이다. [그림 6-1]은 두 가지 형식을 모두 보여 주고 있다. 이 그림의 가운데 표는 완료된 조사에 대한 열만을 포함하고 있다. 누군가 해당 일의 조사에 응답하지 않은 경우, 행이 생략된다. 다른 선택은 각 경우에 대한 행을 모두 만드는 것

---

3 역주: 개인별로 수집한 데이터 파일을 결합하여 만든 하나의 파일이다.

① 가로 형식

참여자	나이	날짜 1	행복 1	날짜 2	행복 2	날짜 3	행복 3
1	19	2020/4/1	5	2020/4/3	4	NA	NA
2	23	2020/4/1	1	NA	NA	NA	NA
3	21	2020/4/2	6	2020/4/2	5	2020/4/3	6

② 세로 형식(결측된 날 생략)

참여자	나이	날짜	행복	사건
1	19	2020/4/1	5	0
1	19	2020/4/3	4	2
2	23	2020/4/1	1	0
3	21	2020/4/1	6	0
3	21	2020/4/2	5	1
3	21	2020/4/3	6	2

③ 세로 형식(결측된 날 포함)

참여자	나이	날짜	행복	사건
1	19	2020/4/1	5	0
1	19	2020/4/2	NA	1
1	19	2020/4/3	4	2
2	23	2020/4/1	1	0
2	23	2020/4/2	NA	1
2	23	2020/4/3	NA	2
3	21	2020/4/1	6	0
3	21	2020/4/2	5	1
3	21	2020/4/3	6	2

[그림 6-1] 가상의 일기연구에 대한 가로 형식과 세로 형식 파일의 예

주. 가로 형식 자료(맨 위의 표)에서는 각 일기 응답이 열을 나타낸다. 결측치 때문에 같은 변수에 대한 점수는 같은 사건을 반영하지 못한다. '행복 2'는 응답한 두 번째 조사를 나타내고, 두 허구의 연구참여자가 다른 날에 완료한 것을 나타낸다. 세로 형식 자료(중간과 아래 표)에서는 각각의 일상 응답이 열을 나타낸다. 개인 간 변수의 점수(예: 나이)는 복사되었다. '사건' 변수는 연구 해당 일에 추가되었는데, 0에서부터 k까지의 값을 나타낼 수 있다. 두 번째 표는 응답이 없는 열이 생략된 형태이고, 세 번째 표는 결측된 날의 열을 포함한 것이다. 생략된 열을 포함하는 것이 어떤 종류의 분석에는 유용할 수 있다. 결측된 자료는 NA(not available)로 표현한다.

이다. 누군가 조사에 응답하지 않은 경우 조사값은 분명히 누락되어 있지만, 다른 변수들(예: 날짜, 요일, 사건 번호)은 여전히 코딩되어 있다. 누락된 조사에 대한 행을 추가하는 것은 시간 분석과 결측치에 대한 예측 변수를 탐색하는 데 도움이 될 수 있다. 계획된 시간 분석이 없다면 이러한 행을 생략하는 것이 좋다.

가로 형식에서 세로 형식으로 데이터 파일을 재구성하는 것은 오류가 발생하기 쉬운 복사와 변환을 직접 하는 것이 아니라 소프트웨어가 수행하는 작업이다. 일상 분석에 사용되는 모든 소프트웨어 프로그램은 복잡한 자료를 재구성하기 위해 자동화되어 있다. 책을 참조하거나, 사용 설명서를 읽을 수 있고, 또는 통계 관련 게시판에서 익명의 연구원에게 질문할 수 있으나, 자료를 재구성하는 방법을 이해하면 스크립트와 구문을 보관하여 이후에 시간을 절약할 수 있다. 이러한 과정이 잘 진행되었는지 확인하는 한 가지 방법은 ID 변수를 확인하는 것이다. 한 번에 수행되는 실험실 파일에서는 각 ID는 한 번만 나타나고 하나의 행만 있어야 하지만, 일상 파일에서는 각 ID가 각 조사의 행에서 여러 번 발생한다. 실험실 자료에서 ID가 한 번씩 나타나는지, 일상 자료에서 ID가 재구성한 파일과 원래 파일과 같은 횟수로 발생하는지 확인하는 것이 재구조화에서 문제를 파악하는 가장 좋은 방법이다.

데이터 파일을 병합하기

개별 데이터 파일이 적합하게 구성되면 연구의 모든 변수를 포함하는 단일 메가 파일로 변환해야 한다. 모든 데이터를 병합하는 것은 데이터 정제 및 준비에서 가장 어려운 부분일 수 있다. 항상 그렇듯이 되돌리거나 새로 시작할 필요가 있을 경우를 대비하여 개별 데이터의 원자료를 처음 형태 그대로 유지하고 보관해야 한다. 다음은 데이터 파일을 병합하고 병합이 원활하게 진행되었는지 확인하는 단계이다(요약은 〈제시자료 6.1〉 참조).

〈제시자료 6.1〉 분석 데이터 파일의 생성

여러 원자료(일부는 실험실 데이터가 포함되어 있고, 일부는 일상 데이터가 포함됨)에서 단일 분석 파일로 이동하는 것은 어려울 수 있다. 다음은 그 단계를 요약한 것이다.

① ID 변수 확인하기: ID를 복사하여 사용하는 일상 자료와 ID를 한 번만 사용해야 하는 실험실 자료처럼 ID 변수가 각 자료에서 맞게 사용되었는지 확인하고, ID 변수가 각 파일에서 같은 이름을 갖는지 확인한다.

② 추가 병합 정보: 추가적인 변수(예: 날짜, 장치, 장소)를 사용하는 경우, 변수 이름과 형식이 동일한지 확인한다.

③ 사례를 일치시키고 자료를 병합하기: 다음으로 병합을 원하는 방식을 소프트웨어에 지정해야 한다. 변수를 추가하는 경우(새로운

사례가 아님) 일치하는 사례에서 사용해야 하는 변수를 지정하고, 일치하지 않는 사례를 유지해야 한다.

④ **효과가 있는가**: 마지막 단계는 병합의 질을 확인하는 것이다. 변수가 추가되었는지, 예상한 수만큼 날짜 행이 있는지, 결측값에 대한 표시가 적절한지, 새 자료의 기술통계가 원자료의 통계와 일치하는지 등을 확인한다.

① **ID 변수 확인하기**: 참여자를 구별하기 위해 사용되는 ID가 이 과정의 핵심이다. 제5장에서 논의했듯이, 종이로 적은 일기부터 임상 인터뷰, MRI 스캔, 스마트폰 조사에 이르기까지 모든 자료 수집 방법에 걸쳐 참여자의 기록을 빠짐없이 연결하는 방법이 필요하다. 식별자는 이미 모든 자료에 포함되어 있어야 한다. 각 파일에서 ID 변수에 오타나 문제가 없는지 확인해야 한다. 각 참여자에게 하나의 행만 있어야 하는 비일상 자료에서는 중복된 ID가 있는지, 유효하지 않은 ID가 있는지(예: 참여자가 150명이지만 ID가 '220개'인 경우) 확인한다. 일상 자료에서 ID를 확인하는 것은 사람마다 행 수가 다르기 때문에 다소 까다로울 수 있다. 의심스러운 ID를 확인하는 것은 쉽게 할 수 있지만, 실수로 여러 참여자에게 사용된 동일한 ID를 확인하는 것은 더 어려울 수 있다. 이것이 ID 변수를 생성할 때 중복을 사용하는 하나의 이유이다(제5장 참조). 참여자를 식별하는 두 가지 방법을 사용하면 응답의 불일치를 최소화할 수 있다. ID에 문자(예: 이름)가 포함된 경우에는 대소문자가 일치하는지 확인해야 한다. 'Lauren'과 'lauren'은 소프트웨어에서 동일하게 인식되지 않고 병합 중에 문제가 발생할 수 있다.

모든 문자를 자동적으로 대문자로 변환하는 것은 시간을 절약할 수 있다. 마지막으로, ID 변수가 모든 데이터 파일에서 동일한 변수 이름과 동일한 형식을 갖는지 확인해 보아야 한다. 일부 소프트웨어는 한 파일에서는 ID가 숫자 변수로 나열되지만 다른 파일에서는 문자 변수로 나열되는 경우 파일 병합을 할 수 없다.

- **전자 시스템 식별자로 작업하기:** 참여자에 대한 고유한 내부 식별자(예: 긴 문자 또는 숫자열)를 생성하는 전자 자료 수집 시스템(예: 앱)을 사용하는 경우, 연구팀이 완료한 조사에서 각 참여자의 고유 ID와 시스템이 생성한 식별자를 일치시킬 수 있다(제5장 참조). 대부분의 시스템에서 식별자 조사에 대한 응답과 일상 조사에 대한 응답은 별도 파일로 저장된다. 일상 및 비일상 자료를 병합하기 전에 식별자를 포함한 파일과 일상 조사에 대한 응답을 병합해야 한다. 이를 위해 3단계(사례 일치 및 파일 병합)에 설명된 과정을 따라 최종 일상 파일을 생성한다. ID 변수를 일치시키는 대신 시스템 생성 식별자를 사용하여 일치시킨다.

② **병합을 위한 추가적인 정보:** 어떤 경우에는 서로 관련이 있어 일치시켜야 할 필요가 있는 몇 가지 다른 일상 조사가 있을 수 있다. 일반적인 예는 연구에서 하루 내 경험표집과 하루의 끝 조사를 결합하는 것이다. 시스템은 두 조사에 대해 서로 다른 데이터를 산출할 것이며, 이를 일치시키고 병합해야 하루 내 응답과 같은 날에 응답한 하루 끝 조사를 알 수 있다. 이를 위해서는 날짜와 같이 일치를 위한 추가적인 요소를 준비해야 한다. 만약 일치 요소로 날짜나 시간을 사용할 때는 모든 자료에서 동일한 형태로 사용되었는지 확인해야 한다(예: MM/DD/YYYY, MM/DD/YY, DD/MM/YYYY, DD/MM/YY). 이전과 마찬가지로 병합 중에 응답을 일

치시키는 데 사용되는 변수의 구조와 형식이 동일한지 확인한다.

③ **사례를 일치시키고 파일을 병합하기:** 데이터 파일이 적절한 형태인지 확인한 후에는 이를 병합하여 분석에 사용될 단일 및 다중수준 파일을 생성할 차례이다. 사례를 일치시키고 파일을 병합하는 것은 까다로운 과정일 수 있다. 무작위로 버튼을 누르고 명령어를 입력하기 전에 소프트웨어 매뉴얼이나 지침서를 실제로 읽어 보길 바란다. 사용하는 소프트웨어에 따라 명령어나 전문용어는 다를 수 있지만, 이러한 명령의 기본적인 기능은 동일하다. 병합을 완성하기 위하여 다음의 4단계를 완료해야 한다.

- 첫째, 일치를 위한 **주요 변수**를 지정한다. 이것은 일반적으로 참여자를 구분하는 ID 변수이지만, 날짜와 같은 추가 요소에 대한 사례를 일치시킬 수도 있다.

- 둘째, 추가 사례나 연구참여자가 아닌 **추가적인 변수**를 더할 것인지 지정한다. 최종 데이터 파일은 원래 비일상 파일보다 더 많은 행이 있지만, 주요 관심은 이미 데이터 파일에 있는 실험실 기반 변수들에 변수(예: 일상생활 변수)를 추가하는 것이다.

- 셋째, **중복 일치**(duplicate matches)를 어떻게 처리할지 정해야 한다. 일상연구법에서는 각 참여자가 많은 일상 데이터 행을 가지지만 개인 간 변수(예: 나이, 성격 척도 점수)의 행은 하나만 있으므로 모든 응답이 병합될 수 있도록 해야 한다. 그러기 위해서는 소프트웨어의 최종 자료에서 일치하는 모든 사례를 유지하도록 설정해야 한다. 이상적으로는 개인 간 점수가 연구참여자들의 행에 걸쳐 복제된다([그림 6-1] 참조).

- 넷째, **일치하지 않는 사례**를 어떻게 처리할지 정해야 한다. 일치하지 않는 사례는 일치에 사용된 핵심 변수의 값이 한 파일에서는 나타나지만, 다른 파일에는 나타나지 않을 때 발생한다.

일상생활 작업에서 가장 일반적인 경우는 연구참여자가 개인 간 측정을 완료했지만 다른 일상 조사를 완료하지 않았을 때 혹은 그 반대의 경우이다. 사용 가능한 모든 측정값을 얻으려면 최종 데이터 자료에 모든 일치하지 않는 사례를 포함하도록 소프트웨어를 설정한다.

④ **효과가 있는가:** 분석 파일 생성의 마지막 단계는 병합이 의도한 대로 진행되었는지 확인하는 것이다. 병합된 파일에 개별 파일과 같은 개수의 응답이 있는지 확인한다. 일부 참여자가 일상 응답을 제출하지 않은 경우가 아니라면 2개의 파일에는 동일한 수만큼의 행이 있어야 한다. 그 이후 연구참여자의 비일상 생활 정보가 포함된 추가적인 행이 더해진다. 다음으로, 모든 참여자가 병합을 통과했는지 확인해야 한다. 병합한 후에도 원본 파일의 모든 ID가 나열되어 있는가?를 확인한다. 대개 비일상 정보가 포함된 데이터 파일들은 모든 참여자의 '공식적인' 자료로 간주될 수 있다. 병합 중에 발생하는 흔한 문제는 파일 중 하나에 없는 참여자(예: 일상 조사를 완료하지 않은 사람)가 병합에서 제외되는 것이다.

병합이 올바르게 진행되었는지 확인하는 한 가지 방법은 빈도표를 만들고 기초 기술통계를 실시하는 것이다. 일상생활 응답이 올바로 병합되었는지 확인하기 위해 개별 파일에서 일상생활 변수에 대한 기술통계를 가져와 병합된 파일에서 재계산해 본다. 이 두 값이 일치해야 한다. 몇몇 참여자가 일상 조사를 완료하지 않은 경우에도 변수에 '결측'으로 표시된다. 값이 일치하지 않는다는 것은 일상 응답 중 일부가 병합되지 못하였거나 중복되었음을 의미할 수 있다. 모든 비일상 정보가 올바르게 병합되었는지 확인하려면 비일상 자료와 병합된 자료에서 ID 변수에 대한 빈도

분포표를 생성한다. ID 변수의 빈도는 다르지만 범주(즉, ID 값)는 표에서 같아야 한다. 일치하지 않으면 참여자가 병합에서 제외되었을 수 있다. ID 변수에서 누락된 값이 없어야 하므로, 병합 후 누락된 값이 있으면 문제가 발생한 것이다.

데이터 품질 평가

이제 데이터가 한 장소에 모두 모아졌으므로, 가지고 있는 데이터를 검토할 차례이다. 다듬어지지 않은 일상 자료는 분석 전에 약간의 다듬기와 연마가 필요하므로 두 가지 문제를 생각해 보아야 한다. 첫째, 얼마나 많은 자료가 누락되었으며, 누락 패턴이 무엇을 말하고자 하는가? 둘째, 일부 응답이 선별되어야 한다면 조사 또는 연구참여자를 판별하는 기준은 무엇인가?

결측이 광범위하고 지저분하다

인간 행동에 대한 대부분의 연구에서 일부 누락된 관측값이 있을 수 있지만 일상연구법은 광범위하고 지저분한 결측치를 만들어 낸다. 시간 기반 설계는 대부분 광범위한 결측치를 만드는데, 특히 사람들을 무작위 간격으로 집중 표집할 때 그럴 수 있다. 결측의 패턴(관찰 및 결측치의 고유한 조합)은 다양하고 복잡하다. 결측의 패턴을 연구하는 것은 점수가 누락된 이유에 대한 통찰력을 얻을 수 있다(McKnight et al., 2007). 예를 들어, 두 시점 연구에서는 결측의 두 가지 패턴만을 볼 수 있다. 〈표 6-1〉은 가상의 예를 보여 준다. 대부분의 사람은 두 시점 모두 관찰값이 있지만 일부 사람은 첫 번째 시점에만 데이터를 제공한 다음 중단한다.

〈표 6-1〉 두 시점을 가진 가상 연구의 결측 데이터 패턴의 예

패턴	시점 1	시점 2	표본 비율(%)
1	×	×	70
2	×		30

주. ×는 관찰된 데이터를 의미하고, 비어 있는 칸은 결측을 의미함.

　일상연구에서는 많은 패턴이 있고, 일부는 별나고 이상하므로, McKnight 등(2007)은 '지저분한 결측값'(p. 109)이라고 표현한다. 결측값 이론에서 결측은 다음과 같은 세 가지의 발생 기제로 분류된다(R. J. A. Little & Rubin, 1987): ① 결측이 완전히 무선적으로 발생하는 경우(missing completely at random: MCAR; 결측이 완전히 무선일 경우), ② 결측이 무선적으로 발생하는 경우(missing at random: MAR; 결측 여부가 다른 관측값과 관련되어 있는 경우), ③ 결측이 무선적이 아닌 경우(missing not at random: MNAR; 결측이 해당 변수 그 자체의 값에 의해 결정). 예를 들어, 일상 데이터의 누락은 다양하게 나타날 수 있는데, 한 연구참여자의 결측은 연구 전반에 걸쳐 MCAR(예: 일회성인 기술적 문제), MAR(예: 이른 시간에 조사 건너뛰기), MNAR(예: 과음을 하는 동안 음주에 관한 문항 건너뛰기)로 다양하게 나타날 수 있다. 따라서 결측의 문제는 만연하게 나타나는 간단한 것이 아니라 패턴화되어 있고 종종 그 기원이 모호하다는 것이다. 통계적 기제를 이해하는 것이 분석적 결정을 도울 수 있지만, 실생활 데이터 세트에는 세 가지 기제가 모두 있을 수 있다(McKnight et al., 2007).

　연구자들은 점수가 누락된 이유를 이해하며 설계 특징을 활용하여 결측을 줄이려고 해야 한다(제5장 참조). Cattell(1966)의 전통적인 데이터 박스(data box)를 발견적으로 사용하여, McKnignt 등(2007)은 결측을 차원으로 풀기를 제안했다. 일기연구 또는 경험표집 연구와 같은 경우 데이터가 결측될 수 있는 세 가지 차원이 있다.

① **참여자 누락:** 참여자의 일상 데이터가 완전히 누락될 수 있다. 이것은 일반적인 패턴은 아니지만 많은 연구에는 기술적 문제(예: 모호한 이유로 스마트폰이 조사를 표시하지 못하는 것)나 신호음을 무시하기로 하는 것과 같은 이유로 일상 데이터를 제공하지 않는 일부 참여자가 있다.

② **문항 누락:** 횡단 조사와 마찬가지로 일부 일상 조사는 완료된 조사 내에 누락된 몇몇 문항이 있다. 일상 데이터에서 누락된 문항은 연구참여자가 의도적으로 또는 실수로 문항을 건너뛰거나, 조사를 중간에 그만둘 때 발생한다. 건너뛰기는 누락된 문항의 조각들을 생성하고, 중단은 이전에 실시한 문항은 완료되고 남아 있는 문항은 누락된 값을 만들어 낸다.

③ **신호음 누락:** 단일 사건의 모든 데이터(경험표집 연구나 일기연구에서의 하루)는 전체적으로 누락될 수 있다. 신호음 누락은 가장 일반적인 차원의 누락이다. 여기에는 기술적 문제, 안전하지 않은 시간에 울렸을 때, 조사를 인지하지 못하거나, 응답하지 않기로 마음먹는 등(제5장 참조) 사람들이 조사를 놓치는 것에 대한 많은 이유를 반영하고 있다.

선별(Screen Outs)을 확인하기

일반 횡단연구에서 자료 분석에 제외할 연구참여자를 결정하기 위한 규칙이 필요한 것처럼, 일상연구에서도 데이터를 선별하기 위한 지침이 필요하다. 그러나 집중적이고 반복되는 일상 데이터는 다음과 같은 두 가지 종류의 제외를 만들 수 있다. 신호음 제외(즉, 연구참여자의 사건 중 하나의 측정치를 제외하지만 다른 측정치는 제외하지 않는 것) 또는 연구참여자 제외(즉, 연구참여자 데이터 전체를 제외)가 그것이다.

신호음 제외

품질 문제(예: 비정상적인 응답 시간; Ratcliff, 1993)와 같은 이유로 행동 연구에서 개별적인 시도를 제외할 수 있는 것처럼, 모든 개별 응답이 품질 문제가 없는지 평가해야 한다. 일부 참여자는 경우에 따라 응답을 하지 않고 응답을 놓친 것처럼 한다. 불행히도 단일 경우를 선별하기 위한 표준적인 과정이나 최상의 방법은 아직 없으며, 신호음 제외 문제는 놀라울 정도로 관심을 받지 못하고 있다. 응답의 품질을 평가하기 위한 몇 가지 요소는 다음과 같다.

① **지시를 따랐는가?** 어떤 경우에는 응답이 특정 시간 내(예: 오후 3시에서 5시, 오전 9시 이전, 흡연 후 15분 이내)에 이루어져야 한다. 시스템에서 이를 방지하지 않는 한, 참여자는 잘못된 시간에 응답을 제출할 수 있으므로 타임스탬프를 세심히 살펴봐야 한다. 응답이 유효한 시간 내에 이루어지지 않았다면 이를 제외해야 한다. 이와 비슷하게 사건 수반 응답(event-contingent responses)은 관심 사건이 발생한 경우에만 완료되어야 한다. 사람들이 사건이 발생하지 않은 경우에도 여전히 응답을 기록했다고 표시하는 경우에는 분명히 제외해야 한다.

② **단일 조사는 언제 제외해야 하는가?** 부주의한 응답은 단일 조사를 제외하는 일반적인 이유이다. 일반적으로 응답을 완료하는 데에만 집중한 연구참여자들은 때로는 조사를 완료하기 위해 문항

을 제대로 읽지도 않고 응답을 클릭할 수 있다. 횡단연구에서 연구자들은 이러한 패턴을 포착하기 위해 지시 응답 선택지(예: "**완전 동의하지 않음**을 선택하세요.") 또는 사람들이 해서는 안 되는 것을 측정하는 척도(예: "나는 가끔 시멘트를 먹는다.")와 같은 장치들을 가지고 있다(Maniaci & Rogge, 2014; McKibben & Silvia, 2016). 이러한 장치는 일상 조사에서는 덜 사용되고 있다. 일상연구 조사의 모든 문항은 중요하고, 연구참여자들은 조사가 길어지면 짜증을 낸다(Eisele et al., 2020). 주의 확인 문항을 가끔(예: 평균적으로 네 번째마다) 포함하는 것은 가치가 있지만, 매 신호마다 포함하면 연구참여자들에게 크게 타격을 준다.

③ **응답을 완료하는 데 얼마나 걸렸는가?** 잠재적으로 유효하지 않은 신호음의 주요 지표는 참여자가 응답을 완료하는 데 걸린 시간이다. 전자 자료 수집 시스템은 일반적으로 누군가가 조사를 시작하고 시스템에 제출된 시각을 기록하고, 이 두 값의 차이를 계산하여 비정상적인 값을 찾는다. 시간이 비정상적으로 짧은 응답(예: 35개 문항의 조사에 20초)은 사람들이 문항을 읽지 않았음을 말한다. 비정상적으로 긴 응답(예: 10개 문항에 30분)은 사람들이 한 번에 조사를 완료하지 않았음을 나타낸다. 사람들은 종종 순간적인 경험에 끌리기 때문에 한 번에 완료되지 않은 조사는 연구하고자 하는 것을 포착하지 못하게 한다. 응답 시간이 너무 빠른지 혹은 느린지를 판단하기 위한 몇 가지 선험적 규칙(즉, 포함 기준)을 설정한다.

④ **응답이 '보기'에 유효한가?** 사람들의 반응 패턴을 조사하는 것은 단순 클릭과 다른 무선 응답을 감지할 수 있다. 한 가지 방법은 변동성이 부족한(즉, '일직선') 응답 패턴을 조사하는 것이다(Y. Kim et al., 2019; Zhang & Conrad, 2014). 때로 사람들은 모든 질문에 동

일한 응답을 제공한다. 물론 사람들이 모든 문항에 대해 비슷하게 느끼는 것이 가능하지만, 대개 사람들은 다양한 점수를 준다. 완료 시간과 함께 이러한 응답 유형을 찾는 것(Y. Kim et al., 2019)은 낮은 품질의 응답을 확인하는 한 가지 방법이다. 항목 집합에 대한 표준 편차를 계산하면 변동성이 거의 없거나 전혀 없는 응답을 확인할 수 있다.

무작위 응답을 식별하는 다른 방법은 다양한 점수가 있어야 하는 문항을 확인하는 것이다. 예를 들어, 1~5점으로 측정하는 척도의 긍정 및 부정 문항에 전부 '5점'을 표시한 사람(그 사람은 매우 행복하며, 이와 동시에 매우 차분하고 지루하며 화가 난 사람일 것이다)은 다시 확인해 보아야 할 것이다. 데이터 품질을 결정하기 위해 응답 패턴을 보는 것은 까다로울 수 있으며, 신호음을 제외할지 결정하는 유일한 방법은 아니다.

연구참여자 제외

결정해야 할 또 다른 것은 분석에서 완전히 제외되어야 하는 연구참여자가 있는지 여부이다. 전통적인 실험실 기반 또는 조사 연구와 마찬가지로 부주의와 무관심을 기반으로 제외해야 할 몇 가지 표준 지침이 있을 수 있다. 실험실 연구에서는 일탈적인 행동(예: 수면) 또는 부주의하거나 일관성 없는 수행, 연구 중이나 후에 밝혀진 정보(예: 자기보고된 부주의) 등이 있을 수 있다. 다른 경우는 참여자를 안전하지 않게 만드는 임상 증상에서의 변화, 동의의 철회, 누군가를 부적격으로 만드는 정보 획득(예: 연구에서 참여자를 보통 정도의 음주자로 제한했는데, 일기 데이터에서 심각한 알코올 중독으로 밝혀졌을 경우)과 같이 데이터 품질과 관련 없는 이유로 제외될 수 있다. 이러한 종류의 제외는 합리적이며, 실험실 기반 요소로 일상연구법에서 데이터 품질 검사를 수행할 때도 마찬가지로 적용될 수 있다.

일상연구 참여자를 제외하는 가장 광범위하고 논란이 있는 기준은 응답률이다. 이 문제를 그럴듯하게 만들기 위해 [그림 6-2]는 몇 가지 연구에 대한 응답률 분포를 보여 준다. 모든 신호음에서 특정 비율로 완수하는 것과 같이 규정된 임계값에 도달하지 못하는 참여자를 배제하는 경우가 일반적이고, 이러한 방법을 사용하는 것은 대부분의 지침에서 추천되는 방법이다(예: Trull & Ebner-Priemer, 2020). 이러한 제외 규칙은 자료 수집 이전에 정해지고 문서화되어야 한다. 그러나 '허용되는' 규정 임계값으로 사용되는 것에는 일관성이 없으며, 이러한 규정 임계값은 연구마다 매우 다르다. 예를 들어, 최대 70개의 가능한 응답이 있는 경험표집 연구에서 연구자는 최소 응답수(예: 5, 10, 20)를 요구하거나, 최소 응답 비율(예: 10%, 25%)을 요구하거나, 특정 적용 수준(예: 평균적으로 하루에 최소 두 번 응답)을 찾거나, 상향식 규칙(예: 응답률 분포의 밑에서부터 자연스러운 연결점을 찾음)을 적용할 수 있다. 규정 임계값 사용의 논쟁은 결측이 증가하면 추정된 효과의 신뢰성이 떨어지거나 모형에서 높은 희소성(예: 신호음의 70%가 누락)을 적절하게 다룰 수 없다는 것이다. 매우 높은 수준의 누락(예: 90%)은 참여자가 참여 철회 의사를 표시했을 수 있다.

어떤 학파에서는 응답률을 기준으로 연구참여자를 제외하지 말 것을 권유하기도 한다(Jacobson, 2020). 이러한 관점은 응답률이 낮은 사람들을 제외할 때 응답률이 개인차 요인과 관련되어 있기 때문에 표본을 편향시킬 수 있음을 지적한다. 연구참여자의 특성은 당연히 응답률을 결

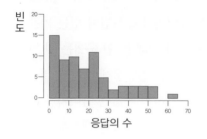

경험표집 방법: 80개 신호음, 76명의 참여자

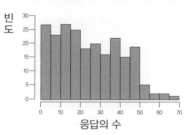

경험표집 방법: 80개 신호음, 226명의 참여자

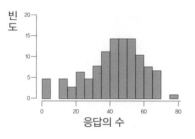

경험표집 방법: 80개 신호음, 106명의 참여자

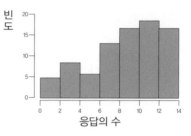

일기연구: 14개 신호음, 89명의 참여자

[그림 6-2] 경험표집과 일기연구에서 실제 응답률과 응답 분포의 예

주. 왼쪽 상단 데이터는 Cotter와 Silvia(2020), 오른쪽 상단 데이터는 Cotter(2020), 왼쪽 하
단 데이터는 Nusbaum 등(2014), 오른쪽 하단 데이터는 Eddington과 Foxworth(2012)에
서 가져옴.

정하는데, 일반적으로 여성(Mackesy-Amiti & Boodram, 2018; Rintala et
al., 2019), 높은 연령(Ono et al., 2019; Rintala et al., 2019), 건강하거나 비
임상 대조군 참여자(Jones et al., 2019; Rintala et al., 2019; Santangelo et
al., 2017)의 응답률이 더 높다. 응답률이 낮은 사람을 제외할 때 많은
경우 상대적으로 심한 증상과 불안정한 일상을 보내는 사람들(많은 경
우 연구하고 싶어 하는 대상)을 제외할 가능성이 높다. 일부 연구의 경우,
약물 주사 사용자(Mackesy-Amiti & Boodram, 2018), 집 없는 청소년
(Tyler & Olson, 2018), 동성과 성관계를 가진 남자(Wray et al., 2016)와
같이 관심 대상의 집단에 접근하기 어렵고 모집하는 데 비용이 많이 든

다. 따라서 임의의 임계값 아래의 비싼 연구참여자를 제외하기 위해서는 강력한 정당화가 필요하다.

결측 문제에서는 예방이 중요함을 다시 강조하고자 한다(McKnight et al., 2007). 이는 응답이 너무 적은 참여자를 제외하고 무엇을 해야 하는지에 대한 딜레마를 포함한다. 연구자는 응답률이 운명론적인 부분이라고 생각해서는 안 된다. 이 책 전체에서 설명했듯이, 규정을 따르기 위한 체계, 자료 수집 중간에 확인, 참여에 대한 보상을 제공하는 것(제5장)과 같은 인간 중심적인 표집설계와 조사(제2장과 제3장 참조)는 응답률을 높일 것이다. 만약 걱정될 정도로 규정을 준수하지 않는 연구참여자들이 있다면, 첫 번째 작업은 낮은 참여에 대한 원인을 이해하도록 하여 다음 연구에서 규정을 더 잘 지키는 연구참여자들을 만나도록 하는 것이다. 필요하다면 응답률의 층을 높이기 위하여 응답률이 낮을 위험이 있는 연구참여자들을 선택적으로 목표로 할 수도 있다(예: 주마다 추가적인 확인을 하거나 추가적인 현금 보상을 제공하는 것; Silvia et al., 2013).

그럼에도 불구하고 낮은 응답률의 연구참여자를 제외하기 위한 결정을 해야 한다. 모두를 포함하는 타당하고 옹호할 수 있는 선택을 주장하는 경우도 있다(Jacobson, 2020). 모든 참여자를 옹호하는 연구자들은 완전 정보 최대 우도법(full-information maximum likelihood: FIML)과 다중 대체법(multiple-imputation: MI)으로 결측된 일상 데이터를 적절하게 다룰 수 있다는 것을 지적한다.

결측값의 광범위한 시뮬레이션 문헌과 일관되게(Enders, 2010), 시뮬레이션 작업은 이러한 도구들이 일상 데이터를 사용하는 모형과 시간 지연을 다루는 복잡한 모형(Jacobson et al., 2019)을 포함하여 낮은 편향으로 매개변수 추정치를 제공함을 보여 준다(예: Jacobson et al., 2019; Ji et al., 2018). 그러나 일부 연구참여자가 근본적으로 참여하지 않았고 이들이 제외되어야 한다고 생각한다면, 대부분의 참여자를 유지할 수 있고 가장 심각하게 참여하지 않은 참여자를 제외하는 균형을 고려하여 5개의 응답을 버리는 것을 생각해 볼 수 있다. Bolger와 Laurenceau는 개인 내 모델을 적절히 규정하는 데 필요한 양의 정보에 기반하여 집중종단연구를 최소한 5개 시간 지점으로 정의했다. 따라서 5개 응답을 버리는 것은 적절하게 적으며 방어할 수 있는 것으로 여겨진다.

결론

분석을 위해 자료를 정리하고 준비하는 것은 단순한 연구에서도 어려움으로 여겨질 수 있으므로, 첫 번째 일상연구에서 데이터를 랭글링할 때는 예측하지 못한 상황에 대비해야 한다. 대체로 일상 데이터를 준비하고 정제하는 첫 번째 시도에서는 통계 프로그램이 어떻게 이 과정을 다루고, 과정을 자동화하기 위한 코드나 구문을 쓰고, 모든 것이 잘 돌아가는지 확인하는 데 며칠이 걸릴 수도 있다. 이러한 과정에 더 익숙해지게 되면, 더 효율적으로 할 수 있고, 코드를 재사용하면 며칠이 아닌 몇 시간 만에 완료할 수 있게 된다.

이 장에서는 데이터를 분석 형태로 만드는 방법을 설명하고, 데이터 품질을 평가하고 제외하는 것과 관련된 문제를 살펴보았다. 데이터를 정리하고, 병합하고, 다중 수준의 데이터와 작업하는 것은 불안정할 수 있으므로, 모든 과정에서 세 번의 확인과정을 거치는 것은 필수적이다. 데이터를 변형하여 새로운 형태를 만들고 나면, 모두가 가장 좋아하는 부분인 데이터 분석 부분으로 넘어갈 차례이다.

제7장

일상 데이터 분석하기

대학생 멘토 중 한 명의 연구실에는 "어설픈 생각으로 방대한 연구를 시작하지 말라."라는 글귀가 쓰여 있었다(모르겠으면 큰 소리로 말해 보라). 일상연구법을 사용하는 연구자에게는 "분석할 수 없는 것은 수집하지 말라."라는 말이 조금은 덜 강력하지만 유사한 의미를 가질 것이다. 일상연구는 뉴펀들랜드 강아지 떼처럼 크고 제멋대로인[1] 데이터 세트를 산출한다. 수집하려는 데이터를 분석하는 데 필요한 통계 교육을 이미 받았을 수 있지만, 그렇지 않았을 수도 있다. 일상 데이터를 분석하는 것은 그렇게 어렵지 않지만 분산분석, 다중회귀분석, 구조방정식 모형과 같은 익숙한 영역을 넘어서야 한다.

---

1 역주: 뉴펀들랜드 종은 초대형 견종으로, 매우 방대하고 다루기 어려운 데이터를 의미한다.

이 장의 목표는 일상 데이터의 독특한 특징을 살펴보고, 새로 연구를 시작하는 사람들이 종종 인식하지 못하는 몇 가지 특징을 살펴보는 것이다. 이 장은 일상 데이터를 분석하기 위한 설명서는 아니다. 분석을 위해서는 분석을 위한 책을 봐야 하며, 다행히 훌륭한 책들이 이미 나와 있다(Bolger & Laurenceau, 2013; Nezlek, 2012). 이 장을 통해 연구자들은 자신이 이미 통계에 대한 지식을 가지고 있는지, 책이나 워크숍을 통해 더 보안이 필요한지, 랜덤계수 회귀모델을 잘 알고 있는 공동연구원을 구해야 하는지 여부를 결정할 수 있을 것이다.

일상 데이터의 독특한 특징

일반적인 실험실 실험이나 조사와 비교할 때, 일상 데이터는 몇 가지의 독특하고 구별되는 특징이 있다. 다음은 연구가 생성하는 다루기 어려운 데이터 파일을 다루기 위해 알아야 하는 가장 큰 문제들이다.

몇몇 연구참여자는 더 많이 참여한다

단회 횡단연구에서는 모든 참여자가 대부분 동일한 양의 자료를 제공한다. 어떤 사람들은 일부 문항을 건너뛰거나 중간에 응답을 중지할 수도 있지만, 데이터 세트에 기여한 양에는 큰 차이가 없다. 참여자의 데이터 행이 있거나 없기 때문에 범위는 0과 1이다. 부분 결측 데이터의 변동을 무시하면, 일반적인 횡단연구에서 참여자는 모두 동일한 가중치와 영향력을 가지고 있다는 것을 의미한다. 표본을 설명하기 위해 각 행의 평균을 구하면 된다.

그러나 일상 자료에서는 일부 참여자가 다른 참여자보다 훨씬 더 많이 참여하게 된다. 참여자가 얼마나 많이 조사를 완료했는지에 따라, 몇몇은 다른 사람들보다 더 많은 행을 가지게 된다. 가장 많이 응답한 참여자는 가장 적게 응답한 참여자보다 5~10배 많은 행은 아닐지라도 최소한 두 배의 행을 제공한다(제6장 참조). 〈제시자료 7.1〉은 왜 참여자들의 데이터 행이 다양한지에 대한 일부는 분명하고, 일부는 미묘한 몇 가지의 이유를 설명한다.

불평등한 참여는 분석에 많은 영향을 미치지만 여기서는 두 가지의 심각한 문제에 주목하고자 한다. 첫째, 각각 다른 참여자가 생성한 것처럼 독립적인 관찰로 각각의 행을 분석할 수 없다. 그 이유를 알기 위해 7일간의 일기연구에서 매일의 감정을 보고한 세 사람의 가상 데이터 세트를 생각해 보자. 〈표 7-1〉은 세 명의 가상 참여자에 대한 일상 행복도(1=전혀 행복하지 않음, 5=매우 행복함)에 대한 점수를 나타낸다. 처음

〈제시자료 7.1〉 일부 참여자의 데이터 행이 더 많은 이유는 무엇일까

사건 기반 표집설계에서 참여자들은 담배를 피우거나, 동료와 다투거나, 불규칙한 섭식과 관련된 사건이 있을 때마다 조사를 완료하는 것과 같이 초점 사건을 얼마나 자주 경험하는지가 다르다. 대부분 행의 차이는 사람들이 얼마나 자주 사건을 경험하는지에 따른 변동성에 영향을 받는다. 나머지는 사람들의 참여 동기와 사건을 인식하는 임계값의 변동성을 반영한다(제2장 참조). 따라서 이러한 설계의 경우 행의 분산은 연구가 제대로 진행되고 있음을 의미한다. 이러한 설계는 사건이 얼마나 자주 발생하는지에 대한 사람 간 차이를 나타낸다.

시간 기반 표집설계에서 행의 차이는 대부분 참여자의 무응답으로 인해 발생한다(제5장 참조). 예를 들어, 3주간 진행된 일기연구는 참여

자당 21개의 응답이 만들어져야 한다. 하루만 데이터를 제공하지 않아도 그 수가 적어진다. 그 이유는 시스템 결함부터 전화기를 화장실에 떨어뜨린 것까지 참여자가 통제를 하지 못하는 질병, 정전, 자연재해, 여러 가지 기술 문제 등 많은 것이 있을 수 있다. 그러나 가장 일반적인 이유는 하루를 허송세월로 보내거나 연구를 그만두는 것 같은 동기적인 부분이다.

마지막으로, 일부 누락된 조사는 복잡한 모집단에서 표본을 추출할 때 불가피한 결함을 반영한다. 표집 이론에서 보면, 측정하고자 하는 모집단은 '**표집틀**(sampling frame)'에 의해 경험적으로 정의된다 (Henry, 1990; Silvia, 2020). 예를 들어, 임상심리학 졸업생을 대상으로 한 조사연구에서는 현재 APA의 승인을 받은 박사과정에 등록된 모든 대학원생의 목록이 표집틀로 정해질 수 있다. 표집틀이 부적격한 요소를 포함할 때(목록에 일부 비임상 학생과 학업을 중단한 일부 학생이 포함될 수 있음) 이는 표집이 **지나치게 포괄적**이며, 일반적인 결함이다.

일상연구를 위해 우리는 일상 경험의 모집단에서 하위 집단을 표집한다. 때로 우리는 무심코 연구의 표집틀을 벗어나려는 표집을 하려고 할 수 있다. 예를 들어, 거의 모든 연구는 사람들이 깨어 있는 시간에 관심이 있다. 누군가가 잠들어서 조사를 놓쳤다면, 누락된 조사는 참여자의 미응답이 아니라 과도한 표집(관심 모집단 이외의 요소를 평가하려는 시도)을 의미한다. 마찬가지로 윤리적으로 표집되지 못한 모집단 요소는 표집틀에서 제외한다. 응답이 위험하거나 유해하기 때문에 (예: 운전 중일 때) 사람들이 조사 신호를 무시하는 경우 누락된 조사는 무응답이 아니라 과도한 표집을 반영한다.

<표 7-1> 다른 참여자 효과를 설명하는 가상 데이터

연구참여자	사건	행복 지수
1	1	3
1	2	2
2	1	2
2	2	4
3	1	5
3	2	5
3	3	4
3	4	3
3	5	5
3	6	5
3	7	5

주. 각 행을 연구참여자인 것처럼 취급하면 표집의 행복 수준에 대한 잘못된 견해를 얻을 수 있다. 11개 행의 단순 평균인 개별 행복 점수는 3.91이다. 그러나 각 참여자의 평균인 3개의 군집 평균은 2.50, 3.00, 4.57이다. 군집 평균의 평균값은 3.36으로 전체 평균보다 훨씬 낮다.

두 참여자는 몇 번만 응답했지만, 세 번째 참여자는 7일 모두 응답했다. 11개 관측값의 평균(M=5.00 중 3.91)은 꽤 행복하다는 것을 나타내지만 한 명의 행복한 참여자가 다른 참여자보다 훨씬 더 많은 데이터를 제공했기 때문에 이 값은 오해할 여지가 있다. 실제로 우리가 가지고 있는 것은 상대적으로 짜증이 난 두 참여자(M=2.50, 3.0)와 행복한 한 참여자(M=4.57)이다. 어떤 사람들은 다른 사람들보다 더 많은 데이터를 제공하고, 그들의 평균과 분산이 다양할 때 이루어진 분석은 항상 오해의 여지가 있다.

둘째, 많은 통계 모형에서는 각 참여자가 동일한 수의 관찰값을 가지고 있을 것을 가정한다. 예를 들어, 상용되는 상관분석과 회귀분석에서는 각 사람이 동일한 수의 행(일반적으로 1행)을 가지고 있다고 가정한다. 반복 측정 분산분석과 같이 중첩된 상호의존적 관찰을 위해 설계된 많은 모형에서도 참여자 간에 동일한 관찰값이 필요하다. 따라서 서로 다른 참여 수준은 다층모형과 같은 다른 참여자 수준의 표본 크기를 수용할 수 있는 통계 모형을 필요로 한다(Nezlek, 2012).

관찰값은 중첩되고 비독립적이다

각 개인이 시간이 지나면서 응답군을 제공하기 때문에 일상 조사의 응답은 **중첩**된다. 통계적 용어로, 반복된 관찰은 참여자 내에 중첩된다. 연구자들은 중첩된 데이터에 대해 이야기할 때 **수준**(levels)이라는 용어로 묘사한다. 반복되는 일기 데이터는 두 가지 수준을 가지고 있다. 첫 번째는 개인 내 수준인데, 한 사람이 한 달 동안 제공한 수십 개의 행복감 점수와 같이 각 참여자 내에서 다른 반복 수준이다. 두 번째는 개인 간 수준이다. 참가자의 성격 특성, 출생 연도 또는 연구 전 임상 상태와 같이 연구 전반에 걸쳐 변하지 않은 점수 수준이다. 개인 내 변수에는 한 사람당 많은 관찰값이 있고, 개인 간 변수에는 한 사람당 점수가 하나만 있다. 일반적인 용어로, 개인 내 수준을 **하위 수준** 또는 **수준** 1이라고 하고, 개인 간 수준은 **상위 수준** 또는 **수준** 2라고 한다. 여기서는 **개인 내 수준**과 **개인 간 수준**을 사용할 것인데, 이것이 집중적 일상 설계를 논의할 때 더 직관적이기 때문이다.

중첩된 데이터를 수집할 때는 점수가 독립적이지 않을 것을 예상해야 한다. 비독립성은 다음과 같은 두 가지 방법으로 생각할 수 있다.

① 각 참여자에게 주어진 점수는 다른 참여자의 점수보다 자신의 점

수와 비슷할 가능성이 크다.

② 독립적인 관찰 표본에서 특히 높은 점수는 참여자들 누구에게나 나올 가능성이 동일하고, 나오지 않을 가능성 역시 동일하다. 그러나 중첩된 데이터의 경우, 특히 높은 점수는 다른 참여자보다 평균 점수가 더 높은 일부 참여자로부터 나올 가능성이 크다.

〈표 7-2〉는 행복 점수를 1점에서 7점까지 평가한 일기연구에서 세 참여자의 실제 데이터의 비독립성을 분명히 보여 준다. 원점수를 볼 때 일부 참여자는 다른 참여자들에 비해 대체로 행복하다는 것을 알 수 있다. 30개 점수의 평균은 4.87이지만, 일부 참여자(참여자 1)는 평균적으로 표본보다 더 행복했고, 일부 참여자(참여자 3)는 덜 행복했다.

비독립성은 전부 또는 전무가 아니므로, 점수는 상호의존성의 영역에 속할 수 있다. 군집화 정도는 **유목내상관**(intraclass correlation: ICC)에 의해 설명될 수 있다. ICC는 0에서 1까지 다양하며, 개인 간 수준의 전체 분산의 정도를 나타낸다. 따라서 전형적인 일상연구에서 ICC는 개인 내 분산(예: 사람마다 행복은 매일 조금씩 다를 수 있다는 것)보다 개인 간 차이를 의미하는 분산의 정도(예: 사람들의 평균적인 행복이 서로 다르다는 것)를 반영한다. ICC는 수작업으로 계산하기 쉽지만, 사용할 가치가 있는 다층모형을 위한 소프트웨어는 계산을 대신 해 줄 것이다.

ICC는 그 자체로 일상연구자들에게 흥미롭다. 개인 내 변동성(하루 동안, 한 주 동안 그들의 환경이 변화할 때 기분, 생각, 행동의 변화) 자체가 매력적이다. 생활하고 있는 환경에서 개인 내 구성 요소가 얼마나 다양한지 알면 이에 대해 중요한 사실을 알 수 있다. 대학생을 대상으로 한 표집 연구에서 우리는 일반적으로 일주일 동안 매일 8~12회의 조사를 실시하고, 순간적인 감정 상태와 사회적 활동에 대해 질문했다. 행복, 슬픔, 걱정, 짜증, 이완, 피곤함과 같은 일반적인 감정과 주관적 상태의

〈표 7-2〉 3명의 참여자의 일상 행복지수 응답의 예

날짜	참여자 1			참여자 2			참여자 3		
	원자료	개인 평균 중심화	전체 평균 중심화	원자료	개인 평균 중심화	전체 평균 중심화	원자료	개인 평균 중심화	전체 평균 중심화
1	6	0.2	1.13	5	0	0.13	3	−0.8	−1.87
2	7	1.2	2.13	3	−2	−1.87	3	−0.8	−1.87
3	7	1.2	2.13	6	1	1.13	4	0.2	−0.87
4	7	1.2	2.13	5	0	0.13	5	1.2	0.13
5	4	−1.8	−0.87	5	0	0.13	3	−0.8	−1.87
6	6	0.2	1.13	7	2	2.13	3	−0.8	−1.87
7	6	0.2	1.13	4	−1	−0.87	4	0.2	−0.87
8	6	0.2	1.13	4	−1	−0.87	4	0.2	−0.87
9	5	−0.8	0.13	4	−1	−0.87	6	2.2	1.13
10	4	−1.8	−0.87	7	2	2.13	3	−0.8	−1.87
M	5.80	0	0.93	5.00	0	.13	3.80	0	−1.07

주. 원자료 점수는 1점(전혀 행복하지 않음)부터 7점(매우 행복함) 사이의 점수임.

평가에 대한 ICC 값은 대략 .25에서 .40 사이인데, 이는 일상의 정서적 경험에 대한 광범위한 연구에서 볼 수 있는 수치이다. 행복의 ICC 값인 .30은 행복의 분산 값의 30%가 개인 간에 있지만(어떤 사람들은 다른 사람보다 더 행복한 경향이 있음) 대부분의 분산인 70%는 일상적인 감정의 변덕스러운 썰물과 흐름의 일부로, 개인 내에서 다르게 나타난다. 예를 들어, 사람들이 신호를 받았을 때 혼자 있는지 여부는 일반적으로 표본에서 .20 내외의 ICC 값을 가진다. 사람들이 마음속에서 음악을 듣고 있는 여부는 ICC의 값이 대략 .15이므로 훨씬 다양하다(예: Cotter et al., 2019; Cotter & Silvia, 2017).

　고유한 흥미를 넘어 ICC는 변동성을 설명하기 위한 유익한 지점을 의미하기 때문에 매우 실용적이다. ICC가 상당히 높은 경우(예: .70 이상), 대부분의 분산은 개인 간에 있으므로 개인 간 분산 예측 변수가 유용하다. 그러나 ICC가 낮을 경우(예: .30 미만), 개인 내 예측 변수(예: 사람들이 어디에 있는지, 누구와 함께 있는지, 무엇을 생각하고 경험했는지)가 더 풍부해야 한다. 실제로 일상생활 결과에서 찾을 수 있는 대부분의 ICC는 특성 및 상태 예측 변수 둘 다에 대한 지표를 제공한다.

중심화하기

회귀분석에서 연구자들은 일반적으로 예측 변수를 **중심화**한다. 예측 변수는 평균이 0이 되도록 변환되며, 일반적으로 각 값에서 표본의 평균을 빼거나(원 편차 점수 생성), 변수를 표준화(z점수 생성)한다. 예측 변수 중심화는 두 가지 장점이 있다. 먼저, 회귀 절편을 의미 있는 값으로 만든다. 0이 허용되는 값이 아닌 경우(예: 결과가 1~5점 척도인 경우), 절편의 해석(예측 변수가 0일 때의 결과값)은 의미가 없다. 그럼에도 불구하고 0이 해석 가능한 값일 때이면, 예측 변수 중심화는 절편의 직관적인 의미(예측 변수가 표본의 평균일 때 결과값)를 제공한다. 둘째, 예측 변수 중심화는 상호작용 항이 있는 회귀 모델에서 추정 문제와 공선성을 피할 수 있다(Cohen et al., 2003).

다층 회귀분석에서 중심화는 중요하고 복잡하다(Enders & Tofighi, 2007). 일반적인 다중회귀분석에서는 중심(즉, 사람들 표본의 평균)이 하나만 있기 때문에 중심화가 매우 쉽다. 그러나 개인 내에서 변화가 다양한 일상 변수는 2개의 중심이 있다.

① **전체 평균 중심화:** 이 형식은 각 값을 중심화하기 위해 전체 표본의 평균값을 사용한다.

② **개인 평균 중심화**: 맥락 내 중심화 또는 **집단 평균 중심화**로도 알려져 있는 이 형식은 각 개인의 개별 평균을 계산하고 점수를 중심화하는 데 사용한다.

앞의 〈표 7-2〉는 일상 데이터의 행복을 이용하여 전체 평균과 개인 평균을 사용하여 중심화했을 때 행복의 원점수가 어떻게 보이는지 나타낸다.

간단한 3명의 데이터 세트는 중심화에 대한 몇 가지 핵심 사항을 보여 준다. 전체 평균 중심화는 참여자의 순위를 유지한다. 예를 들어, 〈표 7-2〉의 첫 번째 참가자와 같이 연구 전반에 걸쳐 상대적으로 행복한 사람이라면, 전체 평균 중심화 점수는 상대적으로 더 높을 것이다. 이와 대조적으로 개인 평균 중심화는 개인 간의 평균 차이를 제거하여 참여자의 순위를 없애 준다. 각 개인은 자신의 평균에 집중되어 있어 모두는 0의 평균값을 가지고, 양수와 음수의 혼합된 결과를 가지게 된다.

"전체 평균 중심화는 개인 간 차이를 보전한다."라고 말하는 또 다른 방법은 전체 평균 중심화가 개인 간 변수와 개인 내 변수를 혼동한다는 것이다. 특정 사람과 사건의 경우 높은 전체 평균 중심화가 무엇을 의미하는지 알기 어렵다. 예를 들어, 〈표 7-2〉에서 세 참여자 모두 전체 평균 중심화 행복 점수가 1.13인 경우가 있다. 전체 평균보다 큰 1.13의 값은 무엇을 의미하는가? 일반적으로 행복한 사람이 평범한 하루를 보내고 있음을 의미할 수 있다. 가장 행복한 사람인 참여자 1의 경우, 1.13은 가장 빈도가 높은 점수이므로 일반적인 행복을 의미하지만, 또는 일반적으로 행복하지 않은 사람이 좋은 하루를 보내고 있음을 의미할 수도 있다. 가장 행복하지 않은 사람인 참여자 3의 경우 1.13이 가장 높은 점수였다. 따라서 전체 평균 중심화 점수에 대한 명확한 개인 차원의 해석은 없다.

이와 반대로 개인 평균 중심화 점수는 일상연구에 있어 매력적인 해석을 할 수 있다. 개인 평균 중심화에 초점을 맞추면, 점수는 개인 자신의 전형적인 값 주변의 편차를 나타낸다. 예를 들어, +2의 점수는 그 사람이 **자신의 평균에 비해** 2점 더 높게 느낀다고 보고했다는 것을 의미한다. 사람들의 평균적인 행복도가 다르더라도, 개인 평균 중심화 점수가 −1.4라는 것은 그 사람이 다른 날에 비해 상대적으로 덜 행복한 날을 보냈다는 것을 의미한다. 개인 내 중심화의 결과로 개인 내 회귀계수는 개인 내에서 의미를 가진다. 예를 들어, 기울기가 0.5이면 예측 변수가 개인 평균에서 벗어나는 각 단위마다 결과가 0.5씩 변경되는 것을 의미한다.

절대적인 것은 없지만 일기연구는 소수의 표준 중심화 관례를 따른다. 개인 간 수준의 예측 변수에서 권장 사항은 일반적인 회귀 모델링에 따르는데, 일반적으로 예측 변수를 전체 평균의 중심에 두는 것이 합리적이다. 직관적인 예외는 0이 의미 있는 경우이다. 예를 들어, 사람들이 평상시 치료 상태인지(0) 또는 새로운 치료 상태인지(1)이다. 개인 내 수준의 예측 변수에서 중심화는 다르다. 일상연구에서 전체 평균 중심화 점수를 사용하고 싶은 경우는 거의 없다. 이러한 중심화는 다른 다층 맥락에서는 일반적이고 합리적이지만(예: 조직 및 교육 연구; Enders & Tofighi, 2007), 일상연구에서 추구하는 개인 내 해석을 거의 제공하지 않는다. 대신에 수준 1 변수의 경우 대부분 예측 변수를 개인 평균 중심화에 두게 된다. 이것은 개인 내 해석에서 점수와 요인 부하량을 보다 직관적으로 제공한다. 일반적인 예외 사항은 시점과 같은 의미 있는 0값을 포함한다(예: 0에서 k 범위의 사건). 이러한 지침은 미묘할 수 있는 중심화에서 결정적인 것은 아니지만, 대부분 일상 설계의 지침과 관례를 반영한다(Bolger & Laurenceau, 2013; Nezlek, 2012).

일부 귀찮은 문제

첫 번째 데이터에서 다층모형을 탐색하다 보면, 결국 일상생활 분석에서 세 가지의 귀찮은 문제를 마주한다. 첫째, 예측 변수로서 시간을 모델링하는 방법은 무엇인가? 둘째, 일상 조사에서 측정 신뢰도는 무엇을 의미하며, 신뢰도는 어떻게 계산하는가? 마지막으로, 다층 연구에서 특히 결측 데이터에 기이한 패턴이 있는 경우에 통계적 검정력을 추정하고 표본 크기를 예측하는 방법은 무엇인가?

시간에 대한 이해와 정의

모든 일상연구 아래에는 시간이 도사리고 있다. 사람들로부터 집중적으로 표본을 수집하기 때문에, 일상연구는 작은 규모의 종단연구와 유사하다. 이 방법을 **집중종단연구**라고 이름 붙이는 전통(Bolger & Laurenceau, 2013; T. A. Walls & Schafer, 2006)은 시간이 연구자의 관심 대상이 아닐지라도 일상 데이터에서 항상 분석의 문제임을 강조한다. 이에 데이터 분석을 계획할 때 모형에서 시간을 나타내는 방법을 고려해야 한다.

제6장에서 신호의 순차적 순서, 지연된 순서, 조사 간 간격과 기간과 같이 데이터 세트에서 시간을 코딩하는 여러 방법을 살펴보았다. 코딩된 시간은 이를 모델링할 수 있도록 하는데, 시간이 계획된 분석에서 어떤 역할을 할 수 있을지 생각하도록 한다. 어떤 경우에는 시간이 예측 변수이다. 예를 들어, 사건의 연속된 순서를 수집하는 변수는 자료 수집의 과정을 거쳐 경향을 예측하는 데 사용될 수 있다. 또 다른 경우는 지속시간이 사건이 발생했을 때를 탐색하기 위해 사용되는 것처럼 시간이 결과가 될 수 있다(Singer & Willett, 2003). 다른 경우 자기상관

잔차 또는 지연된 예측 변수가 포함될 때와 같이 모형에서 시간이 구조화되어 있다.

사건의 연속적인 순서를 개인 내 예측 변수로 포함하는 것은 많은 장점이 있다. 예를 들어, 사람들에게 20분에서 30분마다 기분과 사회적 행동에 대한 몇 가지 문항에 응답하도록 요청하는 집중적인 하루 경험표집 연구를 생각해 보자. 연구자들은 다른 사람들과 상호작용하는 것과 긍정적인 기분 사이에서 의미 있는 관계를 발견했다. 0에서 k까지 '신호음'을 포함하면 연구자는 가능한 혼란스러운 세 번째 변수를 평가할 수 있다. 시간은 개인 내에서 다양한 많은 혼란을 포착하도록 한다(Bolger & Laurenceau, 2013). 예를 들어, 사람들의 기분과 활동 수준은 하루 동안의 경향성이 잘 형성되어 있고(Palmer, 2002; Watson, 2000), 사람들의 일상 루틴은 아침 회의, 점심시간 휴식, 근무 후 행복한 시간과 같은 사회적 상호작용을 위한 기회를 구조화한다. 기분과 사회적 상호작용 같은 변수들은 하루 중 시간에 의해 포착된 요인들의 우연한 공분산 때문에 개인 내 수준에서 상관이 있을 수 있다.

시간은 일기연구와 같은 빈도가 적은 연구와 고정된 간격이 있는 연구에서 예측 변수로 더 자주 포함된다. 시간은 1주에서 2주 동안 하루에 여섯 번에서 열 번 정도로 무작위로 신호음이 울리는 빽빽한 평가 설계를 사용한 연구와 집중적인 하루 내 경험표집 연구에서는 덜 자주 나타난다. 많은 통계적 관행과 마찬가지로, 이는 전통이 가장 큰 이유라고 생각한다. 초기 경험표집 연구는 신호음 수준의 시간 예측 변수가 거의 포함되지 않았으며, 일상 데이터 분석에 대한 초기의 영향력 있는 도입에서는 문제를 제기하지 않았다.

좋든 나쁘든, 발표된 일상연구에서 시간은 보통은 아니더라도 종종 생략된다. 시간을 생략하면 데이터 행은 누군가의 일상에서 순서가 정해지지 않는 응답 표본으로 처리된다. 논쟁의 여지가 있지만 이러한 접근법은 집중적인 하루 내 경험표집 연구에서 널리 퍼져 있다. 경험표집 연구에서 '신호음'을 생략하는 것에 대한 흥미로운 개념적 정당화는 표본 이론에서 비롯된다. 무작위 간격 연구에서는 다양한 일상 경험의 모집단에서 표본을 추출하고자 한다. 제약 조건을 사용하여 무작위로 표본을 수집(즉, 하루를 시간 구간으로 나누기)하면서 더 넓은 집단의 계층화 무선표집과 매우 유사한 모집단을 나타내는 표본을 생성해야 한다(제2장 참조). 사건들은 각 날짜와 각 참여자에 대해 서로 다른 무작위 시간에 포착되었기 때문에, 연구자들은 한 사람의 사건 표본을 독립적인 요소로 확실하게 보고 시간을 무시할 수 있다. 이 추론은 거의 항상 시간을 무시하는 실험실 횡단연구에 내재된 철학과 동일하다. 예를 들어, 성격, 기분, 사회적 행동의 횡단연구에 참여하는 대학생들은 각각 다른 주에서 참여한다. 비록 그 주의 큰 변동 사항(예: 봄방학이나 결승전)에도 불구하고 참가 시간은 모델링은 고사하고 거의 코딩되지 않는다.

물론 자연스러운 반론은 더 넓은 모집단에서 데이터 행을 교환 가능한 단위로 해석하는 것을 선택한다고 해서 관측치가 시간 독립적이지는 않다는 것이다. 1시간 간격으로 표집된 사건은 대체로 며칠 간격으로 표집된 요소보다 더 유사하다. 예를 들어, 심리학 연구참여자 풀을 사용한 연구는 학기 효과(time-of-semester effect)를 나타낼 수 있으므로(Stevens & Ash, 2001; Wang & Jentsch, 1998; Zelenski et al., 2003), 시간을 코딩하고 분석하는 것이 횡단연구에도 더 현명할 수 있다.

신뢰도 추정

기초 심리학 수업에서 항상 등장하는 시험 문제인 신뢰도는 이상하게도 출간된 일상연구에서는 제외되어 있다. 예를 들어, 횡단연구가 주관적 웰빙을 측정하는 5개 문항의 다중 항목 척도를 사용하는 경우, 검토자는 일반적으로 Cronbach's α와 같은 내적 신뢰도를 측정하는 신뢰도의 추정치를 보고하도록 요청할 것이다. 그러나 기분과 웰빙의 다중 항목 척도를 사용한 일상연구는 점수의 신뢰도에 대한 증거를 거의 보고하지 않는다. 그 이유는 무엇일까?

그 이유는 집중적이고 반복적인 평가가 포함된 데이터 세트가 더 많은 **국면**을 가지고 있기 때문이다(Shavelson & Webb, 1991). 웰빙에 관한 횡단연구 데이터에서는 연구참여자(관찰 단위)와 1개의 국면(**문항**)을 가지고 있다. 데이터 세트에는 5개의 웰빙 문항을 500개의 측정치로 완료한 100명의 참여자가 있을 수 있다. 그러나 일상 데이터에는 참여자와 2개의 국면(문항과 사건)이 있다. 일상 데이터 세트에는 2만 개의 측정치로 40회에 걸쳐 5개 문항을 완료한 100명의 참여자가 있을 수 있다.

여러 국면이 있는 설계의 신뢰도를 추정하는 데 있어서 문제는 익숙한 통계는 전체 설계가 아닌 단지 한 가지의 국면만 다룬다는 것이다. 상호의존적인 점수와 동일하지 않은 참여자 표본 크기를 무시하고 5개 문항에 걸쳐 Cronbach's α를 통해 문항 신뢰도를 추정할 수 있다. 마찬가지로 각 경우의 5개 문항을 평균화하고 40개 값의 총점에서 Cronbach's α를 추정하여 사건의 신뢰성을 추정할 수도 있다. 그러나 우리가 알고 싶은 것은 40회 측정된 척도나 5개 문항 척도의 신뢰성이 아니라 40회 측정된 5개 문항 척도에 대한 전체 평가 설계의 신뢰성이다.

연구자들은 여러 국면으로 구성된 자료를 다루는 것이 익숙하지 않을 수 있기 때문에 일상 데이터의 신뢰성을 위해서는 익숙한 도구를 확장하거나 새로운 도구를 배워야 한다. 〈제시자료 7.2〉는 100명이 5개 문항 척도를 40회 완료하는 예를 사용하여 일기 데이터의 신뢰성을 측정하는 네 가지 방법을 설명한다. 각각의 장점이 있으므로, 통계 지식 및 선호하는 소프트웨어와 가장 잘 맞는 방법을 선택하도록 하는 것

〈제시자료 7.2〉 일상 데이터의 신뢰도를 추정하는 네 가지 방법

① 일반화 가능성 이론

Cronbach's α는 어디에서나 사용되지만, α는 'G 이론'으로 알려진 Cronbach의 더 넓은 **일반화 가능성 이론**의 특수한 경우이다(Cronbach et al., 1972). G 이론은 항목을 반복적으로 평가하는 단순한 경우를 포함하여 중첩 및 교차 설계에 대한 점수의 신뢰도를 추정한다(Shrout & Lane, 2012). G 이론은 배우기 어렵지 않으며(Shavelson & Webb, 1991), Bolger와 Laurenceau(2013, 제7장)는 일기 예를 활용한 예제 코드를 통한 연습을 제공했다. G 이론은 많은 매력을 가지고 있는데, 익숙한 α 메트릭(0에서 1까지)에서 계수를 생성하고, 광범위한 설계에 대한 신뢰도 추정을 제공하며, SPSS나 R 등의 소프트웨어를 활용하여 이를 추정할 수 있다(Mushquash & O'Connor, 2006; Robitzsch & Steinfeld, 2018; Vispoel et al., 2018).

② 유목내상관 계수

이 장의 앞부분에서 유목내상관계수(ICC)가 다양한 수준에서 문항 응답의 분산 비율을 나타내는 방법을 보여 주었다. 일상 설계에서는 수준에 따른 상대적 분산을 조사하여 문항 신뢰도를 추정할 수 있다(Bonito et al., 2013; Nezlek, 2017). 100명의 사람이 5개 문항 척도를 40회 완료하는 실행 예제에서 세 가지 수준 모형[문항(수준 1), 중첩된 사건(수준 2), 중첩된 사람(수준 3)]을 형성하게 된다. 무조건적인 다층모형에서의 분산을 사용하여 기능적으로 Cronbach's α와 동일한 신뢰도 계수를 계산할 수 있다. 사건 수준 분산(V_2), 문항 수준 분산(V_1) 및 문항수(k)를 알 때, 사건에 따른 5개 문항 척도의 신뢰도는 다음과 같다.

$$\text{신뢰도} = V_2/(V_2+[V_1/k])$$

이 방법의 매력은 계수가 익숙한 α 메트릭에 있으므로 계산하기가 쉽고, 일상 데이터에서 누락 및 동일하지 않은 참여의 기이한 패턴이 수용된다는 것이다. 중요한 가정과 세부사항에 대해서는 Nezlek (2017)과 Bonito 등(2012)의 연구를 읽을 것을 권장한다.

③ 다층 확인적 요인 분석

확인적 요인분석(CFA)에 친숙하다면 CFA 모델에 대한 몇 가지 신뢰도 계수를 알고 있을 것이다(Drewes, 2000; Hancock & Mueller, 2001; Zinbarg et al., 2005). Cronbach's α는 이러한 계수 중 특별한 경우이다. 다층 CFA(Geldhof et al., 2014)를 통해 신뢰도 계수를 추정할 수 있다. 예를 들어, 수준 1에서 5개의 웰빙 문항은 잠재적 웰빙 변수에 대한 지표가 되며, 이 잠재 변수의 신뢰도는 일반적으로 CFA 신뢰도 방법으로 추정할 수 있다.

이 방법은 일상 데이터에 잠재 변수 틀과 소프트웨어를 사용하는 매력적인 방법이다(예: Mplus 또는 lavaan; Muthén & Muthén, 2017; Rosseel, 2012). 이 접근은 자연스럽게 결측 데이터와 참여자당 다양한 관찰을 처리하고 비연속적인 결과에 대해 흥미로운 방식으로 확장될 수 있다. H와 ω 같은 계수는 α와 동일한 0~1 범위에 있지만 대략적으로만 동일하고 다소 다른 해석을 가진다. 다층 CFA(Heck & Thomas, 2020)를 읽고, Bolger와 Laurenceau(2013)가 제공한 예제를 통해 작업하고, 이 접근이 마음에 든다면 몇 가지 핵심적인 세부사항(Geldhof et al., 2014)을 배우도록 권장한다.

④ 다국면 Rasch 모형

Rasch와 문항반응모형에 익숙하다면, 고전적인 Rasch 모형을 다국면 설계에 확장 적용할 수 있다. 발음하기 어려운 약자인 MFRM으로 알려진 많은 다국면 Rasch 모형(Linacre, 1994)은 교육평가로부터 유래되었는데, 종종 복잡한 국면의 설계를 가지고 있다(Eckes, 2011). 일상 데이터의 많은 장점 중에 MFRM은 상대적으로 결측치에 대한 기이한 패턴이 있는 드문 자료에 대해 다국면 설계에 대한 신뢰도 계수를 제공한다.

일상 데이터의 MFRM은 문항과 사건을 국면으로 지정한다. 이 모델은 추정된 사람 점수에 대한 신뢰도 계수와 함께 국면의 효과가 적용된 추정된 사람 점수를 산출한다(Adams, 2005; J. K. Kim & Nicewander, 1993; Linacre, 1994). FACETS 소프트웨어(Linacre, 2020)는 진정한 신뢰도의 하한 추정치인 Rasch 신뢰도(Clauser & Linacre, 1999; Linacre, 1997)를 제공한다. R 패키지의 공개 소스인 TAM(Robitzsch et al., 2020)은 사후 기대(expected a posteriori: EAP) 추정에 대한 신뢰도를 제공한다. 더 궁금한 경우 관련 분석 자료에서 FACETS과 TAM에 대한 실용적인 개요와 사용 지침서를 찾아볼 수 있다(Eckes, 2011; Lamprianou, 2020; Primi et al., 2019; Robitzsch & Steinfeld, 2018).

이 좋다. 혼란스러운 사람들에게는 아마 ICC 접근 방식이 가장 좋은 기본 선택이 될 것이다.

추정 방법은 별도로 하고, 일상연구 설계에 대해 신뢰도 계수를 더 관대하게 해석해야 한다. Nezlek(2017)은 일상생활 척도는 횡단연구

척도에 비해 비정상적으로 짧고 종종 몇 개의 문항에 불과하다고 지적했다. 그 예로 NEO 성격 검사의 세 가지 외향 하위척도의 경우, 48개의 문항이 있지만(McCrae et al., 2005), 외향성에 관한 일상연구의 표집에서는 4개의 문항만 있다(Fleeson, 2001). Nezlek은 실험실 연구에서 사용되는 절단 점수(예: $\alpha > .80$)가 일상연구에서 사용되는 필연적인 짧은 척도에 비해 너무 엄격할 것이라고 제안했다.

표본 크기 계획과 검정력 분석 수행

당신이 논문이나 연구비 제안을 계획하고 있다면, 반드시 검정력 분석을 수행하라는 요구를 받을 것이다. 검정력 추정은 기존의 회귀분석이나 분산분석 모델로 쉽게 가능하다. 고급스러운 몬테카를로 시뮬레이션을 수행하고, 검정력 프로그램(예: G* 파워)을 적용하고, 온라인 계산기를 검색하거나, 오래된 책에서 검정력 부분을 훑어볼 수도 있다(Cohen, 1969). 그러나 일상 설계에서 검정력을 추정하는 것은 까다롭고 어렵다. 횡단연구에서 표본의 크기는 오로지 참여자 수(예: $n=100$)이지만, 일상연구에서는 참여자 수($n=100$)와 사건 수($n=30$)와 같이 최소한 2개의 표본 크기를 가진다. 이러한 표본을 곱하면 전체 관찰값을 볼 수 있다(예: 3,000개의 예상된 점수). 그렇다면 표본 크기는 100인가, 30인가, 3,000인가? 설상가상으로 ICC는 일부 분석의 경우 유효한 표본의 크기를 줄이므로, 상호의존도가 검정력에서 표본 크기의 영향을 결정한다.

최적 설계(Optimal Design; Raudenbush et al., 2011) 또는 점점 더 많은 R 패키지(Bulus et al., 2019; Kleiman, 2017)와 같은 특수 소프트웨어를 사용하여 다층 검정력 분석을 수행할 수 있다. 다층 데이터의 검정력 분석은 α 수준(alpha level)과 예상 효과 크기와 같은 일반적인 요소와 몇 가지 새로운 요소를 지정해야 한다. 첫째, ① 군집수(대부분의 일상연구에서는 사람)와 ② 군집당(사건당) 관찰수라는 2개의 표본 크기를 가진다. 둘째, ICC 값이 변경됨에 따라 검정력이 변동되기 때문에 ICC를 지정해야 한다. 이전 연구에서 가능한 ICC 값을 선택할 수 있으며, 의심스러운 경우 ICC 값의 범위에서 검정력을 평가할 수 있다(예: .10, .30, .50은 일상생활 연구에 적합한 값임).

R 패키지 EMA 도구(Kleiman, 2017)는 일부 다층모형의 검정력 곡선을 계산하고 보여 주는 유용한 기능이 있다. EMA 도구는 사용자들에게 ① 사람, 날짜, 하루에 울린 신호음의 수와 ② 예상 ICC 값처럼 몇 가지 값을 지정하도록 한다. 이는 일반적인 효과 크기(예: $d=0.20$, 0.50, 0.80)에 대한 곡선을 표시한다. [그림 7-1]은 ICC가 .20으로 7일 동안 하루에 6회의 조사를 완료한 50명의 참여자를 가진 모델에 대한 곡선을 나타낸다. 검정력은 임의절편 모델(예: 결과에 대한 개인 간 변수의 주효과)에 대한 것이다. 누락된 조사의 현실에 고개를 끄덕이며, 도표는 다양한 응답률에서 검정력이 어떤 것인지 보여 준다.

많은 다층 검정력 프로그램과 함수는 단순한 가설(예: 한 수준에서 주효과)과 명백하고 전형적인 경우(예: 결측치가 없는 경우)만 평가할 수 있다. 복잡한 가설이나 지저분한 모형의 검정력을 평가하기 위해서는 몬테카를로(Monte Carlo) 시뮬레이션을 수행해야 한다. 시뮬레이션 접근 방식은 모집단 모형에 대한 매개변수 값을 지정하고, 데이터 세트의 풀을 강화하고, 관심 있는 매개변수가 중요한 데이터 세트의 비율을 계산한다(Muthén & Muthén, 2002). 다층 매개 효과, 잠재된 변수 또는 비정상적인 결과(예: 순서가 있거나 검열된, 셀 수 있는 결과)가 있는 모형과 같이 덜 일반적인 모형에 대한 검정력을 검증하는 가장 좋은 방법이다(Long, 1997). 또한 시뮬레이션은 지저분한 결측치의 패턴을 반영하여 계산할 수 있도록 한다. 예를 들어, 모든 연구참여자가 동일한 수의 응

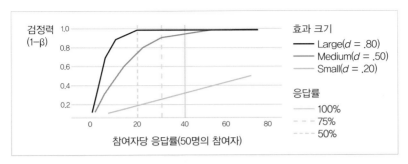

**[그림 7-1] 검정력에 대한 효과 크기 및 개인 내 표본 크기의 영향을
설명하기 위한 검정력 곡선의 예**

주. 이 그림은 EMA 도구(Kleiman, 2017)를 사용하여 산출되었다. 50명의 참여자가 7일 동안
하루에 6회의 조사에 참여하였으며, ICC는 .20이다.

답을 갖는다고 가정하는 대신, 무응답의 현실적인 패턴을 시뮬레이션
할 수 있다(Silvia et al., 2014).

검정력 시뮬레이션의 단점은 수많은 매개변수에 대한 값을 지정해
야 한다는 것이다. 예컨대, 다층 매개 효과 모형을 위한 검정력 시뮬레
이션은 여러 수준에서 많은 변수에 대한 절편, 기울기 및 분산에 관한
값을 지정해야 한다. 이것의 해결책은 이전 연구의 데이터를 시뮬레이
션을 위한 **시드 데이터**(seed data)로 사용하는 것이다. 유사한 모집단의
실제 데이터에 대한 시뮬레이션을 기반으로 하면 검정력 분석이 더 그
럴듯하고 실용적이 된다. 검정력 시뮬레이션은 초보자가 예상하는 것
보다 쉽고, 여러 자원에서 그 과정을 안내하고 있다(Bolger &
Laurenceau, 2013, 제10장; Bolger et al., 2012; Muthén & Muthén, 2002).

각 수준에서 가져야 하는 최소 사례수와 같은 표본 크기에 대한 결
론적이고 경험적인 권장 사항은 따로 없다. 최소한으로 적절한 표본 크
기에 대한 지침(예: 30:30 또는 50:20과 같은 군집 대 요소 규칙; Hox, 2002;
Kreft & de Leeuw, 1998)이 '충분한 검정력'에 대한 지침으로 잘못 해석
되곤 한다. 몇 가지 숫자를 처리하고 실제 검정력 분석을 수행해야 한

다. 그럼에도 불구하고 검정력에 관련한 문헌에서 많은 주제는 상위 수준의 단위가 하위 수준의 단위보다 검정력에 더 큰 영향력을 미친다는 것이다(Bickel, 2007, 제10장; Bolger et al., 2012; Maas & Hox, 2005). 일상 연구자들이 실행하는 가설에서 증가된 검정력은 대체로 더 많은 사건이 아닌 더 많은 사람을 표본 추출하는 문제이다. 불행히도 더 많은 연구참여자를 추가하는 것은 사건을 추가하는 것보다 시간, 인력, 채용 비용 및 연구 인프라에서 훨씬 더 많은 비용이 든다. 사건의 수를 확대하여 더 적은 사람들로 구성하려는 유혹(예: 연구에 일주일의 신호음을 추가)이 있을 수 있지만, 대부분의 모형에서 사건이 검정력에 미치는 영향은 빠르게 줄어든다. 확실하지 않은 경우에는 신호음을 더 울리기보다 참여자를 더 모집하는 쪽을 선택하라.

결론

이 장은 일상 데이터와 관련된 몇 가지 기이하고 귀찮은 문제를 강조하고 있다. 이 장의 목표는 독자들이 꼬불꼬불하고 울퉁불퉁한 데이터를 먼저 살펴보지 않고 일상연구에 뛰어드는 것을 방지하는 데 있다. 일부 독자에게는 이 장의 모든 내용이 매우 익숙하게 들렸을 수 있다. 만약 그랬다면 아마도 어느 정도 준비가 되어 있다는 것이고, 약간만 공부하면 부족한 부분을 쉽게 채울 수 있다. 일반적으로 다층모형을 학습하고자 하는 데에는 많은 좋은 자료(예: Heck & Thomas, 2020; Robson & Pevalin, 2016)가 있고, 특히 일상 자료를 분석하는 것과 관련된 많은 자료(예: Bolger & Laurenceau, 2013; Nezlek, 2012; Ruwaard et al., 2018)가 있다. 또 다른 독자들에게는 이 장의 대부분이 생소하거나 금기시되는 것처럼 들렸을 수 있다. 만약 그렇다면 연구의 초기 설계 단계에서 통계에 관한 공동연구자를 모집하는 것이 좋다. 어느 쪽이든 데이터가 깨끗하게 정제되고, 결과가 출간될 준비가 되면 다음 장의 주제인 연구결과를 출간할 시간이다.

제8장

발표 및 연구 출간하기

일상생활 연구를 설계하고, 예비연구를 수행하고, 실행하고, 점검하는 과정을 지나 자료를 정리하고 분석하는 데 시간을 보낸 후에, 최소한 학회에서 발표라도 하게 되면 연구의 긴 터널에서 나와 빛을 볼 수 있다. 포스터 발표나 구두발표 그리고 궁극적으로는 논문을 통해서 동료들과 연구를 공유하는 것은 연구의 자연스러운 마침표이다. 이전의 학회발표와 논문 출간 경험은 첫 번째 일상연구 프로젝트를 공유할 준비를 할 때 도움이 될 수 있지만, 모든 연구방법과 마찬가지로 일상연구법에도 연구자 공동체에서 공유하는 몇 가지 방법론적 및 통계적 세부사항이 있다.

이 장에서는 일상연구를 발표하고 작성하는 새로운 연구자를 위한 권장 사항을 제시한다. 연구물을 발표하는 팁을 제공하고 구두발표와 포스터 발표 중에 가장 자주 받는 질문에 대해 토론할 것이다. 이제 논문을 작성할 단계라면, 일상연구에 대한 새로운 규범을 준수하는 원고를 작성해야 한다. 일상생활 연구의 연구 보고 표준에 대한 최근의 지침(Bolger & Laurenceau, 2013; Trull & Ebner-Priemer, 2020)을 추출하고, 읽기 쉬운 원고에 대한 자체 권장 사항을 제공할 것이다.

일상생활 연구 발표하기

일상연구를 발표하는 것은 다른 유형의 연구를 발표하는 것과 비슷하다. 연구를 수행한 이유와 맥락, 표집에 대한 기술, 연구방법에 대한 개요, 결과와 함의를 청중에게 설명해야 한다. 일상생활 연구 발표를 준비하기 위해서는 몇 가지의 중요한 정보를 포함하고, 일반적인 청중의 질문을 예상해야 한다. 청중이 연구방법에 많은 관심을 가질 것을 예상할 수 있다. 일반적인 학회에서는 실질적인 주제에 관심이 있는 청중이 모인다. 예를 들어, '무쾌감증에 대한 새로운 방향'과 같은 발표 주제에서 대부분의 참석자는 무쾌감증에 대해 배우고자 하는 동기를 가질 것이다. 그러나 일상연구 프로젝트의 발표나 포스터는 오직 신호음만 들리는 일상연구자들의 추가 무리를 이끌 것이다. 일상생활 연구 유형에서는 요즘 다른 연구자들이 어떻게 자료를 수집하고 분석하는지에 대해 호기심을 갖고 새로운 것을 알고 싶어 한다. 따라서 방법론적인 세부사항을 강조하고 표집 및 자료 수집 과정의 기본적인 질문들을 예상해야만 한다.

발표 자료 준비하기

발표 자료를 만들 때는 청중에게 연구참여자들이 연구에 어떻게 참여했는지에 대한 그림을 제공해야 한다. 널리 알려진 주제와 척도를 사용한 다른 유형의 연구를 발표할 때는 발표를 듣는 청중이 연구참여자들이 연구의 일부로서 어떤 것을 수행했는지 이해할 것이라고 확신할 수 있다. 그러나 일상생활 연구는 상당히 달라서 단순히 일기와 경험표집 접근을 사용했다고 언급하는 것만으로는 필수적인 연구의 결이나 세부사항을 전달할 수 없다.

청중은 연구방법에 대해 보다 상세하게 설명해 주기를 원할 것이다. 먼저, 사람들이 얼마나 많이 연구에 참여했는지, 하루에 얼마나 많은 신호음이 보내졌는지, 신호를 보내거나 자료 수집에 사용된 프로그램이나 하드웨어, 참가자가 사용한 장치와 같은 절차의 기본적인 세부 정보를 제공하도록 해야 한다. 연구참여자가 연구 도중에 본 것을 설명하기 위해 장치의 이미지와 예시 문항을 발표 내용에 포함해야 한다. 포스터 발표의 경우 학회 참석자가 보거나 시도해 볼 수 있는 예시 조사 문항이 포함된 실험실 장치를 함께 준비해 보여 주는 것을 고려해 볼 수 있다. 연구참여자를 교육하기 위해 만든 연습용 조사 도구가 가장 적합할 것이다(제5장 참조).

둘째, 가능한 경우 발표 자료 내에서 문항을 인용하길 원할 것이다. 일상연구를 처음 접하는 청중은 편집증적 관념이나 마리화나에 대한 갈망, 백일몽과 같은 구성개념이 생체 내에서 어떻게 측정되는지에 대해 어리둥절할 수 있다. 일상연구 수행에 관심을 가지고 있는 청중은 다음 연구를 위해 몇 가지 문항을 빌리고 싶어 할 수 있으므로 문항 및 응답 척도의 정확한 표현을 보여 주는 것이 좋다. 셋째, 청중은 항상 응답률와 결측에 대해 알고 싶어 하므로, 연구참여자가 완료한 조사의 수 또는 백분율에 대한 기술통계를 제공하도록 한다. 만약 이것을 빠뜨리게 되면 '응답률은 어땠는가?'가 가장 먼저 받는 질문이 될 것이다.

연구에 적용된 핵심 분석은 연구의 목적과 설계에 따라 다르지만, 일상연구의 가장 가치 있는 요소 중 하나는 풍부한 기술적 정보이다.

청중은 가변성에 대한 기본 정보를 찾을 것이다. 그러므로 자료 수집 과정에서 유목내상관(ICCs), 개인 내 응답의 분포, 시간 경과에 따른 변화와 같은 사람들의 응답 가변성에 대한 정보를 포함하는 것이 좋다. 이 정보는 청중이 구성개념의 상대적 안정성 또는 가변성에 대해 이해하는 것을 도울 수 있다. 표가 아닌 그림으로 제공되는 이러한 기술적인 결과는 연구의 주요 분석을 이상적으로 보완할 수 있다.

마지막으로, 발표 자료의 초안을 작성한 후 한 걸음 물러나 일상생활 연구법을 선택한 이유를 생각해 보도록 한다. 연구에 몰입된 연구자에게는 너무 분명해 보여서 선택의 근거를 청중에게 설명할 필요가 없다고 가정하기 쉽다. 일상연구법이 점점 인기를 얻고 있지만, 청중 중많은 사람은 이러한 계열의 방법에 익숙하지 않기 때문에 연구문제를 탐구하기 위해 이 복잡하고 기술적인 방법을 선택한 이유에 대한 정당화가 필요할 수 있다. 프로젝트를 소개할 때 '왜 일상연구법인가?'를 명시적으로 언급하는 것을 고려해 보도록 한다. 일상연구법이 연구주제에 어떤 새로운 통찰력을 가져올 수 있는가? 흥미로운 이유는 무엇인가? 실험실 연구나 조사연구 방식을 사용할 수 없는 이유는 무엇인가? 무엇을 얻을 수 있는가? 이렇게 연구방법의 장점을 설명하는 것은 발표 자료를 풍성하게 하고, 몇몇 사람에게는 일상연구를 시작하도록 영감을 줄 수 있다.

일반적인 청중의 질문

경험이 많은 발표자는 청중의 질문을 합리적으로 예측할 수 있어 가장 일반적인 유형의 질문에 대비할 수 있다(Feldman & Silvia, 2010; Weissman, 2013). 일상생활 연구 발표의 경우 첫 번째 질문 유형은 발표한 해당 논문 자체에 대한 질문이다. 연구 분야의 맥락에서 해당 연구의 결과는 무엇을 의미하는가? 그로부터 어떤 새로운 질문이나 함의가 이어지는가? 이러한 실질적인 질문에 관해 스스로 잘 답할 수 있도록 준비해야 할 것이다.

두 번째 질문 유형은 일상생활 연구방법론 자체에 관한 것이다. 이러한 핵심적인 질문 중 많은 부분은 방법의 기술적 한계에 대해 항상 이야기하고 싶어 하는 동료 일상연구자들에게서 나올 것이다. 다음과 같은 주제에 대한 질문에 대비해야 한다.

- 정확한 표집설계(예: 신호음과 날짜, 문항수)
- 사용한 플랫폼, 참여자가 응답을 시작해야 하는 시간, 자동 알림을 수신했는지의 여부, 완료되지 않은 조사가 사라지는지의 여부
- 연구 중 규정 준수를 확인한 방법
- 전체 응답률 및 그룹 간 차이(있는 경우)
- 응답률을 높이기 위해 특별한 방법을 사용한 경우(예: 당첨, 보상, 이메일을 통한 독려; 제5장 참조)
- 연구참여자와 사건을 어떻게 제외했는지(제6장과 제7장 참조)

나머지 청중이 이러한 기술적인 '인사이드 베이스볼(inside baseball)'[1] 질문에 관심이 있는지 알아보기 위해 분위기를 파악해야 한다. 대부분의 청중이 실질적인 주제에 관심이 있는 경우 답변을 명확하게 하고, 질문자에게 나중에 답변하는 것이 좋다. 일상연구를 수행하지 않는 사람들은 다음과 같은 기본적인 질문을 할 수 있지만, 더 자주는 일상연구를 수행하는 과정에 대한 일반적인 질문을 받게 될 것이다. 가장 일반적인 주제는 연구참여자의 경험이 어떠한지에 관한 것이다. 대부분

---

1 역주: 전문가나 내부자에게만 흥미로운 세부사항을 말한다.

의 전통적인 실험실 연구 및 조사연구에서는 단일 자료 수집을 포함하기 때문에 일상연구의 반복적인 평가는 연구자를 치열하고 기진맥진하게 만들 수 있다. 일부 청중은 연구참여자가 이러한 유형의 자료 수집에 어떻게 반응하는지(예: 참여자가 계속 참여하는가? 유지에 문제가 있는가?) 또는 연구참여자의 조사 참여 경험에 관심이 있을 수 있다. 발표자료에 조사의 예를 포함하거나 조사를 시연할 수 있는 장치를 가져오는 것은 이러한 질문을 해결하는 데 유용할 수 있다. 또 참여자 반응성에 대한 다음과 같은 질문을 받게 될 것이다(제3장 참조): 연구에 참여하면서 같은 조사를 여러 번 완료하면 조사에 대한 연구참여자들의 응답이 달라지는가? 일상연구를 수행하지 않는 청중이 참여의 부담을 크게 과대평가하고 반응성이 실제보다 훨씬 더 클 것으로 예상한다는 것을 발견했으므로, 이러한 주제에 대해 논의할 준비를 하는 것이 좋다(〈제시자료 8.1〉 참조).

〈제시자료 8.1〉 발표를 위한 학부생 준비

일상연구법이 점점 더 널리 사용되면서 더 많은 학부생이 일상연구에 참여하고 연구결과를 학회에서 발표하고 있다. 그러나 일반적인 연구방법 교육과정에서 경험표집 및 일기와 같은 전문적인 방법을 다루는 경우는 드물기 때문에, 학생들은 아마 학회 포스터 발표 전에 더 많은 준비가 필요할 것이다.

물론 첫 번째 단계는 학생들이 일상연구법과 실질적인 연구주제에 대해 철저하게 이해하도록 하는 것이다. 우리는 학생들이 준비가 되지 않은 채 낯선 군중 앞에 서는 것을 절대 원하지 않는다. 학생들이 이러한 준비가 되면, 연구의 세부사항에 대한 교육에 집중할 수 있다. 이상적으로는 학생들이 연구 세션 관리, 규정 준수, 조사 설정 또는 결함 있는 앱에 대한 확인과 같은 연구 수행에 참여해야 한다. 그렇지 않은 경우 연구에 관한 연습 기회를 마련하고 발표자가 며칠 동안 연구에 참여하여 연구의 방식과 연구참여자가 어떤 느낌이었는지에 대한 기초적인 관점을 제공하도록 하는 것이 좋다. 며칠 동안 연구에 참여하면 연구방법을 설명하고 이에 대한 질문을 다루는 것이 훨씬 쉽게 느껴진다. 연습 이후에는 연구의 프로토콜 문서를 공유하고 표집과 표집설계, 조사 설계에 관한 근거를 살펴본다.

마지막으로, 가장 가능성이 높은 질문에 대한 답변을 연습한다. 연구에 참여함으로써 학생들은 청중이 연구참여자에게 어떤 연구를 했는지에 대한 대부분의 질문에 답할 수 있다. 다른 많은 일반적인 질문, 특히 데이터 분석과 방법의 세부사항에 대한 질문은 대부분 기술적이며 학부생 수준 이상의 것이다. 학생들에게 이러한 질문이 있을 수 있음을 미리 알려 주고, 가능한 한 최선을 다해 준비하며, 신호체계가 준무작위 간격 조사 알림을 예약하는 방법과 같은 세부사항은 대답할 수 없어도 괜찮다고 안심시키도록 한다. 그리고 발표 당일, 군중 속이나 포스터 이젤 근처에 있는 친숙한 얼굴은 자신감을 키우는 데 큰 도움이 될 수 있다.

일상생활 연구 출간하기

각본이나 소네트와 마찬가지로, 과학적인 논문은 엄격한 제약 조건 하에서 작성된다. 원고는 청중에게 어필하기 위해, 최소한 비난을 피하기 위해 특정한 방식으로 쓰여야 한다. 과학적 글쓰기의 기술은 청중이 필요로 하고, 원하고, 보고 싶어 하는 것을 이해하는 것이다(Silvia, 2015). 글쓰기 제약 중 일부는 과학의 다른 영역에서 형식과 양식에 대한 규범과 같은 암묵적인 문화적 규범이다. 그러나 다른 제약 조건은 명시적인 규칙이다. 그 예로, 학술지는 특정한 스타일, 즉 미국심리학회(American Psychological Association: APA) 형식을 요구하며, 말이 많고 제멋대로인 저자를 말리기 위해 단어나 쪽수 그리고 그림에 제한을 둔다.

이러한 제약 조건을 다루는 방법을 이미 알고 있다. 그렇지 않다면 논문 원고를 작성하는 방법에 대한 충분한 조언들이 있다(Sarnecka, 2019; Silvia, 2015, 2019; Sternberg, 2018). 일상생활 연구를 처음 수행하는 연구자가 배워야 하는 것은 고유한 논문 보고 기준이다. 심리학과 이와 관련된 분야는 저자가 원고에 포함하고 논의해야 하는 요소를 대략적으로 설명하는 국제적인 보고 표준(Journal Article Reporting Standards: JARS; Cooper, 2020)을 공유한다. 교차 영역의 표준은 어쩔 수 없이 추상적이기 때문에, 많은 하위 분야는 임상실험의 표준인 CONSORT (Consolidated Standards of Reporting Trials; Schulz et al., 2010)나 체계적 심사의 지침인 PRISMA(Preferred Reporting Items for Systematic Reviews and Meta-Analyses; Moher et al., 2009)와 같은 방법별 보고 표준을 기반으로 한다.

일상연구는 공식적인 보고 지침을 가질 정도로 발전하지 않았다. 그러나 많은 연구자는 글쓰기 및 개방 과학 분야의 다른 모범 사례와 결합할 때 훌륭한 출발점이 되는 지침을 제공했다. 일상생활 연구를 처음 접하는 연구자가 이 지침을 따르면, 경험이 풍부한 연구자, 즉 논문 심사자가 기대하는 명백한 것들을 실수하지는 않을 것이다. 여기에는 포함해야 할 주요 요소가 있으며, 이것은 연구자가 읽어야 할 기준(Bolger & Larenceau, 2013; Trull & Ebner-Priemer, 2020)과 편집자 및 심사자로서의 경험(〈제시자료 8.2〉 참조)에서 추출했다. 보고 요소는 모두 연구방법과 연구결과 부분에 속하며, 그림, 표 그리고 가능한 추가 자료가 수반될 수 있다.

〈제시자료 8.2〉 일상생활 연구논문에서 필수적인 정보

일상생활 연구논문은 전형적인 실험실 기반 연구 논문과는 조금 다르게 보일 것이다. 다음은 연구방법과 연구결과 부분에서 확인해야 할 몇 가지 주요 사항이다.

연구방법 부분

- **참여자**: 표본과 표본 크기를 선택한 방법을 설명하고, 일상연구법이 연구참여자의 자격, 제외 또는 참여 동의 의사에 영향을 미치는지 여부를 설명한다.

- **표집과 조사 설계**: 표집설계와 선택한 일수, 신호음, 문항에 대해 설명한다. 측정과 일상 조사의 응답 선택지와 방향에 대한 요약을 포함한다. 검토자와 다른 일상연구자들을 돕기 위하여 전체 조사를 표, 부록, 온라인 보충 파일로 포함시킨다.

- **자료 수집 시스템 및 장치**: 사람들이 실험실 외부에서 사용한 장치(연구자 또는 참여자의 것)와 자료 수집 시스템의 세부사항(예: 신호 작동 방식, 조사 접근 방법, 시간 기록 방법 및 결측된 조사가 사라졌는지 여부 등)을 설명한다.

- **실험실 내 절차**: 사람들은 실험실에서 직접 무엇을 했는가? 여기에는 모든 조사뿐 아니라 연구의 일상 부분에 대한 지침, 조사 완료 연습과 기기 훈련이 포함된다.

- **실험실 밖 절차**: 신호(예: 언제 그리고 얼마나 자주 사람들이 신호음을 받았는지), 연구참여자와의 지속적인 접촉(예: 체크인), 참여를 독려하기 위한 보상, 확인과 참여 독려를 위한 방법들을 상세히 알린다.

연구결과 부분

- **제외**: 개별 조사 또는 연구참여자가 분석에서 제외되었다면, 기준을 설명하고 각 이유별로 제외된 조사 수와 사람 수를 기록한다.
- **응답률**: 완료된 조사의 총 개수와 범위, 평균 응답률을 포함하여 일상 조사 응답률을 기술한다. 해당하는 경우 관심 하위집단의 응답률도 기술한다.
- **기술통계와 상관관계**: 본문에서 개인 내 또는 사람 간 수준의 기술통계를 요약해 기술한다. 표 또는 그림 안에서 모든 일상 변수 간의 기술통계 정보와 상관관계를 제시한다.
- **유목내상관계수**: 유목내상관관계는 일상생활 연구논문에서 주요 요소이다. 구성개념에 이 값을 간략히 요약하고, 많을 경우 표나 그림으로 제시한다.
- **모델링 및 추정 세부사항**: 수준, 변환 및 중심화와 같이 변수가 모델링된 방법을 명시한다. 효과가 고정인지 또는 무선인지, 시간이 어떻게 모델링되었는지를 포함한다. 특정한 모델의 추정 방법과 소프트웨어의 패키지, 버전을 기록해야 한다.

연구방법 부분에는 무엇이 들어가는가

연구 보고 지침은 연구방법 부분에 가장 큰 영향을 미친다. 다음은 논의해야 할 필수 사항들이다.

연구참여자

누가 참여했는가? 모집 및 표집에 대한 일반적인 정보 이외에도, 일상연구법 자체가 연구참여자를 선별하거나 또는 참여를 거절한 경우에 유의해야 한다. 예를 들어, 연구자가 연구참여자에게 특정 종류의 스마트폰을 소유하도록 요구했을 수 있다. 일부 참여자는 기술적인 문제로 인해 데이터 제공을 효과적으로 할 수 없어 연구에 참여하지 못했을 수 있다. 개인 정보를 중요하게 생각하는 일부 참여자는 자신의 기기에 앱을 설치하거나 하루 중 이미지와 소리를 기록해야 하는 연구참여를 거부할 수 있다. 모든 연구와 마찬가지로 표본의 크기를 정당화해야 한다. 선험적 검정력 분석을 포함해야 한다는 요구에 동의하지만, 다층 검정력 분석의 복잡성 때문에(제7장 참조) 학술지에서 요구할 때까지는 일반적이지 않을 것이라고 생각한다.

표집 및 조사 설계

표집 및 조사 설계는 무엇이며(제2장과 제3장), 왜 선택했는가? 여기에서 날짜, 신호음, 문항수와 관련된 설계를 설명한다. 사건 기반 표집을 사용했는가? 그렇다면 방법 부분에서 사건을 연구참여자에게 정의한 방법을 기술하고, 항상 사건 기반 조사에 참여할 수 있는지, 제한이 있는지(예: 갈등에 대한 조사는 집이 아닌 직장에서만 완료할 수 있음)에 대해 명시한다. 고정 간격 또는 임의 간격을 사용하여 표집을 사용했는가? 그렇다면 연구참여자에게 하루에 전송된 총 신호의 수를 서술한다. 고정 간격 연구의 경우 정확한 신호 시간을 포함하고, 임의 간격 연구의 경우 사람들이 신호를 예상할 수 있는 날의 범위와 신호의 시간대를 선택할 수 있었는지의 여부(예: 오전 8시~오후 8시/정오~자정), 무선화에 대한 모든 제약(예: 하루를 시간 조각으로 자르기)과 같이 무선 신호로부터 만들어진 매개변수에 대해 논의해야 한다.

조사 문항

일상생활 연구에서는 조사 이외에도 많은 측정(실험실 과업, 성격 검사, 인터뷰 등)이 있을 것이다. 일상생활 측정을 표현하기 위해 다른 평가 방법에 대한 다른 소제목을 권장한다. 일상생활 항목들은 전체 조사를 표와 부록, 또는 온라인의 보충 파일에 포함한다. 조사는 선택지, 응답 기준, 질문이 나뉜 것과 건너뛰기를 명확하게 나타내야 한다. 일부 심사자와 편집자가 페이지의 공간을 위해 조사 문항을 삭제하기를 제안하는 것으로 나타났다. 조사 문항을 온라인 보충 자료(예: Open Science Framework; https://www.osf.io)로 옮기거나 최신 보고 지침에서는 포함하도록 권장하고 있음을 지적할 수 있다.

신호 및 조사 시스템

신호와 조사에서 사용되는 시스템에 대해 설명한다(제4장 참조). 연구참여자들에게 어떻게 신호를 보냈는가? 신호는 어떤 것이었는가? 소리가 나거나, 화면에 시각적 알림이 깜박이거나, 진동 기능이 있었는가? 사람들이 신호에 응답하지 않으면 어떻게 하는가? 30초나 60초 후에 다시 상기시켜 주는 알람을 받았는가? 신호 시스템에 따라 연구참여자가 신호를 음소거하거나, 신호 형태를 변경하는 것과 같은 관련된 세부사항이 있을 수 있다. 다음으로는 자료 수집 과정을 기술하도록 한다. 신호에 사용된 것과 같은 시스템이었는가, 아니면 별개였는가? 사람들이 자료 수집 시스템 내에서 어떻게 조사에 참여할 수 있는가? 누락된 자료에 접근할 수 있는가? 종이로 된 조사를 한다면 사람들에게 제공된 설문지의 문항의 수와 완성된 응답을 어떻게 받았는지 서술해야 한다. 전자 수집 시스템의 경우 조사의 예와 함께 그림을 포함할 수 있다. 여담이지만 오래된 팜파일럿부터 최신 앱에 이르기까지 많은 전자 시스템은 조사의 외형과 동작을 정의하는 코드 자료를 내보낼 수 있다. 코드를 온라인 보충 파일에 올리면 다른 연구자의 시간을 절약하고 복제 가능성을 높일 수 있다.

장치

경우에 따라서는 신호를 보내고 조사를 제공하는 데 사용한 소프트웨어와 장치를 설명한다. 어떤 경우는 연구참여자에게 연구 중에 사용할 수 있는 실험실 소유의 장치가 제공된다. 사용된 모든 장치는 운영 체제, 장치에 적용된 제한 사항(예: 연구에서 사용된 앱 이외의 모든 앱이 비활성화됨) 및 화면 크기와 같은 기타 장치 사양에 관한 정보를 제공해야 한다. 다른 경우에 연구참여자는 연구에 참여하기 위해 자신의 장치를 사용할 수도 있다. 이러한 장치는 실험실 장치보다 더욱 큰 이질성을 가지고 있기 때문에 호환 가능한 운영 체제, 소프트웨어 버전, 연구에 필요한 기타 요구 사항(예: 문자를 받을 수 있어야 함, 통합 GPS) 등 장치에 대한 기본적인 요구 사항을 제공해야 한다. 연구참여자 및 연구실 장치를 모두 사용하는 경우에는 얼마나 많은 참여자가 개인 장치를 사용했고, 연구실 장치를 사용했는지를 표시해야 한다. 가속도계, 약량계, 심장 모니터와 같은 스마트폰이나 태블릿보다 흔하지 않거나 특이한 장치인 경우 제조 업체와 전체 장치 이름을 기록해야만 한다.

연구참여자 훈련

연구참여자들에게 연구를 어떻게 설명하고, 신호 및 조사와 소통하는 방법에 대해 설명했는가(제5장)? 사건 기반 설계에서 중요한 점인 연구참여자를 위해 용어와 항목을 정의한 방법을 포함하고 조사에 대한 지침, 기술 사용에 대한 안내, 문제가 발생했을 경우 연락할 수 있는 방법, 그들이 완료한 조사 연습에 대해 설명하도록 한다. 세부사항을 포함할 때는 연구참여자가 조사를 완료할 수 없는 시간(예: 직장, 운전 중)에 신호를 받았을 때 수행하도록 지시받은 사항과 누락된 조사가 이후의 연구참여나 보상에 미치는 영향을 표시해야 한다. 전체 회기의 원고를 온라인 보충 자료로 제공하는 것을 고려하도록 한다.

모니터링과 독려

자료 수집과 응답률을 높이기 위한 독려를 어떻게 하였는가? 연구참여자와 함께 예정된 안내를 진행했다면(제5장), 세부 정보를 제공한다. 이메일, 전화 또는 문자를 통해 사람들에게 연락했는가? 직접 만났다면 연구실 또는 다른 곳에서 만났는가? 모두에게 연구 중 특정한 지점에 연락을 하였거나(예: 넷째 날), 일부 연구참여자에게 선택적으로 연락을 하였는가(예: 3일 후에 조사가 20% 미만으로 완료된 사람)? 일부 참여자에게만 선택적으로 연락을 한 경우에는 응답률이 높아진 참여자의 비율을 확인하는 것이 좋다.

보상

연구참여자의 참여를 높이는 데 사용한 보상을 기술한다. 예를 들어, 사람들이 응답률 규정 임계값을 충족했을 때 현금 지급액이 증가했거나, 최소한 70%의 조사를 완료한 사람들을 위해 복권이 있었거나, 한 쌍의 참여자 모두가 조사의 80%를 완료했을 때 추가 보상을 지급할 수 있다. 보상을 받은 참여자의 비율을 보고하는 것은 다른 연구자들이 얼마나 많은 당근을 구입할지 계획하는 데 도움을 줄 수 있다.

연구결과 부분에는 무엇이 들어가는가

연구결과 부분은 연구방법 부분처럼 많은 확장을 요구하지 않는다. 일상연구는 많은 측면에서 다를 수 있지만, 연구결과 부분에 들어가는 일반적인 통계적 보고 지침이 있다.

제외된 사건과 연구참여자

연구결과 부분은 일반적으로 가장 기본적인 것으로 시작한다 (Salovey, 2000). 이 부분에는 제외된 연구참여자나 조사에 대한 정보를 포함해야 한다. 데이터의 질을 평가하는 것은 복잡하고, 사람과 사건을 제외하는 것에 대한 합의가 없으므로(제6장), 분석에서 제외할 사람이나 신호음을 결정하는 데 사용한 방법을 명확하게 설명하고 정당화해야 한다. 또한 제외한 조사의 수와 완전히 제외된 사람의 수를 기록한다. 실험실 회기 중 부주의한 행동이나 일상 조사를 너무 적게 완료하는 등 여러 제외 기준을 사용하는 경우, 각 기준에서 얼마나 많은 사람이 제외되었는지 구체화해야 한다.

응답률

제외 정보와 함께, 연구에 대한 응답률을 기술하도록 한다. 완료된 설문지의 총 개수, 1인당 평균적으로 완료된 조사의 수와 연구참여자마다 완료한 조사의 범위를 포함한다. 추가 통계(예: 변동성 측정)와 계량(예: 최소한 조사의 50% 또는 70% 이상을 완료한 사람들의 비율)이 도움이 된다. 연구에 따라 집단, 조건, 인구학적 특성별로 분류된 응답률을 보고하도록 선택할 수도 있다. 예를 들어, 임상실험은 각 집단에 대한 응답률을 보고하고, 응답률이 현저하게 다르다면 논의할 수 있다.

기술통계

다음은 독자에게 변수에 대한 기술적인 정보를 제공하는 것이다. 모든 변수에 대한 기술통계가 포함된 표를 포함하는 것은 항상 좋은 생각이지만, 일상연구의 매력 중 하나는 풍부한 기술 데이터이다. 설명이 연구의 주요한 목표가 아니더라도 최소한 기술적인 결과를 요약해야 한다. 일상 변수 간의 모든 기술적 정보와 상관은 표에 포함되어야 한다. 데이터가 중첩되어 있으므로 개인 내 수준과 개인 간 수준 모두에서 일상 변수를 설명할 수 있다. 관련성이 있다면 신뢰도 계수를 보고하도록 한다(제7장 참조).

유목내상관관계

기술통계를 제공할 때 ICC를 잊지 말도록 한다. 각 수준의 분산의 비율은 본질적으로 개인 내 다양성에 대해 호기심을 가진 일상연구자에게 흥미로울 것이다. 또한 ICC를 아는 것은 통계적 모델에 단계를 설정하고 검정력 분석을 위해 그럴듯한 ICC 값이 필요한 미래의 연구자에게 도움이 될 것이다. ICC가 여러 개인 경우는 본문 내에서 언급할 수도 있고, 많을 경우는 그림을 만들거나 표로 추가하는 것이 좋다.

모델링

대부분의 일상 프로젝트는 다층 모델링의 특징을 사용하지만, 무엇을 하든 모델링의 세부사항을 알려야 한다. 전형적인 연구의 경우 예측 변수와 결과를 지정하고, 해당 모델 수준을 확인하고, 데이터의 재입력과 변환을 지정해야 한다. 중심화 결정은 분명하게 명시되어야 하고,

범주형 또는 제한된 결과(예: 개수, 기간 또는 삭제된 변수)는 강조하여 표시해야 한다(Long, 1997). 효과가 고정으로 또는 무선으로 모델링되는지 확인하도록 한다. 시간은 생략된 것을 포함하여 일상 데이터를 분석하는 데 많은 역할을 할 수 있다(제6장). 따라서 모델에 시간이 포함된 경우 시간이 포함된 방법을 설명한다.

평가

평가 방법 간 차이점은 단순 최대우도법(maximum likelihood: ML), 제한된 최대우도법, 강력한 표준오차를 가진 최대우도법이나 Bayes 방법(Bayesian methods)과 같이 추정치를 명시적으로 언급해야 할 만큼 충분히 주목할 만하다. 마찬가지로 소프트웨어 패키지와 동일한 패키지 버전 간의 차이는 소프트웨어와 버전에 대해 명시해야 하는 만큼 매우 크다.

개방형 과학의 기회

지금까지 개방형 과학 관행의 범주에 속하는 몇몇의 보고 지침에 대해 언급해 왔다(Nosek et al., 2015). 개방형 과학 프레임(Open Science Framework)[2]과 같은 프로젝트 자료에 대한 공공 기록 보관소를 만들어 다른 연구자들이 선행 연구자의 노력을 기반으로 구축할 수 있도록 하는 것이 좋다. 많은 학술지는 온라인 보충 자료를 허용하고 게재하지만, 직접 관리할 수 있는 기록 보관소에 자료를 보관하는 것을 선호한다. 이를 통해 새로운 원고, 데이터, 자료를 사용할 수 있게 되면 기록

---

2 역주: 전체 프로젝트(연구 아이디어 개발, 연구설계, 분석 및 보고서 작성) 동안 연구자를 지원하는 공개된 프로젝트 관리 도구를 말한다.

보관소를 확장하고, 이전과 이후의 기록 보관소를 연결하고 자료를 공개적으로 사용하도록 할 수 있다.

공공 프로젝트 기록 보관소의 이상적인 요소는 전체 일상 조사, 조사를 위한 앱 코드(해당되는 경우), 참여자 교육에 사용되는 자료, 데이터 정리, 랭글링, 분석에 사용되는 구문과 코드이다. 당신의 작업이 청중에게 빨리 도달할 수 있도록 PsyArXiv(https://www.psyarxiv.com)를 통해 사전 인쇄본을 공유하는 것이 좋다. 예를 들어, 이 책의 많은 참고문헌은 사전 인쇄본으로 먼저 읽을 수 있었다. 그리고 프로젝트를 사전에 등록한 경우, 즉 일상연구의 새로운 주제의 경우(Kirtley et al., 2020) 프로젝트 기록 보관소는 연구자의 연구 계획에서 출판에 이르기까지 전체 연구 순환을 한 곳에서 볼 수 있다.

프로젝트의 데이터 파일을 공유하는 것은 이상적이다. 그러나 여러 국가에서 연구 데이터에 관한 윤리적·법적 틀의 다양성과 정부와 연구비 지원 기관으로부터 데이터 공유에 대한 지침이 빠르게 발전하고 있다는 것을 감안할 때, 데이터 게시에 대한 지침은 연구소 및 연구비 지원 기관에 문의하는 것이 좋다. 많은 최신 조사 시스템이 사람들의 인터넷 제공자 주소(IP 주소), GPS 위치 및 장치 세부사항에 대한 광범위한 자료를 수집하므로, 원자료에서 가능한 재식별에 대한 우려가 심각하다는 것을 명심해야 한다(Ross et al., 2018).

결론

조사연구의 마지막 단계(학회 발표와 논문 출간을 통해 발견한 내용을 공유하는 것)는 보람이 있지만 힘든 일이다. 이 장에서 제공하는 권장사항과 조언을 통해 일상연구를 처음으로 공유하는 것에 대한 불안을 조금이나마 극복할 수 있기를 바란다. 첫 번째 일상 프로젝트를 마무리하고 좋은 동료들의 평가를 확인했을 때, 아마 몸속에서 매우 흥분을 느끼며 처음부터 다시 이 과정을 시작하고 싶을 것이다. 행운을 빈다. 모든 응답률이 높고, 보내는 신호의 알림이 잘 들릴 수 있기를 바란다.

참고문헌

Adams, R. J. (2005). Reliability as a measurement design effect. *Studies in Educational Evaluation, 31*(2–3), 162–172. https://doi.org/10.1016/j.stueduc.2005.05.008

Armey, M. F., Crowther, J. H., & Miller, I. W. (2011). Changes in ecological momentary assessment reported affect associated with episodes of nonsuicidal self-injury. *Behavior Therapy, 42*(4), 579–588. https://doi.org/10.1016/j.beth.2011.01.002

Barta, W. D., Tennen, H., & Litt, M. D. (2012). Measurement reactivity in diary research. In M. R. Mehl & T. S. Conner (Eds.), *Handbook of research methods for studying daily life* (pp. 108–123). Guilford Press.

Baumeister, R. F., Wright, B. R. E., & Carreon, D. (2019). Self-control "in the wild": Experience sampling study of trait and state self-regulation. *Self and Identity, 18*(5), 494–528. https://doi.org/10.1080/15298868.2018.1478324

Bellamy, N., Sothern, R. B., & Campbell, J. (2004). Aspects of diurnal rhythmicity in pain, stiffness, and fatigue in patients with fibromyalgia. *The Journal of Rheumatology, 31*(2), 379–389.

Benedek, M., Jauk, E., Kerschenbauer, K., Anderwald, R., & Grond, L.

(2017). Creating art: An experience sampling study in the domain of moving image art. *Psychology of Aesthetics, Creativity, and the Arts, 11*(3), 325-334. https://doi.org/10.1037/aca0000102

Berenson, K. R. (2018). *Managing your research data and documentation.* American Psychological Association. https://doi.org/10.1037/0000068-000

Berkman, E. T., Giuliani, N. R., & Pruitt, A. K. (2014). Comparison of text messaging and paper-and-pencil for ecological momentary assessment of food craving and intake. *Appetite, 81*, 131-137. https://doi.org/10.1016/j.appet.2014.06.010

Bertz, J. W., Epstein, D. H., Reamer, D., Kowalczyk, W. J., Phillips, K. A., Kennedy, A. P., Jobes, M. L., Ward, G., Plitnick, B. A., Figueiro, M. G., Rea, M. S., & Preston, K. L. (2019). Sleep reductions associated with illicit opioid use and clinic-hour changes during opioid agonist treatment for opioid dependence: Measurement by electronic diary and actigraphy. *Journal of Substance Abuse Treatment, 106*, 43-57. https://doi.org/10.1016/j.jsat.2019.08.011

Bickel, R. (2007). *Multilevel analysis for applied research: It's just regression!* Guilford Press.

Black, A. C., Harel, O., & Matthews, G. (2012). Techniques for analyzing intensive longitudinal data with missing values. In M. R. Mehl & T. S. Conner (Eds.), *Handbook of research methods for studying daily life* (pp. 339-356). Guilford Press.

Bolger, N., & Laurenceau, J. P. (2013). *Intensive longitudinal methods: An introduction to diary and experience sampling research.* Guilford Press.

Bolger, N., Stadler, G., & Laurenceau, J. P. (2012). Power analysis for intensive longitudinal studies. In M. R. Mehl & T. S. Conner (Eds.), *Handbook of research methods for studying daily life* (pp. 285–301). Guilford Press.

Bollich, K. L., Doris, J. M., Vazire, S., Raison, C. L., Jackson, J. J., & Mehl, M. R. (2016). Eavesdropping on character: Assessing everyday moral behaviors. *Journal of Research in Personality*, *61*, 15–21. https://doi.org/10.1016/j.jrp.2015.12.003

Bonito, J. A., Ruppel, E. K., & Keyton, J. (2012). Reliability estimates for multilevel designs in group research. *Small Group Research*, *43*(4), 443–467. https://doi.org/10.1177/1046496412437614

Bouwmans, M. E. J., Bos, E. H., Hoenders, H. J. R., Oldehinkel, A. J., & de Jonge, P. (2017). Sleep quality predicts positive and negative affect but not vice versa: An electronic diary study in depressed and healthy individuals. *Journal of Affective Disorders*, *207*, 260–267. https://doi.org/10.1016/j.jad.2016.09.046

Brennan, R. L. (2001). *Generalizability theory*. Springer. https://doi.org/10.1007/978-1-4757-3456-0

Brown, N. A., Blake, A. B., & Sherman, R. A. (2017). A snapshot of the life as lived: Wearable cameras in social and personality psychological science. *Social Psychological & Personality Science*, *8*(5), 592–600. https://doi.org/10.1177/1948550617703170

Bulus, M., Dong, N., Kelcey, B., & Spybrook, J. (2019). *PowerUpR: Power analysis tools for multilevel randomized experiments* (Version 1.0.4) [Computer software]. https://CRAN.R-project.org/package=PowerUpR

Burgin, C. J., Silvia, P. J., Eddington, K. M., & Kwapil, T. R. (2012). Palm or cell? Comparing personal digital assistants and cell phones for experience sampling research. *Social Science Computer Review*, *31*(2),

244–251. https://doi.org/10.1177/0894439312441577

Carlson, E. B., Field, N. P., Ruzek, J. I., Bryant, R. A., Dalenberg, C. J., Keane, T. M., & Spain, D. A. (2016). Advantages and psychometric validation of proximal intensive assessments of patient-reported outcomes collected in daily life. *Quality of Life Research, 25*(3), 507–516. https://doi.org/10.1007/s11136-015-1170-9

Carter, B. L., Day, S. X., Cinciripini, P. M., & Wetter, D. W. (2007). Momentary health interventions: Where are we and where are we going? In A. A. Stone, S. Shiffman, A. A. Atienza, & L. Nebeling (Eds.), *The science of real-time data capture: Self-reports in health research* (pp. 289–307). Oxford University Press.

Cattell, R. B. (1966). The data box: Its ordering of total resources in terms of possible relations systems. In R. B. Cattell (Ed.), *Handbook of multivariate experimental psychology* (pp. 67–128). Rand McNally.

Christensen, A. P. (2020). Openness to experience. In V. P. Glǎveanu (Ed.), *The Palgrave encyclopedia of the possible*. Springer. https://doi.org/10.1007/978-3-319-98390-5_113-1

Clauser, B., & Linacre, J. M. (1999). Relating Cronbach and Rasch reliabilities. *Rasch Measurement Transactions, 13*(2), 696.

Cohen, J. (1969). *Statistical power analysis for the behavioral sciences*. Academic Press.

Cohen, J., Cohen, P., West, S. G., & Aiken, L. S. (2003). *Applied multiple regression/correlation analysis for the behavioral sciences* (3rd ed.). Erlbaum.

Collins, R. P., Litman, J. A., & Spielberger, C. D. (2004). The measurement of perceptual curiosity. *Personality and Individual Differences, 36*(5),

1127–1141. https://doi.org/10.1016/S0191-8869(03)00205-8

Conner, T. S., Brookie, K. L., Richardson, A. C., & Polak, M. A. (2015). On carrots and curiosity: Eating fruit and vegetables is associated with greater flourishing in daily life. *British Journal of Health Psychology*, *20*(2), 413–427. https://doi.org/10.1111/bjhp.12113

Conner, T. S., & Lehman, B. J. (2012). Getting started: Launching a study in daily life. In M. R. Mehl & T. S. Conner (Eds.), *Handbook of research methods for studying daily life* (pp. 89–107). Guilford Press.

Conner, T. S., & Reid, K. A. (2012). Effects of intensive mobile happiness reporting in daily life. *Social Psychological & Personality Science*, *3*(3), 315–323. https://doi.org/10.1177/1948550611419677

Conner, T. S., Tennen, H., Fleeson, W., & Barrett, L. F. (2009). Experience sampling methods: A modern idiographic approach to personality research. *Social and Personality Psychology Compass*, *3*(3), 292–313. https://doi.org/10.1111/j.1751-9004.2009.00170.x

Cooper, H. (2020). *Reporting quantitative research in psychology: How to meet APA style journal article reporting standards* (2nd ed.). American Psychological Association. https://doi.org/10.1037/0000178-000

Cotter, K. N. (2020). *Mental control of musical imagery: Combining behavioral and experience-sampling approaches* [Doctoral dissertation, University of North Carolina at Greensboro]. NC DOCKS. http://libres.uncg.edu/ir/uncg/f/Cotter_uncg_0154D_12953.pdf

Cotter, K. N., Christensen, A. P., & Silvia, P. J. (2019). Understanding inner music: A dimensional approach to musical imagery. *Psychology of Aesthetics, Creativity, and the Arts*, *13*(4), 489–503. https://doi.org/10.1037/aca0000195

Cotter, K. N., & Silvia, P. J. (2017). Measuring mental music: Comparing retrospective and experience sampling methods for assessing musical imagery. *Psychology of Aesthetics, Creativity, and the Arts, 11*(3), 335–343. https://doi.org/10.1037/aca0000124

Cotter, K. N., & Silvia, P. J. (2019). Ecological assessment in research on aesthetics, creativity and the arts: Basic concepts, common questions, and gentle warnings. *Psychology of Aesthetics, Creativity, and the Arts, 13*(2), 211–217. https://doi.org/10.1037/aca0000218

Cotter, K. N., & Silvia, P. J. (2020). Tuning the inner radio: The mental control of musical imagery in everyday environments. *Psychology of Music, 48*(6), 876–878. https://doi.org/10.1177/0305735618824987

Cronbach, L. J., Gleser, G. C., Nanda, H., & Rajaratnam, N. (1972). *The dependability of behavioral measurements: Theory of generalizability for scores and profiles.* Wiley.

Csikszentmihalyi, M. (1975). *Beyond boredom and anxiety: The experience of play in work and games.* Jossey-Bass.

Cybulski, G. (2011). *Ambulatory impedance cardiography: The systems and their applications.* Springer. https://doi.org/10.1007/978-3-642-11987-3

Denissen, J. J. A., Butalid, L., Penke, L., & van Aken, M. A. G. (2008). The effects of weather on daily mood: A multilevel approach. *Emotion, 8*(5), 662–667. https://doi.org/10.1037/a0013497

DeVellis, R. F. (2017). *Scale development: Theory and applications* (4th ed.). SAGE.

De Vuyst, H. J., Dejonckheere, E., Van der Gucht, K., & Kuppens, P. (2019). Does repeatedly reporting positive or negative emotions in daily life have an impact on the level of emotional experiences and depressive

symptoms over time? *PLoS ONE, 14*(6), e0219121. https://doi.
org/10.1371/journal.pone.0219121

DeYoung, C. G., Quilty, L. C., & Peterson, J. B. (2007). Between facets and
domains: 10 aspects of the Big Five. *Journal of Personality and Social
Psychology, 93*(5), 880–896. https://doi.org/10.1037/0022–
3514.93.5.880

Dodds, W. B., Monroe, K. B., & Grewal, D. (1991). Effects of price, brand,
and store information on buyers' product evaluations. *Journal of
Marketing Research, 28*(3), 307–319.

Drewes, D. W. (2000). Beyond the Spearman–Brown: A structural approach
to maximal reliability. *Psychological Methods, 5*(2), 214–227. https://
doi.org/10.1037/1082–989X.5.2.214

Eaton, L. G., & Funder, D. C. (2001). Emotional experience in daily life:
Valence, variability, and rate of change. *Emotion, 1*(4), 413–421. https://
doi.org/10.1037/1528–3542.1.4.413

Ebner–Priemer, U. W., Eid, M., Kleindienst, N., Stabenow, S., & Trull, T. J.
(2009). Analytic strategies for understanding affective (in)stability and
other dynamic processes in psychopathology. *Journal of Abnormal
Psychology, 118*(1), 195–202. https://doi.org/10.1037/a0014868

Eckes, T. (2011). *Introduction to many–facet Rasch measurement: Analyzing
and evaluating rater–mediated assessments.* Peter Lang. https://doi.
org/10.3726/978–3–653–04844–5

Eddington, K. M., Burgin, C. J., Silvia, P. J., Fallah, N., Majestic, C., & Kwapil,
T. R. (2017). The effects of psychotherapy for major depressive
disorder on daily mood and functioning: A longitudinal experience
sampling study. *Cognitive Therapy and Research, 41*(2), 266–277.

https://doi.org/10.1007/s10608-016-9816-7

Eddington, K. M., & Foxworth, T. E. (2012). Dysphoria and self-focused attention: Effects of failure feedback on task performance and goal setting. *Journal of Social and Clinical Psychology, 31*(9), 933-951. https://doi.org/10.1521/jscp.2012.31.9.933

Eddington, K. M., Silvia, P. J., Foxworth, T. E., Hoet, A., & Kwapil, T. R. (2015). Motivational deficits differentially predict improvement in a randomized trial of self-system therapy for depression. *Journal of Consulting and Clinical Psychology, 83*(3), 602-616. https://doi.org/10.1037/a0039058

Eisele, G., Vachon, H., Lafit, G., Kuppens, P., Houben, M., Myin-Germeys, I., & Viechtbauer, W. (2020). The effects of sampling frequency and questionnaire length on perceived burden, compliance, and careless responding in experience sampling data in a student population. *Assessment.* https://doi.org/10.1177/1073191120957102

Enders, C. K. (2010). *Applied missing data analysis.* Guilford Press.

Enders, C. K., & Tofighi, D. (2007). Centering predictor variables in cross-sectional multilevel models: A new look at an old issue. *Psychological Methods, 12*(2), 121-138. https://doi.org/10.1037/1082-989X.12.2.121

Feldman, D. B., & Silvia, P. J. (2010). *Public speaking for psychologists: A light-hearted guide to research presentations, job talks, and other opportunities to embarrass yourself.* American Psychological Association.

Fleeson, W. (2001). Toward a structure- and process-integrated view of personality: Traits as density distribution of states. *Journal of Personality and Social Psychology, 80*(6), 1011-1027. https://doi.org/10.1037/0022-

3514.80.6.1011

Fleeson, W. (2004). Moving personality beyond the person-situation debate: The challenge and the opportunity of within-person variability. *Current Directions in Psychological Science, 13*(2), 83-87. https://doi. org/10.1111/j.0963-7214.2004.00280.x

Garrison, K. A., Pal, P., O'Malley, S. S., Pittman, B. P., Gueorguieva, R., Rojiani, R., Scheinost, D., Dallery, J., & Brewer, J. A. (2020). Craving to quit: A randomized controlled trial of smartphone app-based mindfulness training for smoking cessation. *Nicotine & Tobacco Research, 22*(3), 324-331. https://doi.org/10.1093/ntr/nty126

Geldhof, G. J., Preacher, K. J., & Zyphur, M. J. (2014). Reliability estimation in a multilevel confirmatory factor analysis framework. *Psychological Methods, 19*(1), 72-91. https://doi.org/10.1037/a0032138

George, M. J., Rivenbark, J. G., Russell, M. A., Ng'eno, L., Hoyle, R. H., & Odgers, C. L. (2019). Evaluating the use of commercially available wearable wristbands to capture adolescents' daily sleep duration. *Journal of Research on Adolescence, 29*(3), 613-626. https://doi. org/10.1111/jora.12467

Granholm, E., Holden, J. L., Mikhael, T., Link, P. C., Swendsen, J., Depp, C., Moore, R. C., & Harvey, P. D. (2020). What do people with schizophrenia do all day? Ecological momentary assessment of real-world functioning in schizophrenia. *Schizophrenia Bulletin, 46*(2), 242-251. https://doi.org/10.1093/schbul/sbz070

Green, A. S., Rafaeli, E., Bolger, N., Shrout, P. E., & Reis, H. T. (2006). Paper or plastic? Data equivalence in paper and electronic diaries. *Psychological Methods, 11*(1), 87-105. https://doi.org/10.1037/1082-

989X.11.1.87

Gunthert, K. C., & Wenze, S. J. (2012). Daily diary methods. In M. R. Mehl & T. S. Conner (Eds.), *Handbook of research methods for studying daily life* (pp. 144–159). Guilford Press.

Hamaker, E. L. (2012). Why researchers should think "within-person" A paradigmatic rationale. In M. R. Mehl & T. S. Conner (Eds.), *Handbook of research methods for studying daily life* (pp. 43–61). Guilford Press.

Hamilton, N. A., Affleck, G., Tennen, H., Karlson, C., Luxton, D., Preacher, K. J., & Templin, J. L. (2008). Fibromyalgia: The role of sleep in affect and in negative event reactivity and recovery. *Health Psychology, 27*(4), 490–497. https://doi.org/10.1037/0278-6133.27.4.490

Hancock, G. R., & Mueller, R. O. (2001). Rethinking construct reliability within latent variable systems. In R. Cudeck, S. du Toit, & D. Sörbom (Eds.), *Structural equation modeling: Present and future* (pp. 195–216). Scientific Software International.

Harari, G. M., Lane, N. D., Wang, R., Crosier, B. S., Campbell, A. T., & Gosling, S. D. (2016). Using smartphones to collect behavioral data in psychological science: Opportunities, practical considerations, and challenges. *Perspectives on Psychological Science, 11*(6), 838–854. https://doi.org/10.1177/1745691616650285

Harper, K. L., Eddington, K. M., & Silvia, P. J. (2020). Perfectionism and loneliness: The role of expectations and social hopelessness in daily life. *Journal of Social and Clinical Psychology, 39*(2), 117–139. https://doi.org/10.1521/jscp.2020.39.02.117

Heck, R. H., & Thomas, S. L. (2020). *An introduction to multilevel modeling techniques: MLM and SEM approaches using Mplus* (4th ed.).

Routledge. https://doi.org/10.4324/9780429060274

Hektner, J. M., Schmidt, J. A., & Csikszentmihalyi, M. (2007). *Experience sampling method: Measuring the quality of everyday life.* SAGE.

Henry, G. T. (1990). *Practical sampling.* SAGE. https://doi.org/10.4135/9781412985451

Henson, R. K. (2001). Understanding internal consistency reliability estimates: A conceptual primer on coefficient alpha. *Measurement & Evaluation in Counseling & Development, 34*(3), 177–189. https://doi.org/10.1080/07481756.2002.12069034

Himmelstein, P. H., Woods, W. C., & Wright, A. G. C. (2019). A comparison of signal- and event-contingent ambulatory assessment of interpersonal behavior and affect in social situations. *Psychological Assessment, 31*(7), 952–60. https://doi.org/10.1037/pas0000718

Hoet, A. C., Burgin, C. J., Eddington, K. M., & Silvia, P. J. (2018). Reports of therapy skill use and their efficacy in daily life in the short-term treatment of depression. *Cognitive Therapy and Research, 42*(2), 184–192. https://doi.org/10.1007/s10608-017-9852-y

Hopper, J. W., Su, Z., Looby, A. R., Ryan, E. T., Penetar, D. M., Palmer, C. M., & Lukas, S. E. (2006). Incidence and patterns of polydrug use and craving for ecstasy in regular ecstasy users: An ecological momentary assessment study. *Drug and Alcohol Dependence, 85*(3), 221–235. https://doi.org/10.1016/j.drugalcdep.2006.04.012

Houtveen, J. H., & de Geus, E. J. C. (2009). Noninvasive psychophysiological ambulatory recordings: Study design and data analysis strategies. *European Psychologist, 14*(2), 132–141. https://doi.org/10.1027/1016-9040.14.2.132

Howard, D., Klettke, B., Ling, M., Krug, I., & Fuller-Tyskiewicz, M. (2019). Does body dissatisfaction influence sexting behaviors in daily life? *Computers in Human Behavior, 101,* 320-326. https://doi.org/10.1016/j.chb.2019.07.033

Hox, J. (2002). *Multilevel analysis: Techniques and applications.* Erlbaum. https://doi.org/10.4324/9781410604118

Hoyle, R. H., Stephenson, M. T., Palmgreen, P., Lorch, E. P., & Donohew, R. L. (2002). Reliability and validity of a brief measure of sensation seeking. *Personality and Individual Differences, 32*(3), 401-414. https://doi.org/10.1016/S0191-8869(01)00032-0

Intille, S., Haynes, C., Maniar, D., Ponnada, A., & Manjourides, J. (2016, September). μEMA: Microinteraction-based ecological momentary assessment (EMA) using a smartwatch [Conference session]. In *Proceedings of the ACM International Conference on Ubiquitous Computing* (pp. 1124-1128). https://doi.org/10.1145/2971648.2971717

Jacobson, N. C. (2020, January 15-17). *Compliance thresholds in intensive longitudinal data: Worse than listwise deletion: Call for action* [Paper presentation]. Society for Ambulatory Assessment conference, Melbourne, Australia. https://www.nicholasjacobson.com/files/talks/SAA2020_Compliance_Thresholds.pdf

Jacobson, N. C., Chow, S. M., & Newman, M. G. (2019). The differential time-varying effect model (DTVEM): A tool for diagnosing and modeling time lags in intensive longitudinal data. *Behavior Research Methods, 51*(1), 295-315. https://doi.org/10.3758/s13428-018-1101-0

Jahng, S., Wood, P. K., & Trull, T. J. (2008). Analysis of affective instability in ecological momentary assessment: Indices using successive difference and group comparison via multilevel modeling. *Psychological Methods*, *13*(4), 354–375. https://doi.org/10.1037/a0014173

Ji, L., Chow, S. M., Schermerhorn, A. C., Jacobson, N. C., & Cummings, E. M. (2018). Handling missing data in the modeling of intensive longitudinal data. *Structural Equation Modeling*, *25*(5), 715–736. https://doi.org/10.1080/10705511.2017.1417046

Jones, A., Remmerswaal, D., Verveer, I., Robinson, E., Franken, I. H. A., Wen, C. K. F., & Field, M. (2019). Compliance with ecological momentary assessment protocols in substance users: A meta-analysis. *Addiction*, *114*(4), 609–619. https://doi.org/10.1111/add.14503

Kamarck, T. W., Shiffman, S. M., Smithline, L., Goodie, J. L., Thompson, H. S., Ituarte, P. H. G., Jong, J. Y.-K., Pro, V., Paty, J. A., Kassel, J. D., Gnys, M., & Perz, W. (1998). The Diary of Ambulatory Behavioral States: A new approach to the assessment of psychosocial influences on ambulatory cardiovascular activity. In D. S. Krantz & A. Baum (Eds.), *Technology and methods in behavioral medicine* (pp. 163–193). Erlbaum.

Kane, M. J., Brown, L. H., McVay, J. C., Silvia, P. J., Myin-Germeys, I., & Kwapil, T. R. (2007). For whom the mind wanders, and when: An experience-sampling study of working memory and executive control in daily life. *Psychological Science*, *18*(7), 614–621. https://doi.org/10.1111/j.1467-9280.2007.01948.x

Kane, M. J., Gross, G. M., Chun, C. A., Smeekens, B. A., Meier, M. E., Silvia, P. J., & Kwapil, T. R. (2017). For whom the mind wanders, and when, varies across laboratory and daily-life settings. *Psychological Science*, *28*(9), 1271–1289. https://doi.org/10.1177/0956797617706086

Karwowski, M., Lebuda, I., Szumski, G., & Firkowska-Mankiewicz, A. (2017). From moment-to-moment to day-to-day: Experience sampling and diary investigations in adults' everyday creativity. *Psychology of Aesthetics, Creativity, and the Arts, 11*(3), 309-324. https://doi.org/10.1037/aca0000127

Kashdan, T. B., Gallagher, M. W., Silvia, P. J., Winterstein, B. P., Breen, W. E., Terhar, D., & Steger, M. F. (2009). The Curiosity and Exploration Inventory-II: Development, factor structure, and psychometrics. *Journal of Research in Personality, 43*(6), 987-998. https://doi.org/10.1016/j.jrp.2009.04.011

Kashdan, T. B., & Steger, M. F. (2007). Curiosity and pathways to well-being and meaning in life: Traits, states, and everyday behaviors. *Motivation and Emotion, 31*(3), 159-173. https://doi.org/10.1007/s11031-007-9068-7

Kim, J. K., & Nicewander, W. A. (1993). Ability estimation for conventional tests. *Psychometrika, 58*(4), 587-599. https://doi.org/10.1007/BF02294829

Kim, Y., Dykema, J., Stevenson, J., Black, P., & Moberg, D. P. (2019). Straightlining: Overview of measurement, comparison of indicators, and effects in mail-web mixed-mode surveys. *Social Science Computer Review, 37*(2), 214-233. https://doi.org/10.1177/0894439317752406

Kirtley, O. J., Lafit, G., Achterhof, R., Hiekkaranta, A. P., & Myin-Germeys, I. (2020). Making the black box transparent: A template and tutorial for (pre-)registration of studies using experience sampling methods (ESM). *PsyArXiv*. Advance online publication. https://doi.org/10.31234/osf.io/seyq7

Kleiman, E. (2017). *EMAtools: Data management tools for real-time monitoring/ecological momentary assessment data* (Version 0.1.3) [Computer software]. https://CRAN.R-project.org/package=EMAtools

Korotitsch, W. J., & Nelson-Gray, R. O. (1999). An overview of self-monitoring research in assessment and treatment. *Psychological Assessment, 11*(4), 415-425. https://doi.org/10.1037/1040-3590.11.4.415

Kreft, I., & de Leeuw, J. (1998). *Introducing multilevel modeling.* SAGE.

Kuntsche, E., & Cooper, M. L. (2010). Drinking to have fun and to get drunk: Motives as predictors of weekend drinking over and above usual drinking habits. *Drug and Alcohol Dependence, 110*(3), 259-262. https://doi.org/10.1016/j.drugalcdep.2010.02.021

Kwapil, T. R., Silvia, P. J., Myin-Germeys, I., Anderson, A. J., Coates, S. A., & Brown, L. H. (2009). The social world of the socially anhedonic: Exploring the daily ecology of asociality. *Journal of Research in Personality, 43*(1), 103-106. https://doi.org/10.1016/j.jrp.2008.10.008

Lamprianou, I. (2020). *Applying the Rasch model in social sciences using R and BlueSky statistics.* Routledge.

Landes, D. S. (2000). *Revolution in time: Clocks and the making of the modern world* (2nd ed.). Belknap Press.

Lane, S. J., Heddle, N. M., Arnold, E., & Walker, I. (2006). A review of randomized controlled trials comparing the effectiveness of hand held computers with paper methods for data collection. *BMC Medical Informatics and Decision Making, 6*(1), 23. https://doi.org/10.1186/1472-6947-6-23

Larsen, R. J., & Kasimatis, M. (1990). Individual differences in entrainment of mood to the weekly calendar. *Journal of Personality and Social Psychology*, *58*(1), 164–171. https://doi.org/10.1037/0022–3514.58.1.164

Laughland, A., & Kvavilashvili, L. (2018). Should participants be left to their own devices? Comparing paper and smartphone diaries in psychological research. *Journal of Applied Research in Memory and Cognition*, *7*(4), 552–563. https://doi.org/10.1016/j.jarmac.2018.09.002

Law, M. K., Fleeson, W., Arnold, E. M., & Furr, R. M. (2016). Using negative emotions to trace the experience of borderline personality pathology: Interconnected relationships revealed in an experience sampling study. *Journal of Personality Disorders*, *30*(1), 52–70. https://doi.org/10.1521/pedi_2015_29_180

Le, B., Choi, H. N., & Beal, D. J. (2006). Pocket–sized psychology studies: Exploring daily diary software for Palm Pilots. *Behavior Research Methods*, *38*(2), 325–332. https://doi.org/10.3758/BF03192784

Lee, K., & Ashton, M. C. (2018). Psychometric properties of the HEXACO–100. *Assessment*, *25*(5), 543–556. https://doi.org/10.1177/1073191116659134

Lehman, B. J., Cane, A. C., Tallon, S. J., & Smith, S. F. (2015). Physiological and emotional responses to subjective social evaluative threat in daily life. *Anxiety, Stress, and Coping*, *28*(3), 321–339. https://doi.org/10.1080/10615806.2014.968563

Linacre, J. M. (1994). *Many–facet Rasch measurement*. Mesa Press.

Linacre, J. M. (1997). KR–20 or Rasch reliability: Which tells the "truth"? *Rasch Measurement Transactions*, *11*, 580–581. https://www.rasch.org/rmt/rmt113l.htm

Linacre, J. M. (2020). *FACETS computer program for many–facet Rasch measurement* (Version 3.83.3) [Computer software]. https://www. winsteps.com/facets.htm

Lipton, R. B., Buse, D. C., Hall, C. B., Tennen, H., Defreitas, T. A., Borkowski, T. M., Grosberg, B. M., & Haut, S. R. (2014). Reduction in perceived stress as a migraine trigger: Testing the "let-down headache" hypothesis. *Neurology, 82*(16), 1395–1401. https://doi.org/10.1212/ WNL.0000000000000332

Little, R. J. A., & Rubin, D. B. (1987). *Statistical analysis with missing data.* Wiley.

Little, T. D. (2013). *Longitudinal structural equation modeling.* Guilford Press.

Liu, Y., & West, S. G. (2016). Weekly cycles in daily report data: An overlooked issue. *Journal of Personality, 84*(5), 560–579. https://doi. org/10.1111/jopy.12182

Long, J. S. (1997). *Regression models for categorical and limited dependent variables.* SAGE.

Maas, C. J. M., & Hox, J. J. (2005). Sufficient sample sizes for multilevel modeling. *Methodology, 1*(3), 86–92. https://doi.org/10.1027/1614– 2241.1.3.86

Mackesy–Amiti, M. E., & Boodram, B. (2018). Feasibility of ecological momentary assessment to study mood and risk behavior among young people who inject drugs. *Drug and Alcohol Dependence, 187*, 227–235. https://doi.org/10.1016/j.drugalcdep.2018.03.016

Maniaci, M. R., & Rogge, R. D. (2014). Caring about carelessness: Participant inattention and its effects on research. *Journal of Research in Personality, 48*, 61–83. https://doi.org/10.1016/j.jrp.2013.09.008

Manuoğlu, E., & Uysal, A. (2020). Motivation for different Facebook activities and well-being: A daily experience sampling study. *Psychology of Popular Media Culture, 9*(4), 456–464. https://doi.org/10.1037/ppm0000262

McCabe, K. O., Mack, L., & Fleeson, W. (2012). A guide for data cleaning in experience sampling studies. In M. R. Mehl & T. S. Conner (Eds.), *Handbook of research methods for studying daily life* (pp. 321–338). Guilford Press.

McCrae, R. R., Costa, P. T., Jr., & Martin, T. A. (2005). The NEO-PI-3: A more readable revised NEO Personality Inventory. *Journal of Personality Assessment, 84*(3), 261–270. https://doi.org/10.1207/s15327752jpa8403_05

McDevitt-Murphy, M. E., Luciano, M. T., & Zakarian, R. J. (2018). Use of ecological momentary assessment and intervention in treatment with adults. *Focus, 16*(4), 370–375. https://doi.org/10.1176/appi.focus.20180017

McKibben, W. B., & Silvia, P. J. (2016). Inattentive and socially desirable responding: Addressing subtle threats to validity in quantitative counseling research. *Counseling Outcome Research and Evaluation, 7*(1), 53–64. https://doi.org/10.1177/2150137815613135

McKnight, P. E., McKnight, K. M., Sidani, S., & Figueredo, A. J. (2007). *Missing data: A gentle introduction.* Guilford Press.

McLean, D. C., Nakamura, J., & Csikszentmihalyi, M. (2017). Explaining system missing: Missing data and experience sampling method. *Social Psychological and Personality Science, 8*(4), 434–441. https://doi.org/10.1177/1948550617708015

McNeish, D. (2018). Thanks coefficient alpha, we'll take it from here.

Psychological Methods, *23*(3), 412–433. https://doi.org/10.1037/met0000144

Mehl, M. R., & Conner, T. S. (Eds.). (2012). *Handbook of research methods for studying daily life*. Guilford Press.

Mehl, M. R., & Robbins, M. L. (2012). Naturalistic observation sampling: The Electronically Activated Recorder (EAR). In M. R. Mehl & T. S. Conner (Eds.), *Handbook of research methods for studying daily life* (pp. 176–192). Guilford Press.

Miller, G. (2012). The smartphone psychology manifesto. *Perspectives on Psychological Science*, *7*(3), 221–237. https://doi.org/10.1177/1745691612441215

Moher, D., Liberati, A., Tetzlaff, J., Altman, D. G., & the PRISMA Group. (2009). Preferred Reporting Items for Systematic Reviews and Meta-Analyses: The PRISMA statement. *PLoS Medicine*, *6*(7), e1000097. https://doi.org/10.1371/journal.pmed.1000097

Moskowitz, D. S., & Sadikaj, G. (2012). Event-contingent recording. In M. R. Mehl & T. S. Conner (Eds.), *Handbook of research methods for studying daily life* (pp. 160–175). Guilford Press.

Muraven, M., Collins, R. L., Morsheimer, E. T., Shiffman, S., & Paty, J. A. (2005). The morning after: Limit violations and the self-regulation of alcohol consumption. *Psychology of Addictive Behaviors*, *19*(3), 253–262. https://doi.org/10.1037/0893-164X.19.3.253

Muraven, M., Collins, R. L., Shiffman, S., & Paty, J. A. (2005). Daily fluctuations in self-control demands and alcohol intake. *Psychology of Addictive Behaviors*, *19*(2), 140–147. https://doi.org/10.1037/0893-164X.19.2.140

Mushquash, C., & O'Connor, B. P. (2006). SPSS and SAS programs for generalizability theory analyses. *Behavior Research Methods, 38*(3), 542–547. https://doi.org/10.3758/BF03192810

Muthén, L. K., & Muthén, B. O. (2002). How to use a Monte Carlo study to decide on sample size and determine power. *Structural Equation Modeling, 9*(4), 599–620. https://doi.org/10.1207/S15328007SEM0904_8

Muthén, L. K., & Muthén, B. O. (2017). *Mplus user's guide* (8th ed.).

Naylor, F. D. (1981). A state–trait curiosity inventory. *Australian Psychologist, 16*(2), 172–183. https://doi.org/10.1080/00050068108255893

Nezlek, J. B. (2012). *Diary methods for social and personality psychology.* SAGE. https://doi.org/10.4135/9781446287903

Nezlek, J. B. (2017). A practical guide to understanding reliability in studies of within–person variability. *Journal of Research in Personality, 69*, 149–155. https://doi.org/10.1016/j.jrp.2016.06.020

Nosek, B. A., Alter, G., Banks, G. C., Borsboom, D., Bowman, S. D., Breckler, S. J., Buck, S., Chambers, C. D., Chin, G., Christensen, G., Contestabile, M., Dafoe, A., Eich, E., Freese, J., Glennerster, R., Goroff, D., Green, D. P., Hesse, B., Humphreys, M., . . . Yarkoni, T. (2015). Promoting an open research culture. *Science, 348*(6242), 1422–1425. https://doi.org/10.1126/science.aab2374

Nusbaum, E. C., Silvia, P. J., Beaty, R. E., Burgin, C. J., Hodges, D., & Kwapil, T. R. (2014). Listening between the notes: Aesthetic chills in everyday music listening. *Psychology of Aesthetics, Creativity, and the Arts, 8*, 104–109. https://doi.org/10.1037/a0034867

Oleynick, V. C., DeYoung, C. G., Hyde, E., Kaufman, S. B., Beaty, R. E., & Silvia, P. J. (2017). Openness/Intellect: The core of the creative personality. In G. J. Feist, R. Reiter-Palmon, & J. C. Kaufman (Eds.), *Cambridge handbook of creativity and personality research* (pp. 9–27). Cambridge University Press. https://doi.org/10.1017/9781316228036.002

Olson, R., Carney, A. K., & Patrick, J. H. (2019). Associations between gratitude and spirituality: An experience sampling approach. *Psychology of Religion and Spirituality, 11*(4), 449–452. https://doi.org/10.1037/rel0000164

Ono, M., Schneider, S., Junghaenel, D. U., & Stone, A. A. (2019). What affects the completion of ecological momentary assessments in chronic pain research? An individual patient data meta-analysis. *Journal of Medical Internet Research, 21*(2), e11398. https://doi.org/10.2196/11398

Palmer, J. D. (2002). *The living clock: The orchestrator of biological rhythms*. Oxford University Press.

Papp, L. M., Cummings, E. M., & Goeke-Morey, M. C. (2009). For richer, for poorer: Money as a topic of marital conflict in the home. *Family Relations, 58*(1), 91–103. https://doi.org/10.1111/j.1741-3729.2008.00537.x

Peeters, F., Berkhof, J., Delespaul, P., Rottenberg, J., & Nicolson, N. A. (2006). Diurnal mood variation in major depressive disorder. *Emotion, 6*(3), 383–391. https://doi.org/10.1037/1528-3542.6.3.383

Phillips, M. M., Phillips, K. T., Lalonde, T. L., & Dykema, K. R. (2014). Feasibility of text messaging for ecological momentary assessment of marijuana use in college students. *Psychological Assessment, 26*(3), 947–957. https://doi.org/10.1037/a0036612

Primi, R., Silvia, P. J., Jauk, E., & Benedek, M. (2019). Applying many-facet Rasch modeling in the assessment of creativity. *Psychology of*

Aesthetics, Creativity, and the Arts, 13(2), 176–186. https://doi. org/10.1037/aca0000230

Ratcliff, R. (1993). Methods for dealing with reaction time outliers. *Psychological Bulletin, 114*(3), 510–532. https://doi.org/10.1037/0033–2909.114.3.510

Rathbun, S. L., Song, X., Neustifter, B., & Shiffman, S. (2013). Survival analysis with time varying covariates measured at random times by design. *Journal of the Royal Statistical Society Series C: Applied Statistics, 62*(3), 419–434. https://doi.org/10.1111/j.1467–9876.2012.01064.x

Raudenbush, S. W., Spybrook, J., Congdon, R., Liu, X. F., Martinez, A., Bloom, H., & Hill, C. (2011). *Optimal design software for multilevel and longitudinal research* (Version 3.01) [Computer software]. https://sites. google.com/site/optimaldesignsoftware

Reis, H. T. (2012). Why researchers should think "real–world" A conceptual rationale. In M. R. Mehl & T. S. Conner (Eds.), *Handbook of research methods for studying daily life* (pp. 3–21). Guilford Press.

Reis, H. T., & Gable, S. L. (2000). Event sampling and other methods for studying daily experience. In H. T. Reis & C. M. Judd (Eds.), *Handbook of research methods in social and personality psychology* (pp. 190–222). Cambridge University Press.

Reis, H. T., Sheldon, K. M., Gable, S. L., Roscoe, J., & Ryan, R. M. (2000). Daily well–being: The role of autonomy, competence, and relatedness. *Personality and Social Psychology Bulletin, 26*(4), 419–435. https://doi. org/10.1177/0146167200266002

Rintala, A., Wampers, M., Myin–Germeys, I., & Viechtbauer, W. (2019). Response compliance and predictors thereof in studies using the experience sampling method. *Psychological Assessment, 31*(2), 226–235. https://doi.org/10.1037/pas0000662

Robbins, M. L., & Kubiak, T. (2014). Ecological momentary assessment in behavioral medicine: Research and practice. In D. I. Motofsky (Ed.), *Handbook of behavioral medicine* (Vol. 1, pp. 429–446). Wiley. https://doi.org/10.1002/9781118453940.ch20

Robitzsch, A., Kiefer, T., & Wu, M. (2020). *TAM: Test analysis modules* (Version 3.5.19) [Computer software]. https://CRAN.R-project.org/package=TAM

Robitzsch, A., & Steinfeld, J. (2018). Item response models for human ratings: Overview, estimation methods, and implementation in R. *Psychological Test and Assessment Modeling, 60*(1), 101–139.

Robson, K., & Pevalin, D. (2016). *Multilevel modeling in plain language.* SAGE.

Ross, M. W., Iguchi, M. Y., & Panicker, S. (2018). Ethical aspects of data sharing and research participant protections. *American Psychologist, 73*(2), 138–145. https://doi.org/10.1037/amp0000240

Rosseel, Y. (2012). lavaan: An R package for structural equation modeling. *Journal of Statistical Software, 48*(2), 1–36. https://doi.org/10.18637/jss.v048.i02

Ruwaard, J., Kooistra, L., & Thong, M. (2018). *Ecological momentary assessment in mental health research: A practical introduction, with examples in R.* APH Mental Health. https://jruwaard.github.io/aph_ema_handbook/

Ryan, R. M., Bernstein, J. H., & Brown, K. W. (2010). Weekends, work, and well-being: Psychological need satisfactions and day of the week effects on mood, vitality, and physical symptoms. *Journal of Social and Clinical Psychology, 29*(1), 95-122. https://doi.org/10.1521/jscp.2010.29.1.95

Salovey, P. (2000). Results that get results: Telling a good story. In R. J. Sternberg (Ed.), *Guide to publishing in psychology journals* (pp. 121-132). Cambridge University Press. https://doi.org/10.1017/CBO9780511807862.009

Santangelo, P. S., Koenig, J., Funke, V., Parzer, P., Resch, F., Ebner-Priemer, U. W., & Kaess, M. (2017). Ecological momentary assessment of affective and interpersonal instability in adolescent non-suicidal self-injury. *Journal of Abnormal Child Psychology, 45*(7), 1429-1438. https://doi.org/10.1007/s10802-016-0249-2

Sarnecka, B. W. (2019). *The writing workshop: Write more, write better, be happier in academia.* Author.

Schimmack, U. (2003). Affect measurement in experience sampling research. *Journal of Happiness Studies, 4*(1), 79-106. https://doi.org/10.1023/A:1023661322862

Schneider, S., Choi, S. W., Junghaenel, D. U., Schwartz, J. E., & Stone, A. A. (2013). Psychometric characteristics of daily diaries for the Patient-Reported Outcomes Measurement Information System (PROMIS®): A preliminary investigation. *Quality of Life Research, 22*(7), 1859-1869. https://doi.org/10.1007/s11136-012-0323-3

Schneider, S., & Stone, A. A. (2016). Ambulatory and diary methods can facilitate the measurement of patient-reported outcomes. *Quality of Life Research, 25*(3), 497-506. https://doi.org/10.1007/s11136-015-1054-z

Schooler, J. W. (2002). Re-representing consciousness: Dissociations between experience and meta-consciousness. *Trends in Cognitive Sciences*, *6*(8), 339–344. https://doi.org/10.1016/S1364-6613(02)01949-6

Schulz, K. F., Altman, D. G., & Moher, D. (2010). CONSORT 2010 statement: Updated guidelines for reporting parallel group randomised trials. *British Medical Journal, 23*. https://doi.org/10.1136/bmj.c332

Schwartz, N. (2012). Why researchers should think "real-time" A cognitive rationale. In M. R. Mehl & T. S. Conner (Eds.), *Handbook of research methods for studying daily life* (pp. 22–42). Guilford Press.

Shavelson, R. J., & Webb, N. M. (1991). *Generalizability theory: A primer*. SAGE.

Sheldon, K. M., Ryan, R., & Reis, H. T. (1996). What makes for a good day? Competence and autonomy in the day and in the person. *Personality and Social Psychology Bulletin, 22*(12), 1270–1279. https://doi.org/10.1177/01461672962212007

Shiffman, S. (2007). Designing protocols for ecological momentary assessment. In A. A. Stone, S. Shiffman, A. A. Atienza, & L. Nebeling (Eds.), *The science of real-time data capture: Self-reports in health research* (pp. 27–53). Oxford University Press.

Shiffman, S. (2009). How many cigarettes did you smoke? Assessing cigarette consumption by global report, time-line follow-back, and ecological momentary assessment. *Health Psychology, 28*(5), 519–526. https://doi.org/10.1037/a0015197

Shrout, P. E., & Lane, S. P. (2012). Psychometrics. In M. R. Mehl & T. S. Conner (Eds.), *Handbook of research methods for studying daily life* (pp. 302–320). Guilford Press.

Shrout, P. E., Stadler, G., Lane, S. P., McClure, M. J., Jackson, G. L., Clavél, F.

D., Iida, M., Gleason, M. E. J., Xu, J. H., & Bolger, N. (2018). Initial elevation bias in subjective reports. *Proceedings of the National Academy of Sciences of the United States of America, 115*(1), E15–E23. https://doi.org/10.1073/pnas.1712277115

Silvia, P. J. (2015). *Write it up: Practical strategies for writing and publishing journal articles.* American Psychological Association. https://doi.org/10.1037/14470-000

Silvia, P. J. (2019). *How to write a lot: A practical guide to productive academic writing* (2nd ed.). American Psychological Association. https://doi.org/10.1037/0000109-000

Silvia, P. J. (2020). *Select a sample.* SAGE.

Silvia, P. J., & Kashdan, T. B. (2017). Curiosity and interest: The benefits of thriving on novelty and challenge. In C. R. Snyder, S. J. Lopez, L. M. Edwards, & S. C. Marques (Eds.), *The Oxford handbook of positive psychology* (3rd ed.). Oxford University Press. Advance online publication. https://doi.org/10.1093/oxfordhb/9780199396511.013.29

Silvia, P. J., Kwapil, T. R., Eddington, K. M., & Brown, L. H. (2013). Missed beeps and missing data: Dispositional and situational predictors of non-response in experience sampling research. *Social Science Computer Review, 31*(4), 471–481. https://doi.org/10.1177/0894439313479902

Silvia, P. J., Kwapil, T. R., Walsh, M. A., & Myin-Germeys, I. (2014). Planned missing-data designs in experience-sampling research: Monte Carlo simulations of efficient designs for assessing within-person constructs. *Behavior Research Methods, 46*(1), 41–54. https://doi.org/10.3758/s13428-013-0353-y

Singer, J. D., & Willett, J. B. (2003). *Applied longitudinal data analysis:*

Modeling change and event occurrence. Oxford University Press. https://doi.org/10.1093/acprof:oso/9780195152968.001.0001

Smart Richman, L., Pek, J., Pascoe, E., & Bauer, D. J. (2010). The effects of perceived discrimination on ambulatory blood pressure and affective responses to interpersonal stress modeled over 24 hours. *Health Psychology, 29*(4), 403–411. https://doi.org/10.1037/a0019045

Smith, J. K. (2014). *The museum effect: How museums, libraries, and cultural institutions educate and civilize society*. Rowman & Littlefield.

Soffer-Dudek, N., & Shahar, G. (2011). Daily stress interacts with trait dissociation to predict sleep-related experiences in young adults. *Journal of Abnormal Psychology, 120*(3), 719–729. https://doi.org/10.1037/a0022941

Sperry, S. H., Kwapil, T. R., Eddington, K. M., & Silvia, P. J. (2018). Psychopathology, everyday behaviors, and autonomic activity in daily life: An ambulatory impedance cardiography study of depression, anxiety, and hypomanic traits. *International Journal of Psychophysiology, 129*, 67–75. https://doi.org/10.1016/j.ijpsycho.2018.04.008

Srinivas, P., Bodke, K., Ofner, S., Keith, N. R., Tu, W., & Clark, D. O. (2019). Context-sensitive ecological momentary assessment: Application of user-centered design for improving user satisfaction and engagement during self-report. *JMIR mHealth and uHealth, 7*(4), e10894. https://doi.org/10.2196/10894

Stein, K. F., & Corte, C. M. (2003). Ecologic momentary assessment of eating-disordered behaviors. *International Journal of Eating Disorders, 34*(3), 349–360. https://doi.org/10.1002/eat.10194

Sternberg, R. J. (Ed.). (2018). *Guide to publishing in psychology journals* (2nd ed.). Cambridge University Press. https://doi.org/10.1017/CBO9780511807862

Stevens, C. D., & Ash, R. A. (2001). The conscientiousness of students in subject pools: Implications for "laboratory" research. *Journal of Research in Personality, 35*(1), 91–97. https://doi.org/10.1006/jrpe.2000.2310

Stone, A. A., Bachrach, C. A., Jobe, J. B., Kurtzman, H. S., & Cain, V. S. (Eds.). (1999). *The science of self-report: Implications for research and practice.* Psychology Press. https://doi.org/10.4324/9781410601261

Stone, A. A., Broderick, J. E., Schwartz, J. E., Shiffman, S., Litcher-Kelly, L., & Calvanese, P. (2003). Intensive momentary reporting of pain with an electronic diary: Reactivity, compliance, and patient satisfaction. *Pain, 104*(1-2), 343–351. https://doi.org/10.1016/S0304-3959(03)00040-X

Stone, A. A., Shiffman, S., Atienza, A. A., & Nebeling, L. (2007). Historical roots and rationale of ecological momentary assessment (EMA). In A. A. Stone, S. Shiffman, A. A. Atienza, & L. Nebeling (Eds.), *The science of real-time data capture: Self-reports in health research* (pp. 3–10). Oxford University Press.

Stone, A. A., Shiffman, S., Schwartz, J. E., Broderick, J. E., & Hufford, M. R. (2002). Patient non-compliance with paper diaries. *British Medical Journal, 324*(7347), 1193–1194. https://doi.org/10.1136/bmj.324.7347.1193

Strunk, W., Jr., & White, E. B. (2000). *The elements of style* (4th ed.). Longman.

Tennen, H., Affleck, G., Coyne, J. C., Larsen, R. J., & Delongis, A. (2006). Paper and plastic in daily diary research: Comment on Green, Rafaeli, Bolger, Shrout, and Reis (2006). *Psychological Methods, 11*(1), 112–118. https://doi.org/10.1037/1082-989X.11.1.112

Tourangeau, R., Rips, L. J., & Rasinski, K. (2000). *The psychology of survey response*. Cambridge University Press. https://doi.org/10.1017/CBO9780511819322

Trull, T. J., & Ebner-Priemer, U. (2013). Ambulatory assessment. *Annual Review of Clinical Psychology, 9,* 151–176. https://doi.org/10.1146/annurev-clinpsy-050212-185510

Trull, T. J., & Ebner-Priemer, U. W. (2020). Ambulatory assessment in psychopathology research: A review of recommended reporting guidelines and current practices. *Journal of Abnormal Psychology, 129*(1), 56–63. https://doi.org/10.1037/abn0000473

Tyler, K. A., & Olson, K. (2018). Examining the feasibility of ecological momentary assessment using short message service surveying with homeless youth: Lessons learned. *Field Methods, 30*(2), 91–104. https://doi.org/10.1177/1525822X18762111

Vachon, H., Bourbousson, M., Deschamps, T., Doron, J., Bulteau, S., Sauvaget, A., & Thomas-Ollivier, V. (2016). Repeated self-evaluations may involve familiarization: An exploratory study related to ecological momentary assessment designs in patients with major depressive disorder. *Psychiatry Research, 245,* 99–104. https://doi.org/10.1016/j.psychres.2016.08.034

Vispoel, W. P., Morris, C. A., & Kilinc, M. (2018). Applications of generalizability theory and their relations to classical test theory and structural equation modeling. *Psychological Methods, 23*(1), 1–26. https://doi.org/10.1037/met0000107

Walls, F. L., & Gagnepain, J. J. (1992). Environmental sensitivities of quartz oscillators. *IEEE Transactions on Ultrasonics, Ferroelectrics, and*

Frequency Control, 39(2), 241–249. https://doi.org/10.1109/58.139120

Walls, T. A., & Schafer, J. L. (Eds.). (2006). *Models for intensive longitudinal data*. Oxford University Press. https://doi.org/10.1093/acprof:oso/9780195173444.001.0001

Wang, A. Y., & Jentsch, F. G. (1998). Point-of-time effects across the semester: Is there a sampling bias? *The Journal of Psychology: Interdisciplinary and Applied, 132*(2), 211–219. https://doi.org/10.1080/00223989809599160

Washnik, N. J., Phillips, S. L., & Teglas, S. (2016). Student's music exposure: Full-day personal dose measurements. *Noise & Health, 18*(81), 98–103. https://doi.org/10.4103/1463-1741.178510

Watson, D. (2000). *Mood and temperament*. Guilford Press.

Webb, E. J., Campbell, D. T., Schwartz, R. D., & Sechrest, L. (1966). *Unobtrusive measures: Nonreactive research in the social sciences*. Rand McNally.

Weissman, J. (2013). *In the line of fire: How to handle tough questions . . . When it counts* (2nd ed.). Pearson/FT Press.

Wheeler, L., & Nezlek, J. (1977). Sex differences in social participation. *Journal of Personality and Social Psychology, 35*(10), 742–754. https://doi.org/10.1037/0022-3514.35.10.742

Wheeler, L., & Reis, H. T. (1991). Self-recording of everyday life events: Origins, types, and uses. *Journal of Personality, 59*(3), 339–354. https://doi.org/10.1111/j.1467-6494.1991.tb00252.x

Wilt, J., & Revelle, W. (2009). Extraversion. In M. R. Leary & R. H. Hoyle (Eds.), *Handbook of individual differences in social behavior* (pp. 27–45). Guilford Press.

Wray, T. B., Kahler, C. W., & Monti, P. M. (2016). Using ecological momentary assessment (EMA) to study sex events among very high-risk men who have sex with men (MSM). *AIDS and Behavior, 20*(10), 2231-2242. https://doi.org/10.1007/s10461-015-1272-y

Wray, T. B., Merrill, J. E., & Monti, P. M. (2014). Using ecological momentary assessment (EMA) to assess situation-level predictors of alcohol use and alcohol-related consequences. *Alcohol Research: Current Reviews, 36*(1), 19-27.

Xu, X., Tupy, S., Robertson, S., Miller, A. L., Correll, D., Tivis, R., & Nigg, C. R. (2018). Successful adherence and retention to daily monitoring of physical activity: Lessons learned. *PLoS One, 13*(9), e0199838. https://doi.org/10.1371/journal.pone.0199838

Yang, Y. S., Ryu, G. W., & Choi, M. (2019). Factors associated with daily completion rates in a smartphone-based ecological momentary assessment study. *Healthcare Informatics Research, 25*(4), 332-337. https://doi.org/10.4258/hir.2019.25.4.332

Zelenski, J. M., Rusting, C. L., & Larsen, R. J. (2003). Consistency in the time of experiment participation and personality correlates: A methodological note. *Personality and Individual Differences, 34*(4), 547-558. https://doi.org/10.1016/S0191-8869(01)00218-5

Zhang, C., & Conrad, F. G. (2014). Speeding in web surveys: The tendency to answer very fast and its association with straightlining. *Survey Research Methods, 8*(2), 127-155. https://doi.org/10.18148/srm/2014.v8i2.5453

Zhou, Z. E., Meier, L. L., & Spector, P. E. (2019). The spillover effects of coworker, supervisor, and outsider workplace incivility on work-to-family conflict: A weekly diary design. *Journal of Organizational*

Behavior, 40(9–10), 1000–1012. https://doi.org/10.1002/job.2401

Zinbarg, R. E., Revelle, W., Yovel, I., & Li, W. (2005). Cronbach's α, Revelle's β, and McDonald's ωH: Their relations with each other and two alternative conceptualizations of reliability. *Psychometrika, 70*(1), 123–133. https://doi.org/10.1007/s11336-003-0974-7

찾아보기

인명

B

Berenson, K. R. 133

Berkman, E. T. 148

Brown, N. A. 112

Burgin, C. J. 107, 149

C

Cotter, K. N. 139

Cybulski, G. 112

G

Gable, S. L. 140

George, M. J. 130

H

Hektner, J. M. 144

I

Intille, S. 147

K

Kamarck, T. W. 112

Kane, M. J. 139

Kvavilashvili, L. 148

L

Laughland, A. 148

Lehman, B. J. 130

M

Manuoğlu, E. 139

McKnight, P. E. 142

McLean, D. C. 146

M

Mehl, M. R. 112

Moskowitz, D. S. 140

O

Olson, K. 149

Ono, M. 148

P

Phillips, M. M. 148

R

Reis, H. T. 140, 149

Rintala, A. 146, 149

Robbins, M. L. 112

내용

저자 소개

Paul J. Silvia 박사는 그린즈버러에 있는 노스캐롤라이나 대학교의 Lucy Spinks Keker Excellence Professor로 팜파일럿이 하이테크였던 시절부터 경험 표집 및 일일 일기연구를 수행해 왔다. 그는 노인, 퇴역 군인, 아동학대로 판결을 받은 부모, 우울증, 주의력결핍/과잉행동장애 또는 외상후 스트레스장애가 있는 성인을 포함한 많은 임상 및 지역 사회 그룹에서 일상생활 경험을 연구했다. 자기보고 프로젝트 외에도 그는 신경 영상과 보행 중 심장 모니터링을 통합하는 경험표집 연구를 수행했다.

Katherine N. Cotter 박사는 펜실베이니아 대학교 긍정심리학 센터의 인문학 및 인간 번영 프로젝트(Humanities and Human Flourishing Project) 의 박사후연구원이다. 경험표집과 일일 일기기법을 모두 사용하여 사람들의 일상 환경 속 미학과 예술에 대한 연구를 주로 하고 있다. 최근에는 미술관 맥락 속에서의 심미적 경험을 이해하기 위해 미술관 내에서 현장 조사에 참여하고 있다.

역자 소개

황매향(Mae-Hyang Hwang)
서울대학교 약학대학 제약학과 학사
서울대학교 사범대학 교육학과 학사, 석사, 박사(교육상담 전공)
현 경인교육대학교 교육학과 교수

〈주요 저 · 역서〉
테크놀로지와 상담의 미래(저, 학이시습, 2021)
학업실패 트라우마 상담(저, 학지사, 2021)
삶의 의미를 찾아 주는 상담자(공역, 학이시습, 2020)

임은미(Lim Eun Mi)
이화여자대학교 사범대학 교육심리학과 학사
서울대학교 사범대학 교육학과 석사, 박사
현 전북대학교 교육학과 교수

〈주요 저 · 역서〉
다문화교육(공저, 학지사, 2022)
다문화 사회정의 상담(공저, 학지사, 2019)
구성주의 진로상담기법(공역, 학지사, 2022)

김혜랑(Kim Hye Rang)
경인교육대학교 초등교육학과 학사
경인교육대학교 교육전문대학원 석사(학교상담 전공)
경인교육대학교 교육전문대학원 박사 수료(학교상담 · 특수교육 전공)
전문상담교사 1급
현 서울신서초등학교 교사

경험표집과 일기연구법 가이드

일상을 연구하기

Researching Daily Life

A Guide to Experience Sampling and Daily Diary Methods

2023년 3월 20일 1판 1쇄 인쇄
2023년 3월 30일 1판 1쇄 발행

지은이 • Paul J. Silvia · Katherine N. Cotter
옮긴이 • 황매향 · 임은미 · 김혜랑
펴낸이 • 김진환
펴낸곳 • ㈜ 학지사

04031 서울특별시 마포구 양화로 15길 20 마인드월드빌딩
대표전화 • 02)330-5114   팩스 • 02)324-2345
등록번호 • 제313-2006-000265호

홈페이지 • http://www.hakjisa.co.kr
페이스북 • https://www.facebook.com/hakjisabook

ISBN 978-89-997-2853-2 93370

정가 17,000원

출판미디어기업 **학지사**

간호보건의학출판 **학지사메디컬** www.hakjisamd.co.kr
심리검사연구소 **인싸이트** www.inpsyt.co.kr
학술논문서비스 **뉴논문** www.newnonmun.com
교육연수원 **카운피아** www.counpia.com